중간지원조직 위탁

정보화사업

사회복지시설

평생교육시설

청소년수련시설

문화예술시설

관광시설

체육시설

민원콜센터

폐기물처리시설

생활폐기물 수집운반

상수도시설

공공하수도시설

2025
전국 지방자치단체 문화예술시설 운영현황

2025 전국 지방자치단체 2025. 09.

민·관 협업사무 운영 현황

| 문화예술 시설 |

한국민간위탁연구소는 정부에서 운영하는 민간위탁 공공서비스의 효율성 향상을 위해 설립된 연구기관입니다. 민간위탁은 성과지향형 공공서비스제공 공급방식의 하나로써 더 나은 정부, 더 효율적인 정부로 가기 위한 제도입니다.

세상의 모든 사물은 세상의 변화를 수용해야 합니다. 민간위탁 사무 또한 운영 목적이나 사회적 가치변화를 수용해야하기 때문에 지속적으로 변화해 왔습니다. 현행 민간위탁 사무의 유형은 공익적 성격과 사익적성격의 사무가 혼재되어 스펙트럼이 다양합니다. 시대적 흐름과 환경변화에 맞는 민간위탁사무는 갈수록 커뮤니티거버넌스형(CG) 공공서비스 제공방식으로 변화되어 가고 있습니다.

이를 효율적으로 관리하기 위해서는 민간위탁의 본질을 이해해야 하는데, 대표적인 영문표기가 contracting out인 것처럼 구매계약 또는 외주계약으로 계약에 관한 전반적인 프로세스를 이해하고 계약관리능력이 필요한 제도라는 것을 이해해야 합니다. 민간위탁 과정은 먼저 민간위탁을 위한 추진계획을 수립한 후 지방의회의 심의를 거쳐 민간위탁 선정심의위원회의 선정과정을 통해 최종 민간위탁 사업자를 선정하게 됩니다. 이 과정에 민간위탁 업체선정을 위한 계약법검토, 조례제정 또는 개정, 적정 위탁비용 산정, 위탁 후 성과평가 결과 적용을 위한 지표개발 등 세부적이고 전문적인 연구결과를 통한 의사결정 자료가 필요하게 됩니다. 이러한 연구결과는 민간기업이 공공서비스를 제공할 때 지속적인 품질 개선을 유도함으로써 서비스경쟁력을 향상시키고, 지자체는 효율적인 예산운영을 통하여 과대 또는 과소예산으로 인한 사회적 비용을 감소시키며 재정운영의 건전성을 증대시키는 효과가 있습니다. 이와 같이 민간위탁만을 연구해온 저희 연구소는 다양한 연구를 통해 얻은 노하우를 바탕으로 좀 더 선진화된 민간위탁 의사결정 자료와 효율적인 운영방안을 제안하는 역할을 수행할 것입니다.

연구소장 배성기

주요연구분야

공공서비스디자인(Public Service Design)
민간위탁관리(Contracting Out Management)
사업타당성검토(Project Feasibility)
정부원가계산(Government Cost Accounting)
정부보조금정산(Government Grant Accounting)
공공서비스성과평가(Public Service Performance Evaluation)
사회적경제기업(Social Economy), 사회적가치평가(SROI)
조직 진단(Organizational Structure Design)
공공관리혁신(Public Management Innovation)
사회기반시설 자산관리(Infrastructure Asset Management)

연락처

전화 : 02 943 1941
팩스 : 02 943 1948
이메일 : pami@pami.re.kr
홈페이지: www.pami.re.kr

2025 전국 지방자치단체 「민·관 협업사무 운영현황」은 이렇게 발간되었습니다.

1. 조사개요

민·관 협업은 학계와 실무계를 불문하고 사회 각계각층이 이 주제의 중요성을 인식하고 처방적 대안 마련에 관심을 쏟고 있음에도 민간위탁 케이스별 연구만이 주로 되어 왔습니다. 또한 사회적 현상을 기반으로 공공서비스의 유형을 공공서비스, 준공공서비스, 선택적 공공서비스 등으로의 구분하고 공익성의 정도에 따른 관리기법 및 예산운영 방법 등을 심도 있게 연구한 연구문헌이 부족한 상황입니다.

민·관 협업형 공공서비스는 국민들과의 최접점에서 공급되는 공공서비스로 지속적으로 성장하는 국민들의 공공서비스 수요를 반영하고 개선하기 위해서는 다양한 주제와 분야별로 지속적인 연구가 되어야 합니다. 하지만 이러한 연구를 하기 위한 기초적 통계자료가 없다는 것은 실로 놀라운 일이 아닐 수 없습니다.

따라서 본 조사는 전국 243개 지자체 전부를 대상으로 민·관 협업사무 현황을 분석하기 위해 지자체의 민간경상사업보조(307-02), 민간단체 법정운영비보조(307-03), 민간행사사업보조(307-04), 민간위탁금(307-05), 사회복지시설법정운영비보조(307-10), 사회복지사업보조(307-11), 민간인위탁교육비(307-12), 공기관등에 대한 경상적 위탁사업비(308-13), 공사공단 경상전출금(309-01), 민간자본사업보조 자체재원(402-01), 민간자본사업보조 이전재원(402-02), 민간위탁사업비(402-03), 공기관등에 대한 자본적 위탁사업비(403-02), 공사공단 자본전출금(404-01) 예산을 조사한 후 해당사무별 업체선정방법, 개별조례 유무, 원가산정기준, 서비스(성과)평가 유무, 수탁기업 현황 등에 대한 정보공개요청을 통해 현황을 조사하였습니다.

본 조사를 통해 얻을 수 있었던 것은 동종의 민·관 협업사무라도 운영예산규모, 업체선정기준, 개별조례유무, 위탁비용 산정기준, 서비스(성과)평가 유무 등이 같지 않다는 것을 알 수 있었습니다. 이를 검증하기 위해서는 심도 있는 연구가 수행 되어야 하겠으나 이런 비교결과조차도 유의미하다고 생각됩니다.

전국 지자체 민·관 협업사무 통계조사의 효용성은 첫째, 유사 민·관 협업사무의 운영예산 확인을 통한 예산운영의 적정성을 판단할 수 있는 기준자료, 둘째, 개별조례 유무 확인을 통한 제정 및 개정 용이, 셋째, 적정 비용 산정기준 확인, 넷째, 성과평가 기준 확인, 다섯째, 민간위탁기업명 확인을 통한 경쟁력 있는 기업선정 기초자료 확보 등과 같습니다.

상기와 같은 조사를 통해 궁극적으로 얻고자 한 것은 「건전한 긴장관계 유지」 입니다. 전국 민·관 협업사무 운영현황을 통해 사무의 종류와 예산의 규모, 협업 수행 기업의 종류와 유형이 공개됨으로써 민·관 협업사무를 추진하는 입장에서는 선택의 폭이 넓어질 것이고, 서비스를 받는 국민의 입장에서는 서비스기업 간 경쟁시스템이 올바르게 갖추어져, 좀 더 체계적이며, 경제적이고, 만족할 만한 공공서비스가 제공 되어질 것입니다.

현 통계 조사의 한계점은 지자체에서 민간이전(307), 자치단체등이전(308), 전출금(309), 민간자본이전(402), 자치단체자본이전(403), 공기업전출금(404) 예산으로 운영하는 사무를 총괄하여 나열하였으나 해당 사무의 예산 편성시 다른 예산항목 사업으로 편성하여 혼재되어 공개된 사무가 다수 존재합니다. 이는 향후 관리자 교육을 통해 민간위탁 사업의 정확한 이해를 기반으로 해당사무 운영 기본 조례 제·개정과 함께 해당 사무가 운영될 시에 해소가 될 것으로 판단됩니다.

본 현황분석은 한국민간위탁연구소의 열 번 째 전국단위 민·관 협업사무 운영현황 통계조사를 한 것으로서 미흡한 부분이 다소 존재합니다. 하지만 전국 민·관 협업 서비스 발전을 위한 기초 연구자료로써 중요한 역할을 할 수 있을 것을 기대합니다.

도움을 주신 전국 민·관 협업사무 담당 공무원분들께 감사드립니다.

〈주요 분야 조사결과〉

(자료요청기관수: 245개 지자체 / 단위: 백만원)

분야	2023년 기준 예산	2024년 기준 예산	2025년 기준 예산
하수도	2,148,373	2,224,146	2,418,765
상수도	–	2,552,021	2,708,947
생활폐기물 수집운반	1,956,510	2,137,423	2,638,934
폐기물처리시설	638,846	1,168,608	1,235,285
민원콜센터	–	69,450	75,904
체육시설	478,701	866,072	992,137
관광시설	150,187	180,118	203,502
문화예술시설	**323,826**	**504,846**	**593,449**
청소년수련시설	181,774	242,673	245,763
평생교육시설	–	96,335	118,617
사회복지시설	–	2,220,947	2,478,048
정보화사업	–	703,826	707,663
중간지원조직	–	397,602	502,325

2. 조사기간 : 2025년 6월 ~ 2025년 9월

3. 조사결과

〈문화예술시설 분야 조사결과 종합〉

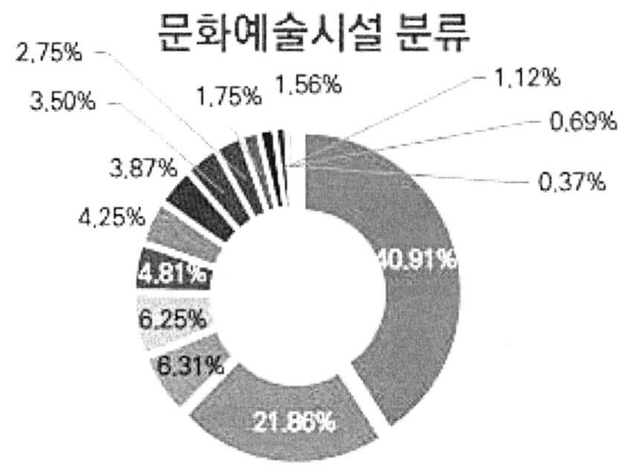

순위	문항	응답 건수(건)	백분율(%)
1	지방문화원	655	40.91
2	기타	350	21.86
3	문화의 집	101	6.31
4	도서관	100	6.25
5	전수회관	77	4.81
6	박물관	68	4.25
7	공연장	62	3.87
8	미술관	56	3.50
9	문화체육센터	44	2.75
10	종합시설	28	1.75
11	영화상영관	25	1.56
12	조각공원	18	1.12
13	화랑	11	0.69
14	국악원	6	0.37

〈 2025년 문화예술시설 분야 시설 분류 통계 〉

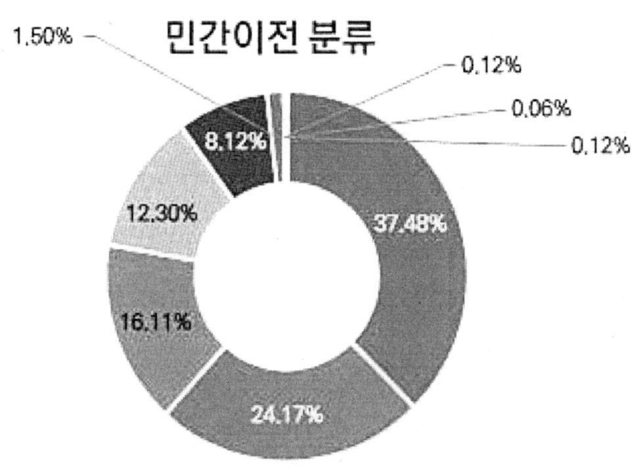

순위	문항	응답 건수(건)	백분율(%)
1	민간경상사업보조(307–02)	600	37.48
2	민간위탁금(307–05)	387	24.17
3	민간행사사업보조(307–04)	258	16.11
4	공기관등에대한경상적위탁사업비(308 13)	197	12.30
5	민간단체 법정운영비보조(307–03)	130	8.12
6	공사공단 경상전출금(309–01)	24	1.50
7	사회복지시설 법정운영비보조(307–10)	2	0.12
8	민간인위탁교육비(307–12)	2	0.12
9	사회복지사업보조(307–11)	1	0.06

〈 2025년 문화예술시설 분야 민간이전 분류 통계 〉

계약체결방법

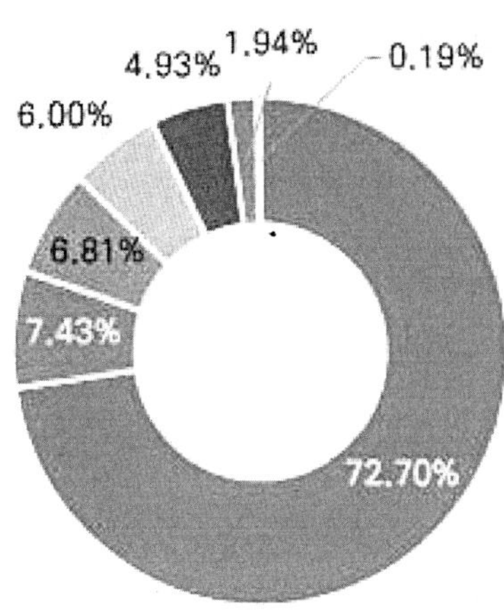

■ 해당없음 ■ 법정위탁 ■ 일반경쟁 ■ 수의계약 ■ 기타 ■ 제한경쟁 ■ 지명경쟁

순위	문항	응답 건수(건)	백분율(%)
1	해당없음	1,164	72.70
2	법정위탁	119	7.43
3	일반경쟁	109	6.81
4	수의계약	96	6.00
5	기타	79	4.93
6	제한경쟁	31	1.94
7	지명경쟁	3	0.19

〈 2025년 문화예술시설 분야 계약체결방법 분류 통계 〉

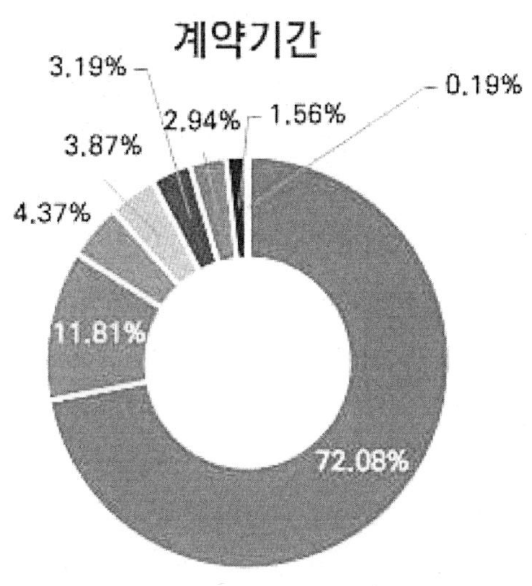

순위	문항	응답 건수(건)	백분율(%)
1	해당없음	1,154	72.08
2	3년	189	11.81
3	5년	70	4.37
4	1년	62	3.87
5	단기계약(1년 미만)	51	3.19
6	2년	47	2.94
7	기타	25	1.56
8	4년	3	0.19

〈 2025년 문화예술시설 분야 계약기간 분류 통계 〉

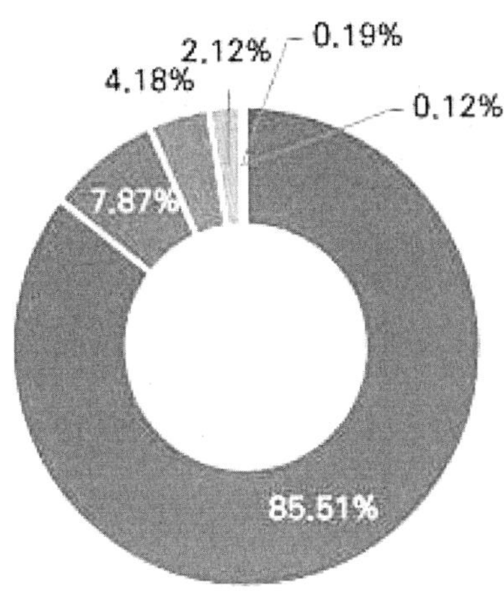

순위	문항	응답 건수(건)	백분율(%)
1	해당없음	1,369	85.51
2	적격심사	126	7.87
3	기타	67	4.18
4	협상에의한계약	34	2.12
5	2단계 경쟁입찰	3	0.19
6	최저가낙찰제	2	0.12

〈 2025년 문화예술시설 분야 낙찰자 선정방법 분류 통계 〉

운영비 산정

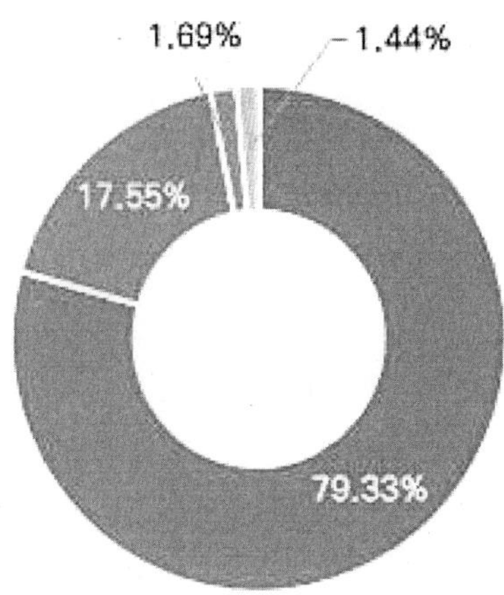

■ 내부산정(지자체 자체산정) ■ 해당없음 ■ 외부산정(외부전문기관 위탁) ■ 내·외부 모두산정

순위	문항	응답 건수(건)	백분율(%)
1	내부산정(지자체 자체산정)	1,270	79.33%
2	해당없음	281	17.55%
3	외부산정(외부전문기관 위탁)	27	1.69%
4	내 · 외부 모두산정	23	1.44%

〈 2025년 문화예술시설 분야 운영비 산정 분류 통계 〉

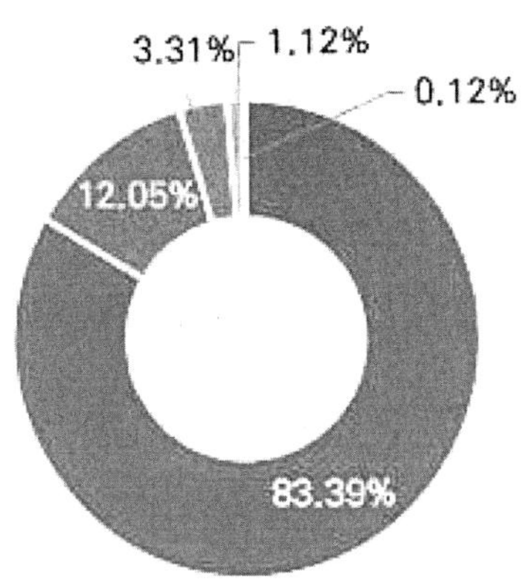

순위	문항	응답 건수(건)	백분율(%)
1	내부정산(지자체 자체)	1,335	83.39
2	해당없음	193	12.05
3	내 · 외부 모두 수행	53	3.31
4	외부정산(외부전문기관 위탁)	18	1.12
5	정산 안함	2	0.12

〈 2025년 문화예술시설 분야 정산 방법 분류 통계 〉

성과평가 실시여부

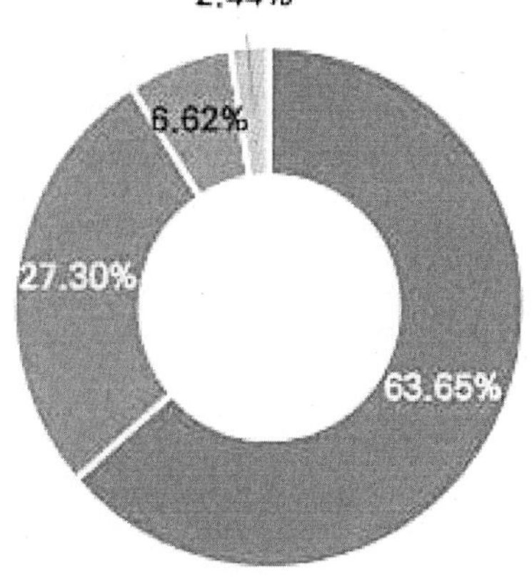

순위	문항	응답 건수(건)	백분율(%)
1	실시	1,019	63.65
2	해당없음	437	27.30
3	향후 추진	106	6.62
4	미실시	39	2.44

〈 2025년 문화예술시설 분야 성과평가 실시여부 분류 통계 〉

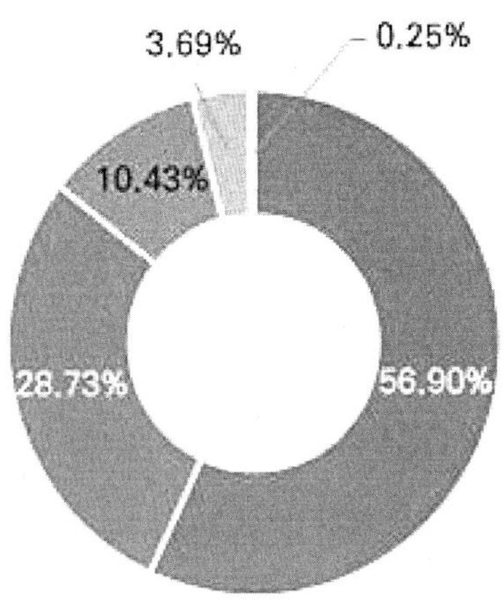

순위	문항	응답 건수(건)	백분율(%)
1	매년	911	56.90
2	해당없음	460	28.73
3	계약기간만료전	167	10.43
4	기타	59	3.69
5	격년	4	0.25

〈 2025년 문화예술시설 분야 성과평가 주기 통계 〉

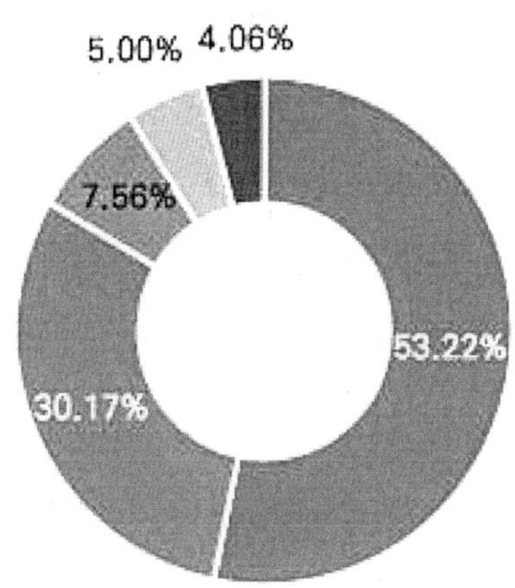

순위	문항	응답 건수(건)	백분율(%)
1	자체 실시	852	53.22
2	해당없음	483	30.17
3	전문 평가기관 의뢰	121	7.56
4	전문위원 섭외(평가단 구성)	80	5.00
5	기타	65	4.06

〈 2025년 문화예술시설 분야 성과평가 실시방법 통계 〉

평가기준 적용방법

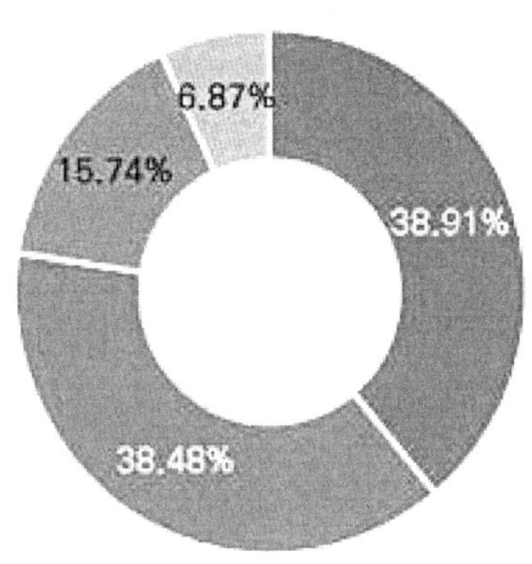

순위	문항	응답 건수(건)	백분율(%)
1	관련 지침/조례 적용	623	38.91
2	해당없음	616	38.48
3	기타	252	15.74
4	전문 평가기관 의뢰	110	6.87

〈 2025년 문화예술시설 분야 평가기준 적용방법 통계 〉

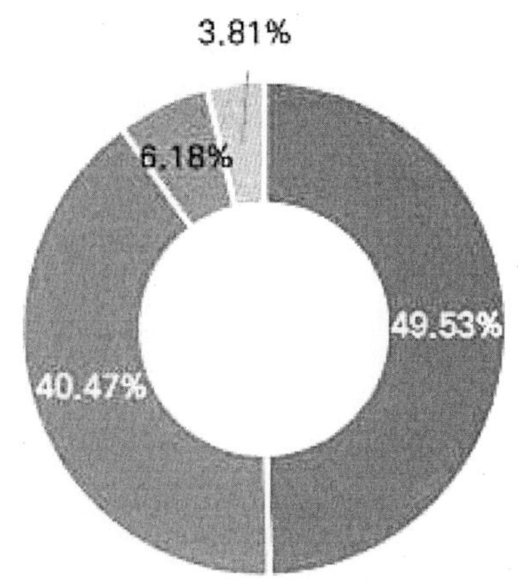

순위	문항	응답 건수(건)	백분율(%)
1	해당없음	793	49.53
2	매년 적용	648	40.47
3	기타	99	6.18
4	적용 안함	61	3.81

〈 2025년 문화예술시설 분야 인센티브 및 패널티 적용여부 통계 〉

인센티브 및 패널티 적용근거

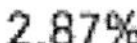

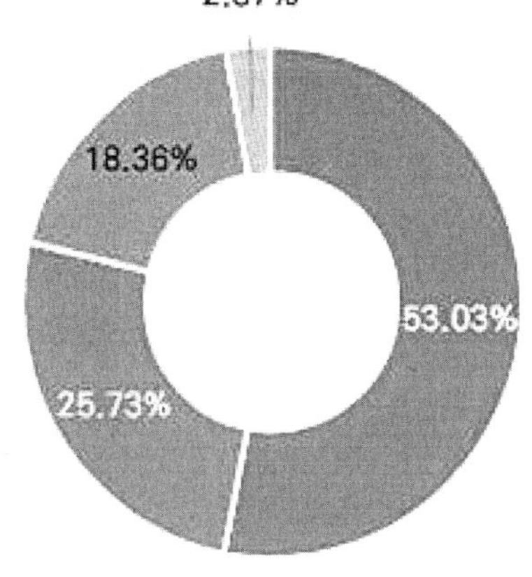

순위	문항	응답 건수(건)	백분율(%)
1	해당없음	849	53.03
2	조례	412	25.73
3	기타	294	18.36
4	계약서	46	2.87

〈 2025년 문화예술시설 분야 인센티브 및 패널티 적용근거 통계 〉

문화예술시설별 예산 현황

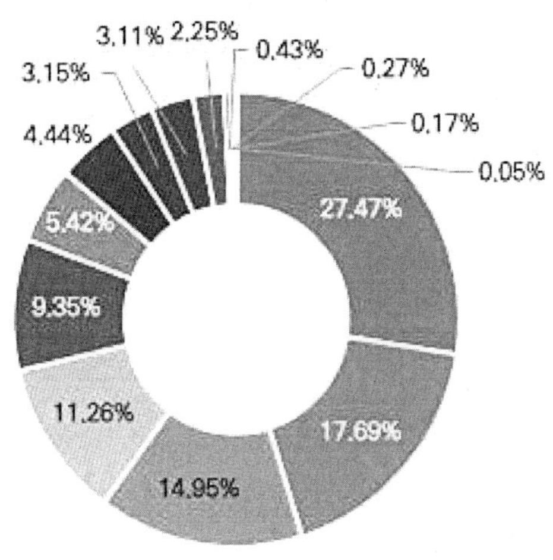

순위	시설	예산액	백분율(%)
1	지방문화원	163,637,300	27.47
2	기타	105,383,597	17.69
3	문화체육센터	89,046,165	14.95
4	공연장	67,087,221	11.26
5	도서관	55,718,172	9.35
6	문화의집	32,272,804	5.42
7	종합시설	26,453,465	4.44
8	미술관	18,782,792	3.15
9	박물관	18,519,980	3.11
10	영화상영관	13,382,236	2.25
11	전수회관	2,546,681	0.43
12	화랑	1,636,060	0.27
13	조각공원	1,019,540	0.17
14	국악원	273,456	0.05

〈 2025년 문화예술시설 분야 시설별 예산 현황 통계 〉

■ 민·관협업 예산비목 설명

1) 민간경상사업보조(307-02)란 민간이 행하는 사업에 대하여 자치단체가 이를 권장하기 위하여 교부하는 것으로 자본적 경비를 제외한 보조금을 말함
2) 민간단체 법정운영비보조(307-03)란 지방재정법 제17조 및 지방보조금법 제6조제2항에 따라 운영비를 지원할 수 있는 단체 등에 지원하는 경비를 말함
3) 민간행사사업보조(307-04)란 민간이 주관 또는 주최하는 행사에 대하여 자본적 경비를 제외한 보조금을 말함
4) 민간위탁금(307-05)이란 국가 또는 지방자치단체가 법령 및 조례에 의하여 민간인에게 위탁관리시키는 사업 중 기금성격의 사업비로서 사업이 종료되거나 위탁이 폐지될 때에는 전액 국고 또는 지방비로 회수가 가능한 사업을 말함
5) 사회복지시설 법정운영비 보조(307-10)란 주민 복지를 위해 법령의 명시적 근거에 따라 사회복지시설에 대하여 운영비 지원 목적으로 편성하는 보조금을 말함
6) 사회복지사업보조(307-11)란 주민 복지를 위해 법령 또는 조례상 지원기준에 따라 의무적으로 지출하는 보조금 또는 자치단체가 권장하는 다음 각 호의 사업을 위하여 지급하는 보조금으로서 자본적 경비를 제외한 경비를 말함
7) 민간인위탁교육비(307-12)란 법령 또는 조례 등에 따라 자치단체 사무를 위해 민간인을 위탁교육할 경우 위탁기관에 지급할 위탁교육비를 말함
8) 공기관등에 대한 경상적 위탁사업비(308-13)란 광역사업 등 당해 자치단체가 시행하여야 할 자본형성적 사업 외의 경비를 공기관에 위임 또는 위탁, 대행하여 시행할 경우 부담하는 제반경비, 지방자치단체조합(한국지역정보개발원 등)에 위탁하는 자본 형성적 사업 외 제반 경비를 말함
9) 공사 · 공단 경상전출금(309-01)이란 공사 · 공단에 대한 자본전출금을 제외한 전출금을 말함
10) 민간자본사업보조(자체재원)(402-01)이란 민간의 자본형성을 위하여 민간이 추진하는 사업을 권장할 목적으로 민간에게 자치단체 자체 재원으로 직접 지급하는 보조금을 말함
11) 민간자본사업보조(이전재원)(402-02)이란 민간의 자본형성을 위하여 민간이 추진하는 사업을 권장할 목적으로 민간에게 국비 또는 시도비를 시도 및 시군구에서 지급하는 보조금
12) 민간위탁사업비(402-03)란 자치단체가 직접 추진하여야 할 사업으로서 법령의 규정에 의하여 민간에 위임 또는 위탁, 대행시키는 사업의 사업비, 국가 또는 지방자치단체의 위임사무에 수반하는 경비로서 지방자치단체 이외의 타에 지급하는 교부금을 말함
13) 공기관등에 대한 자본적 위탁사업비(403-02)란 광역사업 등 당해 자치단체가 시행하여야 할 자본 형성적 사업을 공기관에 위임 또는 위탁, 대행하여 시행할 경우 부담하는 제반경비를 말함
14) 공사·공단자본전출금(404-01)이란 공사·공단에 대한 자본형성 또는 경제개발을 위하여 지급하는 전출금을 말함

자료출처 : 행정안전부, 2025년도 지방자치단체 예산편성 운영기준 및 기금운용계획 수립기준(2024. 7.)

목 차

목 차

목 차

강원

충북

충남

전북

목 차

전남

경북

경남

제주

2025년 전국 지방자치단체 문화예술시설 운영현황 조사

순번	시군구	지출명 (사업명)	문화예술시설 분류 1.공연장 2. 영화상영관 3. 박물관 4. 미술관 5. 화랑 6. 조각공원 7. 도서관 8. 문화의 집 9. 문화체육센터 10. 지방문화원 11. 국악원 12. 전수회관 13. 종합시설 14. 기타(시설명)	2025년예산 (단위:천원/1년간)	민간이전 분류 (지방자치단체 세출예산 집행기준에 의거) 1. 민간경상사업보조(307-02) 2. 민간단체 법정운영비보조(307-03) 3. 민간행사사업보조(307-04) 4. 민간위탁금(307-05) 5. 사회복지시설 법정운영비보조(307-10) 6. 사회복지사업보조(307-11) 7. 민간인위탁교육비(307-12) 8. 공기관등에대한경상적위탁사업비(308-13) 9. 공사공단 경상전출금(309-01) 10. 기타	민간이전지출 근거 (지방보조금 관리기준 참고) 1. 법률에 규정 2. 국고보조 재원(국가지정) 3. 용도 지정 기부금 4. 조례에 직접규정 5. 지자체가 권장하는 사업을 하는 공공기관 6. 시,도 정책 및 재정사정 7. 기타 8. 해당없음	입찰방식			운영예산 산정		성과평가				평가결과 적용	
							계약체결방법 (경쟁형태) 1. 일반경쟁 2. 제한경쟁 3. 지명경쟁 4. 수의계약 5. 법정위탁 6. 기타 ( ) 7. 해당없음	계약기간 1. 1년 2. 2년 3. 3년 4. 4년 5. 5년 6. 기타 ( )년 7. 단기계약 (1년미만) 8. 해당없음	낙찰자선정방법 1. 적격심사 2. 협상에의한계약 3. 최저가낙찰제 4. 규격가격분리 5. 2단계 경쟁입찰 6. 기타( ) 7. 해당없음	운영비산정 1. 내부산정 (지자체 자체적으로 산정) 2. 외부산정 (외부전문기관위탁 산정) 3. 내·외부 모두 산정 4. 산정 無 5. 해당없음	정산방법 1. 내부정산 (지자체 내부적으로 정산) 2. 외부정산 (외부전문기관위탁 정산) 3. 내·외부 모두 산정 4. 정산 無 5. 해당없음	성과평가 실시여부 1. 실시 2. 미실시 3. 향후 추진 4. 해당없음	성과평가 주기 1. 매년 2. 격년 3. 기간만료전 4. 기타 () 5. 해당없음	성과평가 실시 방법 1. 자체 실시 2. 평가단 구성 후 실시 (전문위원 섭외) 3. 전문 평가기관 의뢰 4. 기타 () 5. 해당없음	평가기준 적용방법 1. 관련 조례 적용 2. 전문 평가기관 의뢰 3. 기타 () 4. 해당없음	실제 인센티브 및 페널티 적용 유무 1. 매년 적용 2. 적용 안함 3. 기타 ( ) 4. 해당없음	인센티브 및 페널티 적용근거 1. 조례 2. 계약서 3.기타 ( ) 4. 해당없음
1	서울특별시	노들섬 문화명소 조성사업	13	5,856,060	8	4	6(공공위탁)	3	7	1	3	1	1	1	3(자체 기준)	3(위탁 갱신 시)	3(위수탁협약서)
2	서울특별시	지방문화원 육성지원	10	1,539,000	1	4	7	8	7	1	1	1	1	1	1	1	1
3	서울특별시	서울남산국악당 및 서울돈화문국악당 운영	1	5,199,563	4	4	2	3	2	1	3	3	5	5	4	4	4
4	서울특별시	서울연극창작센터 운영	14(서울연극창작센터)	5,608,190	8	1	4	3	7	1	3	4	5	5	4	4	4
5	서울특별시	삼일로창고극장 운영	1	1,165,656	4	1	6(공개모집)	3	1	1	3	1	1	1,2	1,2	2	4
6	서울특별시	권역별 서울문화예술교육센터 조성 및 운영	14(예술교육센터)	6,150,044	8	4	4	3	7	1	1	3	3	1	4	2	2
7	서울특별시	남산 XR스튜디오 운영 및 관리	14(XR 스튜디오)	1,928,000	4	1	1	3	1	1	3	1	3	3	2	3	2
8	서울 중구	구립도서관 위탁 운영	7	6,343,724	8	4	6	3	7	1	1	4	5	5	4	4	4
9	서울 중구	인현이음 운영	14	75,240	8	5	7	8	7	1	1	3	3	1	4	4	4
10	서울 중구	신당일상 운영	14	94,504	8	5	7	8	7	1	1	3	3	1	4	4	4
11	서울 중구	중구문화원 운영지원	10	204,750	1	1	7	8	7	5	3	1	1	1	4	4	4
12	서울 중구	서소문성지역사박물관 운영지원	3	635,000	4	4	1	5	1	1	3	1	3	3	2	2	2
13	서울 중구	손기정기념관 운영지원	3	115,000	4	4	1	3	1	1	3	1	1	1	4	4	4
14	서울 용산구	문화원 육성	10	63,434	1	1,4	7	8	7	1	1	1	1	1	1	1	1
15	서울 용산구	문화원 육성(보조)	10	249,293	1	1,4	7	8	7	1	1	1	1	1	1	1	1
16	서울 용산구	용산예술인초대전	10	48,880	3	1,4	7	8	7	1	1	1	1	1	1	1	1
17	서울 용산구	용산 시니어합창단 지원	10	33,600	1	1,4	7	8	7	1	1	1	1	1	1	1	1
18	서울 용산구	용산역사알리기 지원	10	143,360	1	1,4	7	8	7	1	1	1	1	1	1	1	1
19	서울 성동구	지방문화원 육성지원(보조)	10	194,704	1	1, 4	7	8	7	1	1	4	5	5	4	4	4
20	서울 광진구	광진문화원 지원	10	397,014	1	1,4	7	8	7	5	5	4	5	5	4	4	4
21	서울 광진구	광진구시설관리공단 문화체육부 지원	9	3,455,012	9	1,4	7	8	7	5	5	4	5	5	4	4	4
22	서울 동대문구	문화원 사업 및 문화학교 운영	10	47,960	1	1	7	8	7	1	1	4	5	5	4	4	4
23	서울 동대문구	문화원 인건비	10	74,100	2	1	7	8	7	1	1	4	5	5	4	4	4
24	서울 동대문구	문화원 행사(한가위 민속큰잔치, 청룡문화제, 지역문화예술동아리 상설공연)	10	173,215	4	1	7	8	7	1	1	4	5	5	4	4	4
25	서울 동대문구	공공도서관 위탁 운영	7	1,236,042	9	4	7	8	7	1	1	1	1	3	2	1	3
26	서울 강북구	강북문화예술회관 위탁운영	9	1,486,938	9	4	6	3	7	1	1	1	3	1	3	3	3
27	서울 강북구	문화원 운영지원	10	86,873	2	1	7	8	7	1	1	1	1	1	3	4	4
28	서울 강북구	문화원 운영지원	10	70,060	3	1	7	8	7	1	1	1	1	1	3	4	4
29	서울 도봉구	도봉문화원 활성화 지원	10	1,048,398	1	1	7	8	7	1	1	1	1	1	1	1	1
30	서울 도봉구	편지문학관 운영	14	176,676	4	4	1	1	6	1	1	1	3	1	1	4	4
31	서울 도봉구	구립 통합도서관 운영지원	7	563,223	4	1	7	8	7	5	5	1	1	4	3	4	4
32	서울 도봉구	작은도서관 지원	7	51,528	1	1	7	8	7	1	1	1	1	1	1	1	4
33	서울 도봉구	공공도서관 개관시간 연장사업 지원	7	314,120	8	1	7	8	7	5	5	4	5	5	4	4	4
34	서울 도봉구	김근태기념도서관 운영	7	825,745	4	4	7	8	7	5	5	4	5	5	4	4	4
35	서울 노원구	노원문화원 운영	10	995,249	4	1	5	8	7	1	1	3	5	1	1	4	4
36	서울 노원구	노원문화의 집 운영	8	198,823	4	1	5	8	7	1	1	3	5	1	1	4	4
37	서울 노원구	문화시설 위탁운영(노원어린이극장 운영)	1	606,348	8	5	7	3	7	1	1	4	5	5	4	4	4

순번	시군구	지출명 (사업명)	문화예술시설 분류 1.공연장 2. 영화상영관 3. 박물관 4. 미술관 5. 화랑 6. 조각공원 7. 도서관 8. 문화의 집 9. 문화체육센터 10. 지방문화원 11. 국악원 12. 전수회관 13. 종합시설 14. 기타(시설명)	2025년예산 (단위:천원/1년간)	민간이전 분류 (지방자치단체 세출예산 집행기준에 의거) 1. 민간경상사업보조(307-02) 2. 민간단체 법정운영비보조(307-03) 3. 민간행사사업보조(307-04) 4. 민간위탁금(307-05) 5. 사회복지시설 법정운영비보조(307-10) 6. 사회복지사업보조(307-11) 7. 민간인위탁교육비(307-12) 8. 공기관등에대한경상적위탁사업비(308-13) 9. 공사공단 경상전출금(309-01) 10. 기타	민간이전지출 근거 (지방보조금 관리기준 참고) 1. 법률에 규정 2. 국고보조 재원(국가지정) 3. 용도 지정 기부금 4. 조례에 직접규정 5. 지자체가 권장하는 사업을 하는 공공기관 6. 시,도 정책 및 재정사정 7. 기타 8. 해당없음	입찰방식			운영예산 산정		성과평가				평가결과 적용	
							계약체결방법 (경쟁형태) 1. 일반경쟁 2. 제한경쟁 3. 지명경쟁 4. 수의계약 5. 법정위탁 6. 기타 ( ) 7. 해당없음	계약기간 1. 1년 2. 2년 3. 3년 4. 4년 5. 5년 6. 기타 ( )년 7. 단기계약 (1년미만) 8. 해당없음	낙찰자선정방법 1. 적격심사 2. 협상에의한계약 3. 최저가낙찰제 4. 규격가격분리 5. 2단계 경쟁입찰 6. 기타( ) 7. 해당없음	운영비산정 1. 내부산정 (지자체 자체적으로 산정) 2. 외부산정 (외부전문기관위탁 산정) 3. 내·외부 모두 산정 4. 산정 無 5. 해당없음	정산방법 1. 내부정산 (지자체 내부적으로 정산) 2. 외부정산 (외부전문기관위탁 정산) 3. 내·외부 모두 산정 4. 정산 無 5. 해당없음	성과평가 실시여부 1. 실시 2. 미실시 3. 향후 추진 4. 해당없음	성과평가 주기 1. 매년 2. 격년 3. 기간만료전 4. 기타 () 5. 해당없음	성과평가 실시 방법 1. 자체 실시 2. 평가단 구성 후 실시 (전문위원 섭외) 3. 전문 평가기관 의뢰 4. 기타 () 5. 해당없음	평가기준 적용방법 1. 관련 조례 적용 2. 전문 평가기관 의뢰 3. 기타 () 4. 해당없음	실제 인센티브 및 페널티 적용 유무 1. 매년 적용 2. 적용 안함 3. 기타 ( ) 4. 해당없음	인센티브 및 페널티 적용근거 1. 조례 2. 계약서 3.기타 ( ) 4. 해당없음
38	서울 노원구	문화시설 위탁운영(노원문화예술회관)	1	2,700,252	8	5	7	3	7	1	1	4	5	5	4	4	4
39	서울 은평구	은평구립도서관 운영	2	3,369,878	4	4	7	7	7	1	1	1	1	1	1	1	1
40	서울 은평구	증산정보도서관 운영	2	1,277,915	4	4	7	7	7	1	1	1	1	1	1	1	1
41	서울 은평구	응암정보도서관 운영	2	959,093	4	4	7	7	7	1	1	1	1	1	1	1	1
42	서울 은평구	구립상림도서관 운영	2	352,604	4	4	7	7	7	1	1	1	1	1	1	1	1
43	서울 은평구	은평뉴타운도서관 운영	2	1,235,592	4	4	7	7	7	1	1	1	1	1	1	1	1
44	서울 은평구	구산동도서관마을 운영	2	1,458,284	4	4	7	7	7	1	1	1	1	1	1	1	1
45	서울 은평구	내를건너숲으로도서관 운영	2	1,317,113	4	4	7	7	7	1	1	1	1	1	1	1	1
46	서울 은평구	은뜨락도서관 운영	2	813,536	4	4	7	7	7	1	1	1	1	1	1	1	1
47	서울 서대문구	서대문문화체육시설 운영	9	7,424,607	9	4	5	8	7	1	1	4	5	5	4	4	4
48	서울 서대문구	서대문형무소역사관 운영	3	981,338	9	4	5	8	7	1	1	4	5	5	4	4	4
49	서울 서대문구	지방문화원 육성사업	10	101,505	4	4	7	8	7	1	1	4	5	5	4	4	4
50	서울 서대문구	지방문화원 육성사업	10	46,375	3	4	7	8	7	1	1	4	5	5	4	4	4
51	서울 서대문구	서울 서대문구립도서관 운영지원	7	1,179,615	9	4	5	3	7	1	1	4	5	5	4	4	4
52	서울 서대문구	장애인도서관 운영지원	7	82,263	1	1	7	8	7	1	1	4	5	5	4	4	4
53	서울 마포구	마포아트센터	9	5,854,970	9	4	5	8	7	1	3	1	1	3	2	1	3
54	서울 마포구	마포문화원	10	396,494	4	4	4	8	7	1	1	4	5	5	4	4	4
55	서울 양천구	양천문화원 지원	10	465,298	4	1,4	7	8	7	5	5	4	5	5	4	4	4
56	서울 강서구	문화원사업활동지원	10	24,240	1	4	7	8	7	1	1	1	1	2	1	1	3
57	서울 강서구	문화원 사무국 직원 인건비	10	167,325	4	4	7	8	7	1	1	1	1	2	1	1	3
58	서울 강서구	겸재미술대전 외 5건	10	626,080	3	4	7	8	7	1	1	1	1	2	1	1	3
59	서울 강서구	허준박물관 위탁운영	3	909,629	4	4	1	5	1	1	1	1	1	1	3	4	4
60	서울 강서구	겸재정선미술관 위탁운영	4	818,142	4	4	1	5	1	1	1	1	1	1	3	4	4
61	서울 강서구	강서아트리움 위탁운영	14	973,858	4	4	1	5	1	1	1	1	1	1	3	4	4
62	서울 구로구	구로문화원 운영지원	10	347,683	4	4	7	8	7	1	1	4	5	5	4	4	4
63	서울 구로구	공공도서관운영지원	7	4,269,980	4	5	2	3	7	1	1	1	3	2	3	3	2
64	서울 구로구	공립작은도서관운영	7	6,490	4	5	7	3	7	1	1	1	3	2	3	4	4
65	서울 금천구	공공도서관 개관시간 연장	5	228,480	8	4	5	3	6	5	1	2	5	5	4	4	4
66	서울 금천구	금천구민문화체육센터 운영	9	2,636,222	9	4	5	3	7	5	5	4	5	5	4	4	4
67	서울 금천구	금나래문화체육센터 운영	9	2,834,720	9	4	5	3	7	5	5	4	5	5	4	4	4
68	서울 금천구	금천문화원 운영지원	10	47,840	1	4	7	8	7	1	1	4	5	5	4	4	4
69	서울 금천구	금천문화원 운영지원	10	65,650	2	4	7	8	7	1	1	4	5	5	4	4	4
70	서울 금천구	금천문화원 운영지원	10	155,250	4	4	7	8	7	1	1	4	5	5	4	4	4
71	서울 금천구	정월대보름 마을 축제(주민참여)	10	23,000	3	4	7	8	7	5	5	4	5	5	4	4	4
72	서울 금천구	공공도서관 개관시간 연장	7	259,900	8	4	5	3	6	1	1	4	5	5	4	4	4
73	서울 금천구	공공도서관 운영 지원	7	81,904	8	4	5	3	6	1	1	4	5	5	4	4	4
74	서울 금천구	도서관 다문화서비스 사업	7	4,704	8	4	5	3	6	1	1	4	5	5	4	4	4
75	서울 금천구	공사립 작은도서관 운영 및 관리	7	35,369	1	4	5	3	6	1	1	4	5	5	4	4	4
76	서울 금천구	금천구민문화체육센터 운영 및 환경개선	9	2,966,221	9	4	5	3	7	1	1	1	3	1	4	4	4
77	서울 금천구	금나래문화체육센터 운영 및 환경개선	9	2,775,686	9	4	5	3	7	1	1	1	3	1	4	4	4
78	서울 금천구	금빛휘트니스센터 운영	9	344,828	9	4	5	3	7	1	1	1	3	1	4	4	4

순번	시군구	지출명 (사업명)	문화예술시설 분류 1.공연장 2. 영화상영관 3. 박물관 4. 미술관 5. 화랑 6. 조각공원 7. 도서관 8. 문화의 집 9. 문화체육센터 10. 지방문화원 11. 국악원 12. 전수회관 13. 종합시설 14. 기타(시설명)	2025년예산 (단위:천원/1년간)	민간이전 분류 (지방자치단체 세출예산 집행기준에 의거) 1. 민간경상사업보조(307-02) 2. 민간단체 법정운영비보조(307-03) 3. 민간행사사업보조(307-04) 4. 민간위탁금(307-05) 5. 사회복지시설 법정운영비보조(307-10) 6. 사회복지사업보조(307-11) 7. 민간인위탁교육비(307-12) 8. 공기관등에대한경상적위탁사업비(308-13) 9. 공사공단 경상전출금(309-01) 10. 기타	민간이전지출 근거 (지방보조금 관리기준 참고) 1. 법률에 규정 2. 국고보조 재원(국가지정) 3. 용도 지정 기부금 4. 조례에 직접규정 5. 지자체가 권장하는 사업을 하는 공공기관 6. 시,도 정책 및 재정사정 7. 기타 8. 해당없음	입찰방식			운영예산 산정		성과평가				평가결과 적용	
							계약체결방법 (경쟁형태) 1. 일반경쟁 2. 제한경쟁 3. 지명경쟁 4. 수의계약 5. 법정위탁 6. 기타 ( ) 7. 해당없음	계약기간 1. 1년 2. 2년 3. 3년 4. 4년 5. 5년 6. 기타 ( )년 7. 단기계약 (1년미만) 8. 해당없음	낙찰자선정방법 1. 적격심사 2. 협상에의한계약 3. 최저가낙찰제 4. 규격가격분리 5. 2단계 경쟁입찰 6. 기타( ) 7. 해당없음	운영비산정 1. 내부산정 (지자체 자체적으로 산정) 2. 외부산정 (외부전문기관위탁 산정) 3. 내·외부 모두 산정 4. 산정 無 5. 해당없음	정산방법 1. 내부정산 (지자체 내부적으로 정산) 2. 외부정산 (외부전문기관위탁 정산) 3. 내·외부 모두 산정 4. 정산 無 5. 해당없음	성과평가 실시여부 1. 실시 2. 미실시 3. 향후 추진 4. 해당없음	성과평가 주기 1. 매년 2. 격년 3. 기간만료전 4. 기타 ( ) 5. 해당없음	성과평가 실시 방법 1. 자체 실시 2. 평가단 구성 후 실시 (전문위원 섭외) 3. 전문 평가기관 의뢰 4. 기타 ( ) 5. 해당없음	평가기준 적용방법 1. 관련 조례 적용 2. 전문 평가기관 의뢰 3. 기타 ( ) 4. 해당없음	실제 인센티브 및 페널티 적용 유무 1. 매년 적용 2. 적용 안함 3. 기타 ( ) 4. 해당없음	인센티브 및 페널티 적용근거 1. 조례 2. 계약서 3.기타 ( ) 4. 해당없음
79	서울 금천구	독산어르신체육센터 운영	9	6,616	9	4	5	3	7	1	1	1	3	1	4	4	4
80	서울 금천구	생활체육시설 지원	4,14(독산잔디축구장)	80,339	9	4	5	3	7	1	1	1	3	1	4	4	4
81	서울 동작구	동작문화원 지원	10	457,650	4	4	5	8	7	1	1	1	1	1	1	4	1
82	서울 동작구	공공도서관 개관시간 연장사업	7	553,944	8	2	7	8	7	1	1	4	5	5	4	4	4
83	서울 동작구	공공도서관 위탁운영	7	232,824	8	6	7	8	7	1	1	1	1	4	1	1	1
84	서울 관악구	관악문화원 운영지원	10	206,932	4	1	7	8	7	1	1	2	5	5	4	4	4
85	서울 관악구	전통야외소극장 운영 관리	4	17,920	7	4	7	2	7	1	1	1	3	1	1	4	4
86	서울 관악구	박종철센터 운영	3	366,595	4	4	1	3	1	1	1	1	3	1	1	4	4
87	서울 관악구	문화도시 조성사업	14	818,805	8	4	7	3	7	1	3	1	1	3	2	4	4
88	서울 서초구	서리풀청년아트갤러리	14	233,835	4	1	6	3	6	1	1	1	1	3	2	1	4
89	서울 서초구	심산기념사업회 운영	13	294,150	4	4	6	2	6	1	1	4	5	5	4	4	4
90	서울 서초구	서초문화원 운영지원	10	937,538	1	4	7	8	7	1	1	4	5	5	4	4	4
91	서울 서초구	서초문화원 운영지원	10	252,448	2	4	7	8	7	1	1	4	5	5	4	4	4
92	서울 서초구	서초문화원 운영지원	10	194,775	3	4	7	8	7	1	1	4	5	5	4	4	4
93	서울 강남구	실내 공연장 운영	1	217,096	4	1,4	7	3	6	1	1	1	3	1	1	2	4
94	서울 강남구	문화시설 관리	14	1,172,313	4	7	7	3	6	1	1	1	3	1	1	2	4
95	서울 송파구	송파문화원 운영 지원	10	442,711	1	4	7	8	7	1	1	4	5	5	4	4	4
96	서울 송파구	무형문화재 전수교육관 활성화 사업	12	10,700	1	1	7	8	7	1	1	4	5	5	4	4	4
97	서울 강동구	강동구민회관	9	1,674,305	9	4	7	3	7	1	1	1	1	1	3	3	3
98	서울 강동구	민속의 집	8	19,994	9	4	7	3	7	1	1	1	1	1	3	3	3
99	서울 강동구	강동문화원 사업 지원	10	391,382	1	1, 4	7	8	7	1	1	4	5	5	4	4	4
100	서울 강동구	한국점자도서관 운영지원	7	54,890	4	5	6	3	6	1	1	1	3	1	1	1	1
101	서울 강동구	북카페도서관 암사종합시장점 위탁운영비	7	160,472	4	1	6	2	7	1	1	1	1	1	1	2	4
102	서울 강동구	구립작은도서관 위탁운영	7	201,600	4	4	6	1	7	1	1	1	1	1	1	2	4
103	서울 강동구	웃는책 작은도서관 위탁운영	7	123,887	4	4	6	3	7	1	1	1	1	1	1	2	4
104	부산 중구	중구문화원 지원	10	178,672	1	1	7	8	7	1	1	1	1	1	1	4	1
105	부산 중구	고맙습니다. 글마루작은도서관 운영	7	163,379	4	4	1	5	1	1	1	1	4	1	1	4	4
106	부산 중구	보수동책방골목어린이도서관 운영	7	158,689	4	4	1	5	1	1	1	1	4	1	1	4	4
107	부산 중구	40계단문화관 청소	8	30,600	4	8	4	1	7	5	1	4	5	5	4	4	4
108	부산 서구	서구문화원 지원	10	189,155	1	4	7	8	7	1	1	4	5	5	4	4	4
109	부산 동구	문화원 운영	10	89,600	1	1	7	8	7	1	1	1	1	2	1	1	1
110	부산 영도구	영도대표축제 지원(제32회 영도다리축제)	10	476,150	1	4	2	7	2	5	5	1	4	3	2	4	4
111	부산 영도구	영도문화원지원	10	153,493	1	4	7	8	7	5	5	4	5	5	4	4	4
112	부산 해운대구	해운대문화원 사업지원	10	134,750	1	1	7	8	7	1	1	1	1	1	1	1	1
113	부산 해운대구	해운대문화원 운영지원	10	215,987	4	1	7	8	7	1	1	1	1	1	1	1	1
114	부산 해운대구	사립등록미술관 지원	4	22,200	1	6	7	8	7	1	1	1	1	1	1	1	1
115	부산 해운대구	문화학교 지원	14	4,360	1	6	7	8	7	1	1	1	1	1	1	1	1
116	부산 사하구	사하문화원지원	10	148,320	1	1,4	5	8	7	1	1	1	1	1	1	4	4
117	부산 금정구	사립미술관 제원	4	38,500	1	4	7	8	7	1	1	1	1	1	1	1	1
118	부산 금정구	금정구 문화예술인협의회 사업 활동 지원	11	46,056	1	4	7	1	7	1	1	1	1	1	1	1	1
119	부산 금정구	금정문예 28집 발간지원	11	13,650	1	4	7	1	7	1	1	1	1	1	1	1	1

순번	시군구	지출명 (사업명)	문화예술시설 분류 1.공연장 2. 영화상영관 3. 박물관 4. 미술관 5. 화랑 6. 조각공원 7. 도서관 8. 문화의 집 9. 문화체육센터 10. 지방문화원 11. 국악원 12. 전수회관 13. 종합시설 14. 기타(시설명)	2025년예산 (단위:천원/1년간)	민간이전 분류 (지방자치단체 세출예산 집행기준에 의거) 1. 민간경상사업보조(307-02) 2. 민간단체 법정운영비보조(307-03) 3. 민간행사사업보조(307-04) 4. 민간위탁금(307-05) 5. 사회복지시설 법정운영비보조(307-10) 6. 사회복지사업보조(307-11) 7. 민간인위탁교육비(307-12) 8. 공기관등에대한경상적위탁사업비(308-13) 9. 공사공단 경상전출금(309-01) 10. 기타	민간이전지출 근거 (지방보조금 관리기준 참고) 1. 법률에 규정 2. 국고보조 재원(국가지정) 3. 용도 지정 기부금 4. 조례에 직접규정 5. 지자체가 권장하는 사업을 하는 공공기관 6. 시,도 정책 및 재정사정 7. 기타 8. 해당없음	입찰방식			운영예산 산정		성과평가				평가결과 적용	
							계약체결방법 (경쟁형태) 1. 일반경쟁 2. 제한경쟁 3. 지명경쟁 4. 수의계약 5. 법정위탁 6. 기타 ( ) 7. 해당없음	계약기간 1. 1년 2. 2년 3. 3년 4. 4년 5. 5년 6. 기타 ( )년 7. 단기계약 (1년미만) 8. 해당없음	낙찰자선정방법 1. 적격심사 2. 협상에의한계약 3. 최저가낙찰제 4. 규격가격분리 5. 2단계 경쟁입찰 6. 기타( ) 7. 해당없음	운영비산정 1. 내부산정 (지자체 자체적으로 산정) 2. 외부산정 (외부전문기관위탁 산정) 3. 내·외부 모두 산정 4. 산정 無 5. 해당없음	정산방법 1. 내부정산 (지자체 내부적으로 정산) 2. 외부정산 (외부전문기관위탁 정산) 3. 내·외부 모두 산정 4. 정산 無 5. 해당없음	성과평가 실시여부 1. 실시 2. 미실시 3. 향후 추진 4. 해당없음	성과평가 주기 1. 매년 2. 격년 3. 기간만료전 4. 기타 ( ) 5. 해당없음	성과평가 실시 방법 1. 자체 실시 2. 평가단 구성 후 실시 (전문위원 섭외) 3. 전문 평가기관 의뢰 4. 기타 ( ) 5. 해당없음	평가기준 적용방법 1. 관련 조례 적용 2. 전문 평가기관 의뢰 3. 기타 ( ) 4. 해당없음	실제 인센티브 및 페널티 적용 유무 1. 매년 적용 2. 적용 안함 3. 기타 ( ) 4. 해당없음	인센티브 및 페널티 적용근거 1. 조례 2. 계약서 3.기타 ( ) 4. 해당없음
120	부산 금정구	지방문화원 사업활동 지원	10	11,880	1	4	7	8	7	1	1	1	1	1	1	1	1
121	부산 금정구	지방문화원 운영비 지원	10	72,600	2	4	7	8	7	1	1	1	1	1	1	1	1
122	부산 금정구	지방문화원 사업활동 지원	10	38,160	1	4	7	8	7	1	1	1	1	1	1	1	1
123	부산 금정구	지방문화원 운영비 지원	10	25,680	2	4	7	8	7	1	1	1	1	1	1	1	1
124	부산 금정구	금샘문학상 공모	10	18,928	1	4	7	8	7	1	1	1	1	1	1	1	1
125	부산 금정구	서동예술창작공간 등 운영비	1	102,900	8	5	7	8	7	1	1	4	5	5	4	4	4
126	부산 금정구	아르코공연연습센터@금정 운영비	1	169,600	8	5	7	8	7	1	1	4	5	5	4	4	4
127	부산 금정구	사립박물관 지원	3	35,030	1	1	7	8	7	1	1	1	1	1	1	1	1
128	부산 금정구	정월대보름맞이 행사	10	31,395	3	4	7	8	7	1	1	1	1	1	1	1	1
129	부산 금정구	금정산성축제	1	460,000	8	5	7	8	7	1	1	4	5	5	4	4	4
130	부산 금정구	구군 우수축제(금정산성축제) 지원(성립전)	1	20,200	8	5	7	8	7	1	1	4	5	5	4	4	4
131	부산 금정구	금정산성 수호대 운영	1	135,150	1	2	7	1	7	1	1	4	1	1	4	4	4
132	부산 금정구	대웅大雄, 위대한 영웅을 찾아서!	1	41,600	1	2	7	1	7	1	1	4	1	1	4	4	4
133	부산 금정구	K-story(고전), 금정에서 펼치는 지혜의 샘	1	47,520	1	2	7	1	7	1	1	4	1	1	4	4	4
134	부산 금정구	범어사 재난방재시설 유지관리 지원	11	49,950	1	2	7	8	7	1	1	4	5	5	4	4	4
135	부산 금정구	구정대외홍보	11	56,500	8	1	7	8	7	5	5	4	5	5	4	4	4
136	부산 강서구	강서문화원 활동 육성지원	10	97,901	1	4	7	8	7	1	1	2	5	5	4	4	4
137	부산 강서구	강서문화원 사업지원(보조)	10	66,600	1	4	7	8	7	1	1	2	5	5	4	4	4
138	부산 강서구	강서문화원 사업지원(자체)	10	10,914	1	4	7	8	7	1	1	2	5	5	4	4	4
139	부산 강서구	문화학교 지원(보조)	10	5,700	1	4	7	8	7	1	1	2	5	5	4	4	4
140	부산 강서구	문화학교 지원(자체)	10	88,153	1	4	7	8	7	1	1	2	5	5	4	4	4
141	부산 강서구	지역문화단체 지원	14	18,982	1	7	7	8	7	1	1	2	5	5	4	4	4
142	부산 강서구	지역문화단체 지원	14	20,843	1	7	7	8	7	1	1	2	5	5	4	4	4
143	부산 강서구	지역문화단체 지원	14	24,589	1	7	7	8	7	1	1	2	5	5	4	4	4
144	부산 강서구	지역문화단체 지원	14	4,770	1	7	7	8	7	1	1	2	5	5	4	4	4
145	부산 강서구	지역문화단체 지원	14	5,940	1	7	7	8	7	1	1	2	5	5	4	4	4
146	부산 강서구	지역문화단체 지원	14	5,150	1	7	7	8	7	1	1	2	5	5	4	4	4
147	부산 강서구	지역문화단체 지원	14	2,140	1	7	7	8	7	1	1	2	5	5	4	4	4
148	부산 강서구	지역문화단체 지원	14	2,100	1	7	7	8	7	1	1	2	5	5	4	4	4
149	부산 연제구	연제문화원 문화사업 운영	10	74,207	1	1	7	8	7	5	1	4	5	5	4	4	4
150	부산 연제구	연제문화원 운영비	10	85,600	2	1	7	8	7	5	1	4	5	5	4	4	4
151	부산 연제구	연제구 생활문화센터	14	14,300	4	3	1	2	1	1	1	4	5	5	4	4	4
152	부산 연제구	연제문화원 문화학교 운영	10	186,192	1	1	7	8	7	5	1	4	5	5	4	4	4
153	부산 수영구	수영문화원 사업비 지원	10	101,897	1	1	5	8	7	5	1	4	5	5	4	4	4
154	부산 수영구	수영문화원 운영비 지원	10	145,370	4	1	5	8	7	5	1	4	5	5	4	4	4
155	부산 수영구	수영전통달집놀이 개최 지원	12	22,644	3	1	5	7	7	5	1	4	5	5	4	4	4
156	부산 수영구	수영사적공원 부설주차장 위탁수수료	12	19,089	4	1	5	1	7	5	1	4	5	5	4	4	4
157	부산 수영구	수영민속예술관 및 문화유산 시설물 관리	12	28,250	4	1	5	1	7	5	1	4	5	5	4	4	4
158	부산 수영구	수영전통 민속교류	12	1,744	1	1	5	1	7	5	1	4	5	5	4	4	4
159	부산 수영구	수영전통 민속예술제	12	7,910	1	1	5	1	7	5	1	4	5	5	4	4	4
160	부산 수영구	수영민속공연 영상 및 사운드 제작	12	11,100	1	1	5	1	7	5	1	4	5	5	4	4	4

순번	시군구	지출명 (사업명)	문화예술시설 분류 1.공연장 2. 영화상영관 3. 박물관 4. 미술관 5. 화랑 6. 조각공원 7. 도서관 8. 문화의 집 9. 문화체육센터 10. 지방문화원 11. 국악원 12. 전수회관 13. 종합시설 14. 기타(시설명)	2025년예산 (단위:천원/1년간)	민간이전 분류 (지방자치단체 세출예산 집행기준에 의거) 1. 민간경상사업보조(307-02) 2. 민간단체 법정운영비보조(307-03) 3. 민간행사사업보조(307-04) 4. 민간위탁금(307-05) 5. 사회복지시설 법정운영비보조(307-10) 6. 사회복지사업보조(307-11) 7. 민간인위탁교육비(307-12) 8. 공기관등에대한경상적위탁사업비(308-13) 9. 공사공단 경상전출금(309-01) 10. 기타	민간이전지출 근거 (지방보조금 관리기준 참고) 1. 법률에 규정 2. 국고보조 재원(국가지정) 3. 용도 지정 기부금 4. 조례에 직접규정 5. 지자체가 권장하는 사업을 하는 공공기관 6. 시,도 정책 및 재정사정 7. 기타 8. 해당없음	입찰방식			운영예산 산정		성과평가				평가결과 적용	
							계약체결방법 (경쟁형태) 1. 일반경쟁 2. 제한경쟁 3. 지명경쟁 4. 수의계약 5. 법정위탁 6. 기타 ( ) 7. 해당없음	계약기간 1. 1년 2. 2년 3. 3년 4. 4년 5. 5년 6. 기타 ( )년 7. 단기계약 (1년미만) 8. 해당없음	낙찰자선정방법 1. 적격심사 2. 협상에의한계약 3. 최저가낙찰제 4. 규격가격분리 5. 2단계 경쟁입찰 6. 기타( ) 7. 해당없음	운영비산정 1. 내부산정 (지자체 자체적으로 산정) 2. 외부산정 (외부전문기관위탁 산정) 3. 내·외부 모두 산정 4. 산정 無 5. 해당없음	정산방법 1. 내부정산 (지자체 내부적으로 정산) 2. 외부정산 (외부전문기관위탁 정산) 3. 내·외부 모두 산정 4. 정산 無 5. 해당없음	성과평가 실시여부 1. 실시 2. 미실시 3. 향후 추진 4. 해당없음	성과평가 주기 1. 매년 2. 격년 3. 기간만료전 4. 기타 () 5. 해당없음	성과평가 실시 방법 1. 자체 실시 2. 평가단 구성 후 실시 (전문위원 섭외) 3. 전문 평가기관 의뢰 4. 기타 () 5. 해당없음	평가기준 적용방법 1. 관련 조례 적용 2. 전문 평가기관 의뢰 3. 기타 () 4. 해당없음	실제 인센티브 및 페널티 적용 유무 1. 매년 적용 2. 적용 안함 3. 기타 ( ) 4. 해당없음	인센티브 및 페널티 적용근거 1. 조례 2. 계약서 3.기타 ( ) 4. 해당없음
161	부산 수영구	향사비(25의용단)	12	2,525	1	1	5	7	7	5	1	4	5	5	4	4	4
162	부산 수영구	수영사적공원 전통 상설공연 지원	12	21,630	1	1	5	1	7	5	1	4	5	5	4	4	4
163	부산 수영구	수영구 국민체육센터	4	656,387	4	7	1	5	1	5	2	1	3	5	3	3	2
164	부산 수영구	수영구 스포츠클럽	4	274,518	4	7	1	5	1	5	2	1	3	5	3	3	2
165	부산 사상구	다누림홀 운영지원	1	99,900	4	5	4	3	6	1	1	4	5	5	4	4	4
166	부산 사상구	문화가 있는 날 운영	10	12,540	3	6	7	8	7	1	1	4	5	5	4	4	4
167	부산 사상구	문화학교 운영	10	10,500	1	6	7	8	7	1	1	4	5	5	4	4	4
168	부산 사상구	생활문화 프로그램 운영 지원	10	27,250	1	4	7	8	7	1	1	4	5	5	4	4	4
169	부산 사상구	사상문화원 육성 지원	10	36,360	1	4	7	8	7	1	1	4	5	5	4	4	4
170	부산 사상구	사상문화원 운영 지원	10	27,120	2	4	7	8	7	1	1	4	5	5	4	4	4
171	부산 사상구	사상문화원 사업 지원	10	38,607	1	4	7	8	7	1	1	1	1	1	3	1	1
172	부산 사상구	사상문화원 운영 지원	10	89,460	2	4	7	8	7	1	1	1	1	1	3	1	1
173	부산 기장군	기장문화원 사업활동비	10	218,791	1	1	7	1	7	1	1	1	1	1	1	1	1
174	부산 기장군	기장문화원 운영비	10	263,903	4	1	7	1	7	1	1	1	1	1	1	1	1
175	부산 기장군	안데르센극장 운영	1	258,075	4	4	5	2	2	1	3	4	5	5	4	4	4
176	부산 기장군	정관도서관	7	564,620	1	2	1	6	2	1	1	1	1	2	1	1	2
177	대구광역시	대구문화예술회관 운영	14	4,476,288	8	5	6	3	7	1	1	1	1	1	4	4	4
178	대구광역시	대구콘서트하우스 운영	1	6,646,771	8	5	6	3	7	1	1	1	1	1	4	4	4
179	대구광역시	대구미술관 운영	4	4,879,478	8	5	6	3	7	1	1	1	1	1	4	4	4
180	대구광역시	고택 민간위탁	8	86,520	4	4	1	3	1	1	1	1	3	3	2	3	3
181	대구광역시	예술창작공간(대구예술발전소, 수창청춘맨숀)운영	8	1,801,200	8	5	6	3	7	1	1	1	1	1	4	4	4
182	대구광역시	대구문학관 운영	8	663,000	4	4	1	3	1	1	1	1	3	3	2	3	3
183	대구광역시	한국전선문화관 운영	8	224,400	4	4	1	3	1	1	1	1	3	3	2	3	3
184	대구광역시	대구생활문화센터 관리운영	14	470,878	8	1,4,6	6	6	7	1	1	4	5	5	4	4	4
185	대구광역시	대구간송미술관 운영	4	4,999,500	4	1,4	4	6	7	3	3	1	3	3	2	3	3
186	대구광역시	대구콘텐츠비즈니스센터 운영	14	1,177,200	8	6	6	3	7	1	1	4	5	5	4	4	4
187	대구광역시	대구콘텐츠기업지원센터 운영	14	686,400	8	2	6	1	7	1	1	4	5	5	4	4	4
188	대구광역시	콘텐츠코리아 랩 지원	14	696,900	8	2	6	1	7	1	1	4	5	5	4	4	4
189	대구광역시	대구공연예술연습공간 운영	14	260,000	8	5	6	6	7	1	1	4	5	5	4	4	4
190	대구광역시	대구오페라하우스 사업 지원	1	4,989,410	8	5	6	3	7	1	1	4	5	5	4	4	4
191	대구광역시	대구 글로벌게임센터 운영	14	1,284,000	8	2	6	1	7	1	1	4	5	5	4	4	4
192	대구광역시	대구1인미디어센터 운영	14	343,200	8	2	6	1	7	1	1	4	5	5	4	4	4
193	대구광역시	대구영상미디어센터 운영	14	414,200	4	4	1	3	1	1	1	1	3	3	2	3	3
194	대구광역시	출판산업지원센터 운영	14	741,600	8	6	6	5	7	1	1	4	5	5	4	4	4
195	대구광역시	2.28민주운동기념회관 운영	14	699,516	4	4	1	3	1	1	1	1	3	3	2	3	3
196	대구광역시	국채보상운동기념관 운영	14	450,900	4	1,6	1	3	1	1	3	1	3	3	2	3	3
197	대구광역시	국채보상운동 기록전시관 운영	14	426,300	4	1,6	1	3	1	1	3	1	3	3	2	3	3
198	대구광역시	박물관운영본부 운영	14	1,079,812	8	5	6	8	7	1	1	4	5	5	4	4	4
199	대구광역시	무형문화재 전수교육관 운영지원	14	514,080	4	[illegible]	1	3	1	1	3	1	3	3	2	3	3
200	대구 중구	지방문화원사업및운영지원	10	130,318	1	1,4	7	8	7	1	1	4	5	5	4	4	4
201	대구 중구	봉산문화회관운영	13	1,547,586	8	8	7	8	7	1	1	4	5	5	4	4	4

순번	시군구	지출명 (사업명)	문화예술시설 분류 1.공연장 2. 영화상영관 3. 박물관 4. 미술관 5. 화랑 6. 조각공원 7. 도서관 8. 문화의 집 9. 문화체육센터 10. 지방문화원 11. 국악원 12. 전수회관 13. 종합시설 14. 기타(시설명)	2025년예산 (단위:천원/1년간)	민간이전 분류 (지방자치단체 세출예산 집행기준에 의거) 1. 민간경상사업보조(307-02) 2. 민간단체 법정운영비보조(307-03) 3. 민간행사사업보조(307-04) 4. 민간위탁금(307-05) 5. 사회복지시설 법정운영비보조(307-10) 6. 사회복지사업보조(307-11) 7. 민간인위탁교육비(307-12) 8. 공기관등에대한경상적위탁사업비(308-13) 9. 공사공단 경상전출금(309-01) 10. 기타	민간이전지출 근거 (지방보조금 관리기준 참고) 1. 법률에 규정 2. 국고보조 재원(국가지정) 3. 용도 지정 기부금 4. 조례에 직접규정 5. 지자체가 권장하는 사업을 하는 공공기관 6. 시,도 정책 및 재정사정 7. 기타 8. 해당없음	입찰방식 계약체결방법 (경쟁형태) 1. 일반경쟁 2. 제한경쟁 3. 지명경쟁 4. 수의계약 5. 법정위탁 6. 기타 ( ) 7. 해당없음	입찰방식 계약기간 1. 1년 2. 2년 3. 3년 4. 4년 5. 5년 6. 기타 ( )년 7. 단기계약 (1년미만) 8. 해당없음	입찰방식 낙찰자선정방법 1. 적격심사 2. 협상에의한계약 3. 최저가낙찰제 4. 규격가격분리 5. 2단계 경쟁입찰 6. 기타( ) 7. 해당없음	운영예산 산정 운영비산정 1. 내부산정 (지자체 자체적으로 산정) 2. 외부산정 (외부전문기관위탁 산정) 3. 내·외부 모두 산정 4. 산정 無 5. 해당없음	운영예산 산정 정산방법 1. 내부정산 (지자체 내부적으로 정산) 2. 외부정산 (외부전문기관위탁 정산) 3. 내·외부 모두 산정 4. 정산 無 5. 해당없음	성과평가 성과평가 실시여부 1. 실시 2. 미실시 3. 향후 추진 4. 해당없음	성과평가 성과평가 주기 1. 매년 2. 격년 3. 기간만료전 4. 기타 () 5. 해당없음	성과평가 성과평가 실시 방법 1. 자체 실시 2. 평가단 구성 후 실시 (전문위원 섭외) 3. 전문 평가기관 의뢰 4. 기타 () 5. 해당없음	성과평가 평가기준 적용방법 1. 관련 조례 적용 2. 전문 평가기관 의뢰 3. 기타 () 4. 해당없음	평가결과 적용 실제 인센티브 및 페널티 적용 유무 1. 매년 적용 2. 적용 안함 3. 기타 ( ) 4. 해당없음	평가결과 적용 인센티브 및 페널티 적용근거 1. 조례 2. 계약서 3.기타 ( ) 4. 해당없음
202	대구 중구	향촌문화관운영	14	119,780	8	4	7	8	7	1	1	4	5	5	4	4	4
203	대구 중구	향촌문화관·대구문학관시설운영	14	189,178	8	4	7	8	7	1	1	4	5	5	4	4	4
204	대구 중구	마당깊은집체험관운영	14	117,884	8	4	7	8	7	1	1	4	5	5	4	4	4
205	대구 동구	동구문화재단 사업 지원	9	7,490,000	4	4	5	5	7	1	1	1	1	3	2	1	2
206	대구 동구	지방문화원운영	10	42,710	1	1	7	8	7	1	1	4	5	5	4	4	4
207	대구 동구	지방문화원운영	10	86,379	2	1	7	8	7	1	1	4	5	5	4	4	4
208	대구 동구	공공도서관 개관연장지원 사업	7	64,301	4	1	7	1	7	1	1	2	5	5	4	4	4
209	대구 서구	서구문화원 사업 지원	10	78,535,800	1	1	7	8	7	3	3	3	1	1	1	4	4
210	대구 서구	서구문화원 인건비 지원	10	7,510,580	4	1	7	8	7	5	3	4	5	5	4	4	4
211	대구 서구	서구문화원 운영비 지원	10	7,591,100	4	1	7	8	7	3	3	3	1	1	1	4	4
212	대구 남구	남구문화원 지원	10	117,026	1	4	5	8	7	1	1	4	5	5	4	4	4
213	대구 남구	대명공연예술센터 문화콘텐츠사업 운영	14	140,700	4	4	6	2	6	1	1	1	3	1	3	4	4
214	대구 북구	통일기원단오제	14	3,270	3	4	7	8	7	5	5	4	5	5	4	4	4
215	대구 북구	소규모예술활동지원	14	5,600	1	4	7	8	7	5	5	4	5	5	4	4	4
216	대구 북구	유도교화사업 활성화	14	9,120	1	4	7	8	7	5	5	4	5	5	4	4	4
217	대구 북구	지역전통문화 계승 지원	14	10,500	1	4	7	8	7	5	5	4	5	5	4	4	4
218	대구 북구	행복북구문화재단 사업 지원	14	7,642,404	8	1	7	8	7	3	2	1	1	5	4	4	4
219	대구 북구	문화원 운영지원	10	45,933	1	1	7	8	7	5	5	4	5	5	4	4	4
220	대구 북구	문화원 운영지원	10	62,511	2	1	7	8	7	5	5	4	5	5	4	4	4
221	대구 북구	문화원 운영비지원	10	21,420	2	4	7	8	7	5	5	4	5	5	4	4	4
222	대구 북구	문화프로그램 활성화	10	4,400	1	4	7	8	7	5	5	4	5	5	4	4	4
223	대구 북구	새해 해맞이 행사	10	21,800	3	4	7	8	7	1	1	1	1	1	1	4	4
224	대구 북구	금호강 바람소리길 축제	14	526,400	8	4	7	8	7	1	1	4	5	5	4	4	4
225	대구 북구	금호강 정월대보름 축제	10	77,700	3	4	7	8	7	1	1	4	5	5	4	4	4
226	대구 북구	공공도서관 개관시간 연장사업지원	7	97,397	8	1, 2, 4, 5	5	8	7	1	1	1	1	1	3	4	3
227	대구 북구	독서문화진흥행사 프로그램 지원	7	1,530	1	1, 4	1	1	1	1	1	1	1	1	3	1	3
228	대구 북구	독서문화진흥행사 프로그램 지원	7	1,545	1	1, 4	1	1	1	1	1	1	1	1	3	1	3
229	대구 북구	사립공공도서관 지원	7	50,500	1	1, 4, 5	7	1	7	1	1	1	1	1	3	1	3
230	대구 북구	사립공공도서관 지원	7	54,000	1	1, 4, 5	7	1	7	1	1	1	1	1	3	1	3
231	대구 북구	사립공공도서관 지원	7	55,000	1	1, 4, 5	7	1	7	1	1	1	1	1	3	1	3
232	대구 북구	작은도서관 활성화 지원	7	2,650	1	1, 4	7	8	7	1	1	1	1	4	4	1	3
233	대구 북구	작은도서관 활성화 지원	7	2,525	1	1, 4	7	8	7	1	1	1	1	4	4	1	3
234	대구 북구	작은도서관 활성화 지원	7	2,052	1	1, 4	7	8	7	1	1	1	1	4	4	1	3
235	대구 북구	작은도서관 활성화 지원	7	1,995	1	1, 4	7	8	7	1	1	1	1	4	4	1	3
236	대구 북구	작은도서관 활성화 지원	7	2,052	1	1, 4	7	8	7	1	1	1	1	4	4	1	3
237	대구 북구	작은도서관 활성화 지원	7	1,938	1	1, 4	7	8	7	1	1	1	1	4	4	1	3
238	대구 북구	작은도서관 활성화 지원	7	1,344	1	1, 4	7	8	7	1	1	1	1	4	4	1	3
239	대구 북구	작은도서관 활성화 지원	7	1,272	1	1, 4	7	8	7	1	1	1	1	4	4	1	3
240	대구 북구	작은도서관 활성화 지원	7	1,260	1	1, 4	7	8	7	1	1	1	1	4	4	1	3
241	대구 북구	작은도서관 활성화 지원	7	1,332	1	1, 4	7	8	7	1	1	1	1	4	4	1	3
242	대구 북구	작은도서관 활성화 지원	7	1,320	1	1, 4	7	8	7	1	1	1	1	4	4	1	3

순번	시군구	지출명 (사업명)	문화예술시설 분류 1.공연장 2. 영화상영관 3. 박물관 4. 미술관 5. 화랑 6. 조각공원 7. 도서관 8. 문화의 집 9. 문화체육센터 10. 지방문화원 11. 국악원 12. 전수회관 13. 종합시설 14. 기타(시설명)	2025년예산 (단위:천원/1년간)	민간이전 분류 (지방자치단체 세출예산 집행기준에 의거) 1. 민간경상사업보조(307-02) 2. 민간단체 법정운영비보조(307-03) 3. 민간행사사업보조(307-04) 4. 민간위탁금(307-05) 5. 사회복지시설 법정운영비보조(307-10) 6. 사회복지사업보조(307-11) 7. 민간인위탁교육비(307-12) 8. 공기관등에대한경상적위탁사업비(308-13) 9. 공사공단 경상전출금(309-01) 10. 기타	민간이전지출 근거 (지방보조금 관리기준 참고) 1. 법률에 규정 2. 국고보조 재원(국가지정) 3. 용도 지정 기부금 4. 조례에 직접규정 5. 지자체가 권장하는 사업을 하는 공공기관 6. 시,도 정책 및 재정사정 7. 기타 8. 해당없음	입찰방식 계약체결방법 (경쟁형태) 1. 일반경쟁 2. 제한경쟁 3. 지명경쟁 4. 수의계약 5. 법정위탁 6. 기타 ( ) 7. 해당없음	입찰방식 계약기간 1. 1년 2. 2년 3. 3년 4. 4년 5. 5년 6. 기타 ( )년 7. 단기계약 (1년미만) 8. 해당없음	입찰방식 낙찰자선정방법 1. 적격심사 2. 협상에의한계약 3. 최저가낙찰제 4. 규격가격분리 5. 2단계 경쟁입찰 6. 기타( ) 7. 해당없음	운영예산 산정 운영비산정 1. 내부산정 (지자체 자체적으로 산정) 2. 외부산정 (외부전문기관위탁 산정) 3. 내·외부 모두 산정 4. 산정 無 5. 해당없음	운영예산 산정 정산방법 1. 내부정산 (지자체 내부적으로 정산) 2. 외부정산 (외부전문기관위탁 정산) 3. 내·외부 모두 산정 4. 정산 無 5. 해당없음	성과평가 성과평가 실시여부 1. 실시 2. 미실시 3. 향후 추진 4. 해당없음	성과평가 성과평가 주기 1. 매년 2. 격년 3. 기간만료전 4. 기타 ( ) 5. 해당없음	성과평가 성과평가 실시 방법 1. 자체 실시 2. 평가단 구성 후 실시 (전문위원 섭외) 3. 전문 평가기관 의뢰 4. 기타 ( ) 5. 해당없음	성과평가 평가기준 적용방법 1. 관련 조례 적용 2. 전문 평가기관 의뢰 3. 기타 ( ) 4. 해당없음	평가결과 적용 실제 인센티브 및 페널티 적용 유무 1. 매년 적용 2. 적용 안함 3. 기타 ( ) 4. 해당없음	평가결과 적용 인센티브 및 페널티 적용근거 1. 조례 2. 계약서 3.기타 ( ) 4. 해당없음
243	대구 북구	작은도서관 활성화 지원	7	1,308	1	1, 4	7	8	7	1	1	1	1	4	4	1	3
244	대구 북구	작은도서관 활성화 지원	7	1,320	1	1, 4	7	8	7	1	1	1	1	4	4	1	3
245	대구 북구	작은도서관 활성화 지원	7	1,030	1	1, 4	7	8	7	1	1	1	1	4	4	1	3
246	대구 북구	작은도서관 활성화 지원	7	1,110	1	1, 4	7	8	7	1	1	1	1	4	4	1	3
247	대구 북구	작은도서관 활성화 지원	7	1,040	1	1, 4	7	8	7	1	1	1	1	4	4	1	3
248	대구 북구	작은도서관 활성화 지원	7	1,070	1	1, 4	7	8	7	1	1	1	1	4	4	1	3
249	대구 북구	공공도서관 다문화서비스 지원사업	7	6,178	8	1, 2, 4, 5	5	8	7	1	1	1	1	1	3	4	3
250	대구 북구	공공도서관 영어독서능력향상 프로그램 운영 지원	7	6,660	8	1, 4, 5	5	8	7	1	1	1	1	1	3	4	3
251	대구 북구	공공도서관 영어독서능력향상 프로그램 운영 지원	7	7,215	8	1, 4, 5	5	8	7	1	1	1	1	1	3	4	3
252	대구 북구	꿈키움 책가방 배달 사업	7	5,350	8	1, 4, 5	5	8	7	1	1	1	1	1	3	4	3
253	대구 수성구	수성아트피아 사업지원	1	5,292,124	8	4	7	8	7	1	1	1	1	1	1	4	4
254	대구 수성구	도서관 사업지원	7	7,221,971	8	4	7	8	7	1	1	1	1	1	1	4	4
255	대구 수성구	사립 작은도서관 지원	7	16,800	1	1	7	8	7	1	1	4	5	5	4	4	4
256	대구 수성구	공공도서관 개관시간 연장(범어도서관, 용학도서관, 고산도서관)	7	384,859	8	2	7	8	7	1	1	1	1	1	1	4	4
257	대구 수성구	수성문화원 지원(수성문화원 사업 지원)	10	51,383	1	1,4	7	8	7	1	1	1	1	1	1	4	4
258	대구 수성구	수성문화원 지원(수성문화원 운영비 지원)	10	23,155	2	1,4	7	8	7	1	1	1	1	1	1	4	4
259	대구 수성구	수성문화원 지원(보조)(수성문화원 사업지원)	10	42,513	1	1,4	7	8	7	1	1	1	1	1	1	4	4
260	대구 수성구	수성문화원 지원(보조)(수성문화원 사무국장 및 간사 인건비)	10	68,259	2	1,4	7	8	7	1	1	1	1	1	1	4	4
261	대구 수성구	고모지역 문화콘텐츠 개발	13	97,016	4	6	7	3	7	1	1	1	3	2	1	4	4
262	대구 수성구	작은문화공간 조성	13	173,400	1	4	7	8	7	1	1	1	1	2	1	4	4
263	대구 수성구	수성영상미디어센터 운영	14	291,200	4	4	7	3	7	1	1	1	3	2	1	4	4
264	대구 수성구	함장생활문화센터 운영	14	120,019	8	4	7	5	7	1	1	1	1	1	1	4	4
265	대구 수성구	범어3동생활문화센터 운영	14	237,586	8	4	7	5	7	1	1	1	1	1	1	4	4
266	대구 수성구	사립박물관 지원	3	11,000	1	4	2	8	7	1	1	1	1	1	1	4	4
267	대구 달서구	지방문화원 육성	10	45,127	1	1	7	8	7	1	1	1	1	1	1	1	1
268	대구 달서구	지방문화원 육성	10	79,425	2	1	7	8	7	1	1	1	1	1	1	1	1
269	대구 달서구	달서아트센터 운영	14	4,117,664	8	1	5	5	6	1	3	1	1	2	2	1	1
270	대구 달서구	상상과창의마당 문화체험프로그램 운영	10	50,760	1	1	7	8	7	5	5	1	1	1	1	1	1
271	대구 달서구	한마음아트전시전 지원	14	5,150	1	1	7	8	7	5	5	1	1	1	1	1	1
272	대구 달성군	달성문화센터 운영	9	1,221,193	9	4	4	3	7	1	1	1	3	2	4	4	4
273	대구 달성군	달성문화원 운영	10	572,019	4	1,4	7	8	7	1	1	1	1	1	1	4	4
274	대구 군위군	군위문화원 사업지원	10	105,987	1	4	7	8	7	1	1	3	4	4	3	3	3
275	대구 군위군	군위문화원 인건비 및 운영비 지원	10	97,136	4	4	7	8	7	1	1	3	4	4	3	3	3
276	대구 군위군	군위군 생활문화센터 운영	14	112,062	4	4	1	3	1	1	1	3	4	4	3	3	3
277	대구 군위군	삼국유사 배움터 운영	4	112,407	8	4	4	3	6	3	1	3	4	4	3	3	3
278	대구 군위군	삼국유사 문화공간 운영	14	22,400	8	4	1	8	7	1	1	3	4	4	3	3	3
279	인천광역시	인천형 아트페어 육성지원 사업	14	183,600	4	[illegible]	7	8	7	1	1	4	5	5	4	4	4
280	인천광역시	삼랑성역사문화축제	14	157,500	4	[illegible]	7	8	7	1	1	1	1	3	2	1	3
281	인천광역시	인천연등축제	14	218,000	1	[illegible]	7	8	7	1	1	1	1	3	2	1	3
282	인천광역시	하늘문화축제	14	212,000	1	·	7	8	7	1	1	1	1	3	2	1	3
283	인천광역시	인천글로벌명상포럼지원	14	33,900	1	[illegible]	7	8	7	1	1	1	1	3	2	1	3

순번	시군구	지출명 (사업명)	문화예술시설 분류 1.공연장 2. 영화상영관 3. 박물관 4. 미술관 5. 화랑 6. 조각공원 7. 도서관 8. 문화의 집 9. 문화체육센터 10. 지방문화원 11. 국악원 12. 전수회관 13. 종합시설 14. 기타(시설명)	2025년예산 (단위:천원/1년간)	민간이전 분류 (지방자치단체 세출예산 집행기준에 의거) 1. 민간경상사업보조(307-02) 2. 민간단체 법정운영비보조(307-03) 3. 민간행사사업보조(307-04) 4. 민간위탁금(307-05) 5. 사회복지시설 법정운영비보조(307-10) 6. 사회복지사업보조(307-11) 7. 민간인위탁교육비(307-12) 8. 공기관등에대한경상적위탁사업비(308-13) 9. 공사공단 경상전출금(309-01) 10. 기타	민간이전지출 근거 (지방보조금 관리기준 참고) 1. 법률에 규정 2. 국고보조 재원(국가지정) 3. 용도 지정 기부금 4. 조례에 직접규정 5. 지자체가 권장하는 사업을 하는 공공기관 6. 시,도 정책 및 재정사정 7. 기타 8. 해당없음	입찰방식 계약체결방법 (경쟁형태) 1. 일반경쟁 2. 제한경쟁 3. 지명경쟁 4. 수의계약 5. 법정위탁 6. 기타 ( ) 7. 해당없음	입찰방식 계약기간 1. 1년 2. 2년 3. 3년 4. 4년 5. 5년 6. 기타 ( )년 7. 단기계약 (1년미만) 8. 해당없음	입찰방식 낙찰자선정방법 1. 적격심사 2. 협상에의한계약 3. 최저가낙찰제 4. 규격가격분리 5. 2단계 경쟁입찰 6. 기타( ) 7. 해당없음	운영예산 산정 운영비산정 1. 내부산정 (지자체 자체적으로 산정) 2. 외부산정 (외부전문기관위탁 산정) 3. 내·외부 모두 산정 4. 산정 無 5. 해당없음	운영예산 산정 정산방법 1. 내부정산 (지자체 내부적으로 정산) 2. 외부정산 (외부전문기관위탁 정산) 3. 내·외부 모두 산정 4. 정산 無 5. 해당없음	성과평가 성과평가 실시여부 1. 실시 2. 미실시 3. 향후 추진 4. 해당없음	성과평가 성과평가 주기 1. 매년 2. 격년 3. 기간만료전 4. 기타 () 5. 해당없음	성과평가 성과평가 실시 방법 1. 자체 실시 2. 평가단 구성 후 실시 (전문위원 섭외) 3. 전문 평가기관 의뢰 4. 기타 () 5. 해당없음	성과평가 평가기준 적용방법 1. 관련 조례 적용 2. 전문 평가기관 의뢰 3. 기타 () 4. 해당없음	평가결과 적용 실제 인센티브 및 페널티 적용 유무 1. 매년 적용 2. 적용 안함 3. 기타 ( ) 4. 해당없음	평가결과 적용 인센티브 및 페널티 적용근거 1. 조례 2. 계약서 3.기타 ( ) 4. 해당없음
284	인천광역시	바다의 별 문화축제	14	111,000	1	7	7	8	7	1	1	1	1	3	2	1	3
285	인천광역시	문화시어터	1	338,361	4	4	2	3	1	1	1	1	3	3	1	3	1
286	인천광역시	수봉문화회관	13	797,380	4	4	2	3	1	1	1	1	3	3	1	3	1
287	인천광역시	인천국악회관	13	424,456	4	4	2	3	1	1	1	1	3	3	1	3	1
288	인천광역시	미추홀문화회관	13	452,368	4	4	2	3	1	1	1	1	3	3	1	3	1
289	인천광역시	지방문화원 특성화사업 지원	10	236,900	1	7	7	8	7	1	1	1	1	3	2	1	3
290	인천광역시	지역문화 발굴·계승사업	10	3,360	1	7	7	8	7	1	1	1	1	3	2	1	3
291	인천광역시	문화원연합회 운영비	10	158,730	2	7	7	8	7	1	1	1	1	3	2	1	3
292	인천광역시	시립도서관 위탁운영(도서관발전진흥원)	7	4,467,300	4	5	2	3	1	1	1	1	1	4	3	1	3
293	인천광역시	율목도서관 환경개선 공사	7	160,794	4	5	2	3	1	1	1	1	1	4	3	1	3
294	인천광역시	시립도서관 정보화시스템 고도화사업	7	102,691	4	5	2	3	1	1	1	1	1	4	3	1	3
295	인천광역시	공공도서관 개관시관 연장(진흥원)	7	317,491	4	5	2	3	1	1	1	1	1	4	3	1	3
296	인천광역시	도서관 다문화서비스 지원(진흥원)	7	12,240	4	5	2	3	1	1	1	1	1	4	3	1	3
297	인천 중구	중구문화원 사업 지원	10	33,106	1	4	5	8	7	1	1	4	4	4	4	4	4
298	인천 중구	중구문화원 인건비 및 운영비 지원	10	171,910	4	4	5	8	7	1	1	4	4	4	4	4	4
299	인천 중구	지방문화원 사업 지원-사업활동지원	10	23,369	1	1	5	8	7	1	1	4	4	4	4	4	4
300	인천 중구	지방문화원 사업 지원-사무국장 인건비	10	45,165	2	1	5	8	7	1	1	4	4	4	4	4	4
301	인천 중구	문화유산 야행 사업	4	1,120,000	8	4	5	8	7	1	1	1	1	4	3	1	3
302	인천 중구	생생문화재 사업	14	61,200	1	4	1	1	1	1	1	1	1	1	1	1	1
303	인천 중구	지역문화유산교육사업	14	57,120	1	4	1	1	1	1	1	1	1	1	1	1	1
304	인천 중구	백운산 등산로 공중화장실 운영	14	11,400	4	4	7	8	7	5	5	4	5	5	4	4	4
305	인천 중구	K-컬처 방송 프로그램 제작 지원	14	10,300	8	1	7	7	7	3	3	2	5	5	4	2	4
306	인천 중구	개항장 플랫폼 시티 축제	14	57,000	8	4	7	7	7	1	1	2	5	5	4	2	4
307	인천 동구	지방문화원 운영 지원	10	315,387	1	4	7	8	7	1	1	1	1	1	1	4	4
308	인천 동구	작은 미술관	4	301,819	4	4	6	3	1	1	1	1	1	1	1	4	4
309	인천 연수구	지역 문화원 진흥활동 지원	10	362,147	1	1, 4	7	8	7	5	5	4	5	5	4	4	4
310	인천 남동구	남동소래아트홀 운영	1	1,361,417	8	4	5	5	7	1	1	1	1	3	2	1	2
311	인천 남동구	소래역사관 운영	3	76,748	8	4	5	5	7	1	1	1	1	3	2	1	2
312	인천 남동구	남동생활문화센터 운영	9	66,129	8	4	5	5	7	1	1	1	1	3	2	1	2
313	인천 남동구	서창생활문화센터 운영	9	24,249	8	4	5	5	7	1	1	1	1	3	2	1	2
314	인천 부평구	부평아트센터 운영	1	2,411,042	8	4	5	5	7	1	1	1	1	3	2	1	2
315	인천 부평구	부평생활문화센터 운영	9	237,175	8	4	5	5	7	1	1	1	1	3	2	1	2
316	인천 계양구	계양아트갤러리 운영	14	5,300	4	7	7	2	7	1	1	1	3	1	3	2	4
317	인천 계양구	아라천디자인큐브 운영	14	50,850	4	7	7	2	7	1	1	1	3	1	3	2	4
318	인천 계양구	계양문화회관 관리	1	465,641	8	4	7	5	7	1	1	4	5	5	4	4	4
319	인천 서구	무형문화재 전수관 운영	12	184,322	4	4	2	5	1	1	1	1	3	3	2	3	3
320	인천 서구	서구문화원 육성	10	1,110,354	1	1, 4	7	8	7	1	1	4	5	5	4	4	4
321	인천 서구	녹청자박물관 운영	3	953,608	4	4	4	5	7	1	1	1	3	1	3	3	2
322	인천 강화군	강화문예회관 운영	9	228,081	8	4	7	8	7	5	5	4	5	5	4	4	4
323	인천 강화군	강화천문과학관	14	568,560	4	1	7	8	7	5	5	4	5	5	4	4	4
324	인천 강화군	강화미술관 운영	4	85,777	4	4	7	8	7	5	5	4	5	5	4	4	4

순번	시군구	지출명 (사업명)	문화예술시설 분류 1.공연장 2. 영화상영관 3. 박물관 4. 미술관 5. 화랑 6. 조각공원 7. 도서관 8. 문화의 집 9. 문화체육센터 10. 지방문화원 11. 국악원 12. 전수회관 13. 종합시설 14. 기타(시설명)	2025년예산 (단위:천원/1년간)	민간이전 분류 (지방자치단체 세출예산 집행기준에 의거) 1. 민간경상사업보조(307-02) 2. 민간단체 법정운영비보조(307-03) 3. 민간행사사업보조(307-04) 4. 민간위탁금(307-05) 5. 사회복지시설 법정운영비보조(307-10) 6. 사회복지사업보조(307-11) 7. 민간인위탁교육비(307-12) 8. 공기관등에대한경상적위탁사업비(308-13) 9. 공사공단 경상전출금(309-01) 10. 기타	민간이전지출 근거 (지방보조금 관리기준 참고) 1. 법률에 규정 2. 국고보조 재원(국가지정) 3. 용도 지정 기부금 4. 조례에 직접규정 5. 지자체가 권장하는 사업을 하는 공공기관 6. 시,도 정책 및 재정사정 7. 기타 8. 해당없음	입찰방식			운영예산 산정		성과평가				평가결과 적용	
							계약체결방법 (경쟁형태) 1. 일반경쟁 2. 제한경쟁 3. 지명경쟁 4. 수의계약 5. 법정위탁 6. 기타 ( ) 7. 해당없음	계약기간 1. 1년 2. 2년 3. 3년 4. 4년 5. 5년 6. 기타 ( )년 7. 단기계약 (1년미만) 8. 해당없음	낙찰자선정방법 1. 적격심사 2. 협상에의한계약 3. 최저가낙찰제 4. 규격가격분리 5. 2단계 경쟁입찰 6. 기타( ) 7. 해당없음	운영비산정 1. 내부산정 (지자체 자체적으로 산정) 2. 외부산정 (외부전문기관위탁 산정) 3. 내·외부 모두 산정 4. 산정 無 5. 해당없음	정산방법 1. 내부정산 (지자체 내부적으로 정산) 2. 외부정산 (외부전문기관위탁 정산) 3. 내·외부 모두 산정 4. 정산 無 5. 해당없음	성과평가 실시여부 1. 실시 2. 미실시 3. 향후 추진 4. 해당없음	성과평가 주기 1. 매년 2. 격년 3. 기간만료전 4. 기타 () 5. 해당없음	성과평가 실시 방법 1. 자체 실시 2. 평가단 구성 후 실시 (전문위원 섭외) 3. 전문 평가기관 의뢰 4. 기타 () 5. 해당없음	평가기준 적용방법 1. 관련 조례 적용 2. 전문 평가기관 의뢰 3. 기타 () 4. 해당없음	실제 인센티브 및 페널티 적용 유무 1. 매년 적용 2. 적용 안함 3. 기타 ( ) 4. 해당없음	인센티브 및 페널티 적용근거 1. 조례 2. 계약서 3.기타 ( ) 4. 해당없음
325	인천 옹진군	공공도서관 활성화	7	69,720	8	8	7	8	7	5	5	4	5	5	4	4	4
326	인천 옹진군	청소년 문화의 집 운영 지원	8	312,000	4	4	4	5	6	1	1	4	5	5	4	4	4
327	인천 옹진군	옹진문화원 사업활동 지원 및 운영	10	449,357	1	4	7	8	7	1	1	4	5	5	4	4	4
328	인천 미추홀구	학산문화원 사업비	10	173,888	1	1	5	8	7	1	1	1	1	1	1	1	1
329	인천 미추홀구	학산문화원 운영비	10	581,320	4	1	5	8	7	1	1	1	1	1	1	1	1
330	인천 미추홀구	학산문화원(소극장) 물품 구입	10	14,348	4	1	5	8	7	1	1	1	1	1	1	1	1
331	인천 미추홀구	학산생활문화센터 운영	14	215,050	4	1	5	3	5	1	1	1	1	1	1	1	1
332	인천 미추홀구	주안영상미디어센터 운영	14	830,225	4	4	5	3	6	1	1	3	3	4	4	4	4
333	인천 미추홀구	주안영상미디어센터 운영	14	31,724	4	4	5	3	7	1	1	3	3	4	4	4	4
334	인천 미추홀구	영화공간주안 운영	2	669,838	4	4	5	3	6	1	1	3	3	4	4	4	4
335	광주광역시	빛고을시민문화관운영	1	3,214,410	8	4	4	5	7	1	2	1	3	4	3	4	4
336	광주광역시	전일빌딩245 시설유지관리	14	1,950,820	9	1	5	3	1	1	1	1	3	1	1	3	1
337	광주광역시	주민밀착형문화seeding	14	315,000	8	5	5	1	7	1	3	4	5	5	4	4	4
338	광주광역시	수어교육원운영	14	21,800	1	1	7	8	7	1	1	4	5	5	4	4	4
339	광주광역시	수어교육원운영	14	156,550	2	1	7	8	7	1	1	4	5	5	4	4	4
340	광주광역시	음악산업진흥센터운영	14	481,600	8	4	7	8	7	1	1	4	4	4	4	4	4
341	광주광역시	콘텐츠창업보육센터운영	14	180,960	8	4	7	8	7	1	1	4	4	4	4	4	4
342	광주광역시	CGI센터운영	14	1,208,970	8	4	7	8	7	1	1	4	4	4	4	4	4
343	광주광역시	영상복합문화관운영	14	465,340	8	4	7	8	7	1	1	4	4	4	4	4	4
344	광주광역시	광주실감콘텐츠큐브(GCC)운영	14	1,650,420	8	4	7	8	7	1	1	4	4	4	4	4	4
345	광주 동구	미술관박물관활성화지원사업	3	5,450	1	4	7	8	7	1	1	4	5	5	4	4	4
346	광주 동구	미술관박물관활성화지원사업	4	5,500	1	4	7	8	7	1	1	4	5	5	4	4	4
347	광주 동구	미술관박물관활성화지원사업	4	5,450	1	4	7	8	7	1	1	4	5	5	4	4	4
348	광주 동구	미술관박물관활성화지원사업	4	5,650	1	4	7	8	7	1	1	4	5	5	4	4	4
349	광주 동구	미술관박물관활성화지원사업	4	5,600	1	4	7	8	7	1	1	4	5	5	4	4	4
350	광주 동구	미술관박물관활성화지원사업	4	5,700	1	4	7	8	7	1	1	4	5	5	4	4	4
351	광주 동구	미술관박물관활성화지원사업	4	5,450	1	4	7	8	7	1	1	4	5	5	4	4	4
352	광주 동구	미술관박물관활성화지원사업	4	5,350	1	4	7	8	7	1	1	4	5	5	4	4	4
353	광주 동구	동구문화센터관리	9	448,000	8	7	1	2	1	1	1	1	1	2	1	4	4
354	광주 동구	동구문화원 운영지원	10	14,030	1	1	7	8	7	1	1	4	5	5	4	4	4
355	광주 동구	동구문화원 운영지원	10	57,324	2	1	7	8	7	1	1	4	5	5	4	4	4
356	광주 서구	서구문화센터 운영 지원	9	406,365	4	4	1	3	1	1	1	3	3	2	1	2	4
357	광주 서구	농성문화의집 운영 지원	8	82,852	4	4	1	3	1	1	1	3	3	2	1	2	4
358	광주 서구	서구문화원 운영 지원	10	259,670	1	1	7	8	7	5	5	4	5	5	4	4	4
359	광주 남구	생활문화센터/문화예술회관 위탁운영	1	267,637	4	4	1	3	1	1	1	1	3	1	3	4	3
360	광주 남구	남구문화원지원	10	188,675	1	1,4	7	8	7	1	1	4	5	5	4	4	4
361	광주 남구	최흥종기념관 운영 및 시설관리	14	155,400	4	4	7	8	7	1	1	3	3	1	1	4	4
362	광주 남구	이강하미술관 운영 및 시설관리	4	159,600	4	4	7	8	7	1	1	3	3	1	1	4	4
363	광주 남구	소심당 조아라기념관 운영 및 시설관리	14	154,000	4	4	7	8	7	1	1	3	3	1	1	4	4
364	광주 북구	북구문화원지원	6	142,190	1	4	7	8	7	1	1	2	5	5	4	4	4
365	광주 북구	금봉미술관운영	4	105,948	4	4	2	3	7	1	1	4	5	5	4	4	4

순번	시군구	지출명 (사업명)	문화예술시설 분류 1.공연장 2. 영화상영관 3. 박물관 4. 미술관 5. 화랑 6. 조각공원 7. 도서관 8. 문화의 집 9. 문화체육센터 10. 지방문화원 11. 국악원 12. 전수회관 13. 종합시설 14. 기타(시설명)	2025년예산 (단위:천원/1년간)	민간이전 분류 (지방자치단체 세출예산 집행기준에 의거) 1. 민간경상사업보조(307-02) 2. 민간단체 법정운영비보조(307-03) 3. 민간행사사업보조(307-04) 4. 민간위탁금(307-05) 5. 사회복지시설 법정운영비보조(307-10) 6. 사회복지사업보조(307-11) 7. 민간인위탁교육비(307-12) 8. 공기관등에대한경상적위탁사업비(308-13) 9. 공사공단 경상전출금(309-01) 10. 기타	민간이전지출 근거 (지방보조금 관리기준 참고) 1. 법률에 규정 2. 국고보조 재원(국가지정) 3. 용도 지정 기부금 4. 조례에 직접규정 5. 지자체가 권장하는 사업을 하는 공공기관 6. 시,도 정책 및 재정사정 7. 기타 8. 해당없음	입찰방식			운영예산 산정		성과평가				평가결과 적용	
							계약체결방법 (경쟁형태) 1. 일반경쟁 2. 제한경쟁 3. 지명경쟁 4. 수의계약 5. 법정위탁 6. 기타 ( ) 7. 해당없음	계약기간 1. 1년 2. 2년 3. 3년 4. 4년 5. 5년 6. 기타 ( )년 7. 단기계약 (1년미만) 8. 해당없음	낙찰자선정방법 1. 적격심사 2. 협상에의한계약 3. 최저가낙찰제 4. 규격가격분리 5. 2단계 경쟁입찰 6. 기타( ) 7. 해당없음	운영비산정 1. 내부산정 (지자체 자체적으로 산정) 2. 외부산정 (외부전문기관위탁 산정) 3. 내·외부 모두 산정 4. 산정 無 5. 해당없음	정산방법 1. 내부정산 (지자체 내부적으로 정산) 2. 외부정산 (외부전문기관위탁 정산) 3. 내·외부 모두 산정 4. 정산 無 5. 해당없음	성과평가 실시여부 1. 실시 2. 미실시 3. 향후 추진 4. 해당없음	성과평가 주기 1. 매년 2. 격년 3. 기간만료전 4. 기타 () 5. 해당없음	성과평가 실시 방법 1. 자체 실시 2. 평가단 구성 후 실시 (전문위원 섭외) 3. 전문 평가기관 의뢰 4. 기타 () 5. 해당없음	평가기준 적용방법 1. 관련 조례 적용 2. 전문 평가기관 의뢰 3. 기타 () 4. 해당없음	실제 인센티브 및 페널티 적용 유무 1. 매년 적용 2. 적용 안함 3. 기타 ( ) 4. 해당없음	인센티브 및 페널티 적용근거 1. 조례 2. 계약서 3.기타 ( ) 4. 해당없음
366	광주 북구	북구문화의집	7	137,292	4	4	5	3	6	1	1	1	1	1	1	2	4
367	광주 북구	북구도서관시설관리(4개관)	7	631,384	8	4	6	3	6	1	2	1	1	4	3	1	3
368	광주 북구	사립작은도서관활성화지원	7	89,925	1	4	7	8	7	5	5	4	5	5	4	4	4
369	광주 광산구	지방문화원 지원	10	86,419	1	4	7	8	7	3	3	1	1	1	3	1	3
370	광주 광산구	지방문화원 지원	10	159,404	4	4	7	8	7	3	3	1	1	1	3	1	3
371	광주 광산구	지방문화학교 운영	10	4,104	1	4	7	8	7	3	3	1	1	1	3	1	3
372	대전광역시	정월대보름행사	8	9,880	3	4	7	8	7	1	1	1	1	1	3	1	3
373	대전광역시	대전전통민속놀이 공연	8	4,635	3	4	7	8	7	1	1	1	1	1	3	1	3
374	대전광역시	문화한밭 발간	8	3,744	1	4	7	8	7	1	1	1	1	1	3	1	3
375	대전광역시	문화원연합회 운영 지원	8	84,930	2	4	7	8	7	1	1	1	1	1	3	1	3
376	대전광역시	문화원의 날 행사	8	18,468	3	4	7	8	7	1	1	1	1	1	3	1	3
377	대전광역시	어르신 문화프로그램 지원	8	24,975	3	4	7	8	7	1	1	1	1	1	3	1	3
378	대전광역시	아름다운 이야기할머니 사업	8	450,922	1	1	7	7	7	1	1	1	1	1	3	1	3
379	대전광역시	전국 시조창 경연대회	8	13,440	3	4	7	8	7	1	1	1	1	1	3	1	3
380	대전광역시	대통령상 전국합창경연대회	8	93,600	4	4	7	8	7	1	1	1	1	1	3	1	3
381	대전광역시	대전예술 발간	8	89,424	1	1	7	8	7	1	1	1	1	1	3	1	3
382	대전광역시	대전문학 발간	8	29,430	1	4	7	8	7	1	1	1	1	1	3	1	3
383	대전광역시	대전예총 운영지원	8	69,760	2	1	7	8	7	1	1	1	1	1	3	1	3
384	대전광역시	대전민예총 운영지원	8	41,040	2	1	7	8	7	1	1	1	1	1	3	1	3
385	대전광역시	6대광역시 문화예술교류	8	15,255	3	4	7	8	7	1	1	1	1	1	3	1	3
386	대전광역시	대전국제예술제	8	103,500	3	4	7	8	7	1	1	1	1	1	3	1	3
387	대전광역시	대전예술인대회	8	28,080	3	4	7	8	7	1	1	1	1	1	3	1	3
388	대전광역시	대전청년유니브연극제	8	50,490	3	4	7	8	7	1	1	1	1	1	3	1	3
389	대전광역시	대전광역시 건축대전	8	13,770	3	4	7	8	7	1	1	1	1	1	3	1	3
390	대전광역시	전국한밭문학공모전	8	10,012	3	4	7	8	7	1	1	1	1	1	3	1	3
391	대전광역시	대전광역시 미술대전	8	71,928	3	4	7	8	7	1	1	1	1	1	3	1	3
392	대전광역시	대전광역시 서예대전	8	6,532	3	4	7	8	7	1	1	1	1	1	3	1	3
393	대전광역시	이동훈 미술상	8	22,725	3	4	7	8	7	1	1	1	1	1	3	1	3
394	대전광역시	백제사진대전	8	9,072	3	4	7	8	7	1	1	1	1	1	3	1	3
395	대전광역시	대전광역시 사진대전	8	14,175	3	4	7	8	7	1	1	1	1	1	3	1	3
396	대전광역시	대전연극제	8	27,810	3	4	7	8	7	1	1	1	1	1	3	1	3
397	대전광역시	대한민국연극제 참가	8	27,907	3	4	7	8	7	1	1	1	1	1	3	1	3
398	대전광역시	대전광역시 청소년연극제	8	18,612	3	4	7	8	7	1	1	1	1	1	3	1	3
399	대전광역시	창작희곡 작품공모	8	25,200	3	4	7	8	7	1	1	1	1	1	3	1	3
400	대전광역시	전국무용제 참가	8	36,815	3	4	7	8	7	1	1	1	1	1	3	1	3
401	대전광역시	전국학생무용경연대회	8	9,720	3	4	7	8	7	1	1	1	1	1	3	1	3
402	대전광역시	대전광역시 무용제 및 시민무용축전	8	35,065	3	4	7	8	7	1	1	1	1	1	3	1	3
403	대전광역시	대전 춤작가전	8	12,636	3	4	7	8	7	1	1	1	1	1	3	1	3
404	대전광역시	대전 십무	8	47,700	3	4	7	8	7	1	1	1	1	1	3	1	3
405	대전광역시	전국 전통춤축전	8	20,340	3	4	7	8	7	1	1	1	1	1	3	1	3
406	대전광역시	전국국악경연대회 및 시민국악축전	8	103,429	3	4	7	8	7	1	1	1	1	1	3	1	3

순번	시군구	지출명 (사업명)	문화예술시설 분류 1.공연장 2. 영화상영관 3. 박물관 4. 미술관 5. 화랑 6. 조각공원 7. 도서관 8. 문화의 집 9. 문화체육센터 10. 지방문화원 11. 국악원 12. 전수회관 13. 종합시설 14. 기타(시설명)	2025년예산 (단위:천원/1년간)	민간이전 분류 (지방자치단체 세출예산 집행기준에 의거) 1. 민간경상사업보조(307-02) 2. 민간단체 법정운영비보조(307-03) 3. 민간행사사업보조(307-04) 4. 민간위탁금(307-05) 5. 사회복지시설 법정운영비보조(307-10) 6. 사회복지사업보조(307-11) 7. 민간인위탁교육비(307-12) 8. 공기관등에대한경상적위탁사업비(308-13) 9. 공사공단 경상전출금(309-01) 10. 기타	민간이전지출 근거 (지방보조금 관리기준 참고) 1. 법률에 규정 2. 국고보조 재원(국가지정) 3. 용도 지정 기부금 4. 조례에 직접규정 5. 지자체가 권장하는 사업을 하는 공공기관 6. 시,도 정책 및 재정사정 7. 기타 8. 해당없음	입찰방식			운영예산 산정		성과평가				평가결과 적용	
							계약체결방법 (경쟁형태) 1. 일반경쟁 2. 제한경쟁 3. 지명경쟁 4. 수의계약 5. 법정위탁 6. 기타 ( ) 7. 해당없음	계약기간 1. 1년 2. 2년 3. 3년 4. 4년 5. 5년 6. 기타 ( )년 7. 단기계약 (1년미만) 8. 해당없음	낙찰자선정방법 1. 적격심사 2. 협상에의한계약 3. 최저가낙찰제 4. 규격가격분리 5. 2단계 경쟁입찰 6. 기타( ) 7. 해당없음	운영비산정 1. 내부산정 (지자체 자체적으로 산정) 2. 외부산정 (외부전문기관위탁 산정) 3. 내·외부 모두 산정 4. 산정 無 5. 해당없음	정산방법 1. 내부정산 (지자체 내부적으로 정산) 2. 외부정산 (외부전문기관위탁 정산) 3. 내·외부 모두 산정 4. 정산 無 5. 해당없음	성과평가 실시여부 1. 실시 2. 미실시 3. 향후 추진 4. 해당없음	성과평가 주기 1. 매년 2. 격년 3. 기간만료전 4. 기타 () 5. 해당없음	성과평가 실시 방법 1. 자체 실시 2. 평가단 구성 후 실시 (전문위원 섭외) 3. 전문 평가기관 의뢰 4. 기타 () 5. 해당없음	평가기준 적용방법 1. 관련 조례 적용 2. 전문 평가기관 의뢰 3. 기타 () 4. 해당없음	실제 인센티브 및 페널티 적용 유무 1. 매년 적용 2. 적용 안함 3. 기타 ( ) 4. 해당없음	인센티브 및 페널티 적용근거 1. 조례 2. 계약서 3.기타 ( ) 4. 해당없음
407	대전광역시	한밭국악전국대회	8	165,000	3	4	7	8	7	1	1	1	1	1	3	1	3
408	대전광역시	전국웃다리 풍물경연대회	8	24,840	3	4	7	8	7	1	1	1	1	1	3	1	3
409	대전광역시	대전시민가요제	8	40,905	3	4	7	8	7	1	1	1	1	1	3	1	3
410	대전광역시	대전청소년 음악제	8	35,451	3	4	7	8	7	1	1	1	1	1	3	1	3
411	대전광역시	대전사랑 다문화국제페스티벌	8	6,026	3	4	7	8	7	1	1	1	1	1	3	1	3
412	대전광역시	전국댄스페스티벌	8	30,240	3	4	7	8	7	1	1	1	1	1	3	1	3
413	대전광역시	대전부르스 전국가요제	8	112,000	3	4	7	8	7	1	1	1	1	1	3	1	3
414	대전광역시	대전천 발원제	8	14,985	3	4	7	8	7	1	1	1	1	1	3	1	3
415	대전광역시	학교예술강사 지원(국악분야)	8	184,411	1	2	7	8	7	1	1	1	1	1	3	1	3
416	대전광역시	통합문화이용권 사업	8	11,590,478	8	2	7	8	7	1	1	1	1	1	3	1	3
417	대전광역시	지역문화예술교육 기반 구축 중심사업	8	1,120,000	8	1	7	8	7	1	1	1	1	1	3	1	3
418	대전광역시	지역문화예술교육지원센터 지원	8	483,000	8	1	7	8	7	1	1	1	1	1	3	1	3
419	대전광역시	유아문화예술교육지원	8	206,000	8	1	7	8	7	1	1	1	1	1	3	1	3
420	대전광역시	문화예술교육사 역량강화	8	89,880	8	1	7	8	7	1	1	1	1	1	3	1	3
421	대전광역시	대전예술가의 집 운영	8	1,606,840	8	4	6	2	6	1	1	1	1	1	3	1	3
422	대전광역시	예술가의 집 무대조명 LED설치	8	29,680	8	4	6	2	6	1	1	1	1	1	3	1	3
423	대전광역시	대전테미예술창작센터 운영	8	632,938	8	4	7	8	7	1	1	1	1	1	3	1	3
424	대전광역시	대전문학관 운영	8	717,057	8	4	6	2	6	1	1	1	1	1	3	1	3
425	대전광역시	대전서예한마당	8	45,144	3	4	7	8	7	1	1	1	1	1	3	1	3
426	대전광역시	학생문화예술관람 지원사업	8	742,000	8	5	7	8	7	1	1	1	1	1	3	1	3
427	대전광역시	충청예술문화 발간	8	53,500	1	4	7	8	7	1	1	1	1	1	3	1	3
428	대전광역시	한국춤문화예술대전	8	30,900	1	4	7	8	7	1	1	1	1	1	3	1	3
429	대전광역시	서예진흥원 운영	8	438,089	4	4	7	8	7	1	1	1	1	1	3	1	3
430	대전광역시	대전국제아트페어	8	540,000	3	4	7	8	7	1	1	1	1	1	3	1	3
431	대전광역시	대전국제청소년예술제	8	133,120	4	4	7	8	7	1	1	1	1	1	3	1	3
432	대전광역시	서포 김만중 문학 축전	8	55,500	3	4	7	8	7	1	1	1	1	1	3	1	3
433	대전광역시	원도심 문화공간 활성화 지원사업	8	551,250	8	5	7	8	7	1	1	1	1	1	3	1	3
434	대전광역시	대전국제사진페스티벌	8	218,000	4	4	7	8	7	1	1	1	1	1	3	1	3
435	대전광역시	거리공연 활성화 사업	8	666,000	8	4	7	8	7	1	1	1	1	1	3	1	3
436	대전광역시	마음대로 예술공간	8	156,800	8	4	7	8	7	1	1	1	1	1	3	1	3
437	대전광역시	테미오래 위탁운영 사업비	8	768,249	4	7	6	3	6	1	1	1	1	1	1	1	1
438	대전 동구	동구문화원 운영지원	10	57,630	1	1	7	8	7	5	5	4	5	5	4	4	4
439	대전 동구	동구문화원 운영지원	10	150,019	4	1	7	8	7	5	5	4	5	5	4	4	4
440	대전 동구	동구문화원 운영지원	10	92,880	3	1	7	8	7	5	5	4	5	5	4	4	4
441	대전 동구	생활문화센터 운영지원	10	84,757	4	4	4	2	6	1	1	3	3	1	1	4	4
442	대전 중구	문화원 사업활동비	10	31,620	1	1, 4	7	8	7	5	5	4	5	5	4	4	4
443	대전 중구	문화원 특성화사업	10	11,500	1	1, 4	7	8	7	5	5	4	5	5	4	4	4
444	대전 중구	문화원 사무국장 인건비	10	35,700	2	1, 4	7	8	7	5	5	4	5	5	4	4	4
445	대전 중구	문화원 사무원 인건비(부장)	10	33,300	2	1, 4	7	8	7	5	5	4	5	5	4	4	4
446	대전 중구	중구 관악합주단(예술단체) 운영	10	7,210	1	1, 4	7	8	7	5	5	4	5	5	4	4	4
447	대전 중구	문화원 사무원 인건비(2명)	10	42,800	2	1, [illegible]	7	8	7	5	5	4	5	5	4	4	4

순번	시군구	지출명 (사업명)	문화예술시설 분류 1.공연장 2. 영화상영관 3. 박물관 4. 미술관 5. 화랑 6. 조각공원 7. 도서관 8. 문화의 집 9. 문화체육센터 10. 지방문화원 11. 국악원 12. 전수회관 13. 종합시설 14. 기타(시설명)	2025년예산 (단위:천원/1년간)	민간이전 분류 (지방자치단체 세출예산 집행기준에 의거) 1. 민간경상사업보조(307-02) 2. 민간단체 법정운영비보조(307-03) 3. 민간행사사업보조(307-04) 4. 민간위탁금(307-05) 5. 사회복지시설 법정운영비보조(307-10) 6. 사회복지사업보조(307-11) 7. 민간인위탁교육비(307-12) 8. 공기관등에대한경상적위탁사업비(308-13) 9. 공사공단 경상전출금(309-01) 10. 기타	민간이전지출 근거 (지방보조금 관리기준 참고) 1. 법률에 규정 2. 국고보조 재원(국가지정) 3. 용도 지정 기부금 4. 조례에 직접규정 5. 지자체가 권장하는 사업을 하는 공공기관 6. 시,도 정책 및 재정사정 7. 기타 8. 해당없음	입찰방식			운영예산 산정		성과평가				평가결과 적용	
							계약체결방법 (경쟁형태) 1. 일반경쟁 2. 제한경쟁 3. 지명경쟁 4. 수의계약 5. 법정위탁 6. 기타 ( ) 7. 해당없음	계약기간 1. 1년 2. 2년 3. 3년 4. 4년 5. 5년 6. 기타 ( )년 7. 단기계약 (1년미만) 8. 해당없음	낙찰자선정방법 1. 적격심사 2. 협상에의한계약 3. 최저가낙찰제 4. 규격가격분리 5. 2단계 경쟁입찰 6. 기타( ) 7. 해당없음	운영비산정 1. 내부산정 (지자체 자체적으로 산정) 2. 외부산정 (외부전문기관위탁 산정) 3. 내·외부 모두 산정 4. 산정 無 5. 해당없음	정산방법 1. 내부정산 (지자체 내부적으로 정산) 2. 외부정산 (외부전문기관위탁 정산) 3. 내·외부 모두 산정 4. 정산 無 5. 해당없음	성과평가 실시여부 1. 실시 2. 미실시 3. 향후 추진 4. 해당없음	성과평가 주기 1. 매년 2. 격년 3. 기간만료전 4. 기타 () 5. 해당없음	성과평가 실시 방법 1. 자체 실시 2. 평가단 구성 후 실시 (전문위원 섭외) 3. 전문 평가기관 의뢰 4. 기타 () 5. 해당없음	평가기준 적용방법 1. 관련 조례 적용 2. 전문 평가기관 의뢰 3. 기타 () 4. 해당없음	실제 인센티브 및 패널티 적용 유무 1. 매년 적용 2. 적용 안함 3. 기타 ( ) 4. 해당없음	인센티브 및 패널티 적용근거 1. 조례 2. 계약서 3.기타 ( ) 4. 해당없음
448	대전 중구	문화원관리 운영	10	44,280	2	1, 4	7	8	7	5	5	4	5	5	4	4	4
449	대전 서구	관저문예회관	14	198,487	4	4	5	2	1	1	1	1	3	2	2	1	2
450	대전 서구	서구문화원	10	1,085,899	1	1,4,5	7	8	7	3	3	1	1	4	1	1	3
451	대전 유성구	문화사업	10	566,919	4	1	7	8	7	3	3	4	5	5	4	4	4
452	대전 대덕구	문화원사업활동비	10	32,550	1	1	4	8	7	1	1	3	5	5	4	4	4
453	대전 대덕구	문화원사무국장인건비	10	38,150	2	1	4	8	7	1	1	3	5	5	4	4	4
454	대전 대덕구	문화원사무원인건비	10	32,700	2	1	4	8	7	1	1	3	5	5	4	4	4
455	대전 대덕구	대덕문학회운영(대덕문학회문학집발간)	10	3,584	1	1	4	8	7	1	1	3	5	5	4	4	4
456	대전 대덕구	지역문화재스토리텔링	10	7,700	1	1	4	8	7	1	1	3	5	5	4	4	4
457	대전 대덕구	대덕도시역사문화기록아카이브	10	33,900	1	1,4	4	8	7	1	1	3	5	5	4	4	4
458	대전 대덕구	문화배움터운영(문화강좌운영)	10	36,360	1	1	4	8	7	1	1	3	5	5	4	4	4
459	대전 대덕구	대덕구지역조사기록사업	10	21,400	1	1	4	8	7	1	1	3	5	5	4	4	4
460	대전 대덕구	인문학강의및탐방	10	11,500	1	1	4	8	7	1	1	3	5	5	4	4	4
461	대전 대덕구	대덕문화원홈페이지유지보수및사무운영관리비	10	3,030	2	1	4	8	7	1	1	3	5	5	4	4	4
462	대전 대덕구	대덕문화원인건비	10	141,915	2	1	4	8	7	1	1	3	5	5	4	4	4
463	대전 대덕구	대덕시낭송대회	10	5,300	3	1	4	8	7	1	1	3	5	5	4	4	4
464	대전 대덕구	대덕문예회관위탁운영	10	320,205	4	1	4	5	1	1	1	3	5	5	4	4	4
465	대전 대덕구	전통민속놀이육성(계족산무제,들말두레소리시연회)	10	32,640	3	1	4	8	7	1	1	3	5	5	4	4	4
466	대전 대덕구	민속보존마을행사	10	22,321	3	1	4	8	7	1	1	3	5	5	4	4	4
467	대전 대덕구	문화학교운영(대덕문화원,청소년어울림센터)	10	11,500	1	1	4	8	7	1	1	3	5	5	4	4	4
468	대전 대덕구	문화학교운영(청소년어울림센터)	14	11,200	1	1	7	8	7	5	5	4	5	5	4	4	4
469	대전 대덕구	장애인문화예술교육지원사업	14	7,630	1	4	7	8	7	5	5	4	5	5	4	4	4
470	울산광역시	충의사 관리운영	14	171,360	4	4	5	3	7	1	1	1	3	1	3	4	4
471	울산광역시	교향악단공연홍보영상 송출	13	23,331	8	1	7	8	7	2	2	4	5	5	4	4	4
472	울산광역시	무용단공연홍보영상 송출	13	14,520	8	1	7	8	7	2	2	4	5	5	4	4	4
473	울산광역시	합창단공연홍보영상 송출	13	14,652	8	1	7	8	7	2	2	4	5	5	4	4	4
474	울산광역시	실경뮤지컬 제작공연 정부광고료	13	14,916	8	1	7	8	7	2	2	4	5	5	4	4	4
475	울산광역시	초청제작공연 광고료	13	34,992	8	1	7	8	7	2	2	4	5	5	4	4	4
476	울산 중구	중구문화원(문화사업, 문화학교 운영, 국내외 문화 답사)	10	117,700	1	1	7	8	7	1	1	1	1	1	4	4	4
477	울산 중구	중구문화원(문화원 운영비, 문화원 인건비)	10	241,554	2	1	7	8	7	1	1	1	1	1	4	4	4
478	울산 중구	중구문화원(해맞이행사, 단오맞이 한마당, 등)	10	184,040	4	1	7	8	7	1	1	1	1	1	4	4	4
479	울산 남구	문화원 지원	10	309,088	1	1, 4	7	8	7	1	1	4	5	5	4	4	4
480	울산 남구	꾸러기놀이터 운영	10	66,600	1	1, 4	7	8	7	1	1	4	5	5	4	4	4
481	울산 남구	문화예술창작촌 운영	14	391,238	8	4	6	6	7	1	1	4	5	5	4	4	4
482	울산 남구	장생포문화창고 운영	13	2,441,416	8	4	6	3	7	1	1	4	5	5	4	4	4
483	울산 남구	애견운동공원 운영	14	120,329	4	4	1	5	1	1	1	3	3	1	1	3	3
484	울산 동구	슬도아트 및 문화공장 방어진	4	393,240	4	4	6	3	6	1	1	4	5	5	4	4	4
485	울산 동구	문화원 정월대보름 행사	10	36,400	3	1	7	8	7	5	5	4	5	5	4	4	4
486	울산 동구	문화원 사업활동비	10	297,670	1	1	7	8	7	5	5	4	5	5	4	4	4
487	울산 동구	문화원 운영비 및 사무국장 인건비	10	80,952	2	1	7	8	7	5	5	4	5	5	4	4	4
488	울산 북구	세대공감창의놀이터 운영	14	521,382	4	4	6	3	6	1	1	1	3	1	1	4	4

순번	시군구	지출명 (사업명)	문화예술시설 분류 1.공연장 2. 영화상영관 3. 박물관 4. 미술관 5. 화랑 6. 조각공원 7. 도서관 8. 문화의 집 9. 문화체육센터 10. 지방문화원 11. 국악원 12. 전수회관 13. 종합시설 14. 기타(시설명)	2025년예산 (단위:천원/1년간)	민간이전 분류 (지방자치단체 세출예산 집행기준에 의거) 1. 민간경상사업보조(307-02) 2. 민간단체 법정운영비보조(307-03) 3. 민간행사사업보조(307-04) 4. 민간위탁금(307-05) 5. 사회복지시설 법정운영비보조(307-10) 6. 사회복지사업보조(307-11) 7. 민간인위탁교육비(307-12) 8. 공기관등에대한경상적위탁사업비(308-13) 9. 공사공단 경상전출금(309-01) 10. 기타	민간이전지출 근거 (지방보조금 관리기준 참고) 1. 법률에 규정 2. 국고보조 재원(국가지정) 3. 용도 지정 기부금 4. 조례에 직접규정 5. 지자체가 권장하는 사업을 하는 공공기관 6. 시,도 정책 및 재정사정 7. 기타 8. 해당없음	입찰방식 계약체결방법 (경쟁형태) 1. 일반경쟁 2. 제한경쟁 3. 지명경쟁 4. 수의계약 5. 법정위탁 6. 기타 ( ) 7. 해당없음	입찰방식 계약기간 1. 1년 2. 2년 3. 3년 4. 4년 5. 5년 6. 기타 ( )년 7. 단기계약 (1년미만) 8. 해당없음	입찰방식 낙찰자선정방법 1. 적격심사 2. 협상에의한계약 3. 최저가낙찰제 4. 규격가격분리 5. 2단계 경쟁입찰 6. 기타( ) 7. 해당없음	운영예산 산정 운영비산정 1. 내부산정 (지자체 자체적으로 산정) 2. 외부산정 (외부전문기관위탁 산정) 3. 내·외부 모두 산정 4. 산정 無 5. 해당없음	운영예산 산정 정산방법 1. 내부정산 (지자체 내부적으로 정산) 2. 외부정산 (외부전문기관위탁 정산) 3. 내·외부 모두 산정 4. 정산 無 5. 해당없음	성과평가 성과평가 실시여부 1. 실시 2. 미실시 3. 향후 추진 4. 해당없음	성과평가 성과평가 주기 1. 매년 2. 격년 3. 기간만료전 4. 기타 () 5. 해당없음	성과평가 성과평가 실시 방법 1. 자체 실시 2. 평가단 구성 후 실시 (전문위원 섭외) 3. 전문 평가기관 의뢰 4. 기타 () 5. 해당없음	성과평가 평가기준 적용방법 1. 관련 조례 적용 2. 전문 평가기관 의뢰 3. 기타 () 4. 해당없음	평가결과 적용 실제 인센티브 및 페널티 적용 유무 1. 매년 적용 2. 적용 안함 3. 기타 ( ) 4. 해당없음	평가결과 적용 인센티브 및 페널티 적용근거 1. 조례 2. 계약서 3.기타 ( ) 4. 해당없음
489	울산 북구	소금나루2014 운영	14	242,203	4	4	6	3	6	1	1	1	3	1	1	4	4
490	울산 북구	감성갱도2020 운영	14	211,961	4	4	6	3	6	1	1	1	3	1	1	4	4
491	울산 북구	송정생활문화센터	14	318,495	4	4	6	3	6	1	1	1	3	1	1	4	4
492	울산 북구	울산북구생활문화센터	14	171,474	4	4	6	3	6	1	1	1	3	1	1	4	4
493	울산 북구	북구문화원 사업지원	6	101,198	4	1	7	8	7	1	1	4	5	5	4	4	4
494	울산 울주군	울주민속박물관 운영	3	505,920	4	4	5	3	7	1	1	4	5	5	4	4	4
495	울산 울주군	박제상 기념관 운영	3	253,619	4	4	5	3	7	1	1	4	5	5	4	4	4
496	울산 울주군	오영수문학관 운영	14	574,897	8	4	5	5	2	1	1	1	4	3	2	3	1
497	울산 울주군	울주문화예술회관 운영	13	1,935,821	8	4	5	5	2	1	1	1	4	3	2	3	1
498	울산 울주군	서울주문화센터 운영	13	1,455,804	8	4	5	5	2	1	1	1	4	3	2	3	1
499	울산 울주군	울주생활문화센터 운영	13	289,708	8	4	5	5	2	1	1	1	4	3	2	3	1
500	울산 울주군	울주 인성교실	14	9,040	1	4	4	1	1	1	1	1	1	1	3	1	3
501	울산 울주군	생활체육시설 운영	9	208,000	4	7	4	3	7	1	1	3	3	1	1	4	4
502	울산 울주군	온산문화체육센터 프로그램 운영	9	2,256,376	9	7	7	8	7	1	1	4	5	5	4	4	4
503	울산 울주군	온산문화체육센터 프로그램 운영	9	3,204,150	8	7	7	8	7	1	1	4	5	5	4	4	4
504	울산 울주군	울주군국민체육센터 프로그램 운영	9	3,731,123	8	7	7	8	7	1	1	4	5	5	4	4	4
505	울산 울주군	울주종합체육센터 프로그램 운영	9	3,807,323	8	7	7	8	7	1	1	4	5	5	4	4	4
506	세종특별자치시	세종문화원 지원	10	609,939	1	1	7	8	7	1	1	4	5	5	1	4	4
507	세종특별자치시	세종문화원 운영	10	319,633	2	1	7	8	7	1	1	4	5	5	1	4	4
508	세종특별자치시	국악분야 예술강사 지원	14	23,549	1	2	7	8	7	1	1	4	5	5	4	4	4
509	세종특별자치시	지역문화예술교육 지원센터지원	14	66,700	8	1	7	8	7	1	1	4	5	5	4	4	4
510	세종특별자치시	지역문화예술 기반구축	14	160,728	8	1	7	8	7	1	1	4	5	5	4	4	4
511	세종특별자치시	유아문화예술교육지원	14	82,400	8	1	7	8	7	1	1	4	5	5	4	4	4
512	세종특별자치시	조치원 문화정원운영관리	14	175,846	4	7	1	5	2	2	1	3	3	3	1	2	4
513	세종특별자치시	박연문화관 관리 운영	14	1,006,011	8	7	4	8	7	1	1	4	4	5	4	2	4
514	세종특별자치시	공연예술연습공간 운영	14	132,213	8	7	4	5	7	1	1	1	1	2	3	2	4
515	경기도	박물관/미술관 역량강화(자체/직접)	3,4	151,500	4	4	7	8	7	5	5	4	5	5	4	4	4
516	경기도	지붕없는 박물관 운영(전환)(자체/직접)	3	1,110,000	8	4	4	1	7	1	1	3	5	5	4	4	4
517	경기도	박물관/미술관 역량강화	14	163,500	4	4	1	1	1	1	1	1	1	1	1	1	1
518	수원특례시	팔달문화센터 운영	13	434,931	4	4	6	3	1	1	1	1	3	2	2	4	4
519	수원특례시	수원문화원 운영	10	410,002	1	4	7	8	7	1	1	1	1	3	2	1	3
520	수원특례시	수원시 빛누리아트홀 운영	1	620,072	4	4	6	3	1	1	1	1	1	1	1	2	4
521	경기 의정부시	백영수 미술관 운영 지원	4	13,860	2	1	7	8	7	1	1	1	1	1	1	4	4
522	경기 의정부시	의정부시 상설야외무대 위탁운영	14	87,369	4	4	1	2	1	1	1	1	1	1	4	4	4
523	경기 의정부시	의정부시 도시역사문화자원 아카이브 구축	14	77,624	4	4	4	2	7	1	1	4	5	5	4	4	4
524	경기 의정부시	근현대사 생활문화 보존을 위한 문화공간 (의정부 기억저장소) 운영비	14	96,163	4	4	4	2	7	1	1	4	5	5	4	4	4
525	경기 의정부시	문화도시 조성사업	13	2,775,000	8	4	7	8	7	1	3	1	1	4	3	4	4
526	경기 의정부시	백영수미술관 지원	4	62,866	1	1	7	8	7	1	1	1	1	1	1	4	4
527	경기 의정부시	회룡문화제	14	171,000	4	4	7	8	7	1	1	4	5	5	4	4	4
528	경기 의정부시	의정부 정주당놀이 재연공연	14	8,400	3	4	7	8	7	1	1	4	5	5	4	4	4
529	경기 의정부시	의순공주대제 전수교육 지원	14	8,625	1	4	7	8	7	1	1	4	5	5	4	4	4

순번	시군구	지출명 (사업명)	문화예술시설 분류 1.공연장 2. 영화상영관 3. 박물관 4. 미술관 5. 화랑 6. 조각공원 7. 도서관 8. 문화의 집 9. 문화체육센터 10. 지방문화원 11. 국악원 12. 전수회관 13. 종합시설 14. 기타(시설명)	2025년예산 (단위:천원/1년간)	민간이전 분류 (지방자치단체 세출예산 집행기준에 의거) 1. 민간경상사업보조(307-02) 2. 민간단체 법정운영비보조(307-03) 3. 민간행사사업보조(307-04) 4. 민간위탁금(307-05) 5. 사회복지시설 법정운영비보조(307-10) 6. 사회복지사업보조(307-11) 7. 민간인위탁교육비(307-12) 8. 공기관등에대한경상적위탁사업비(308-13) 9. 공사공단 경상전출금(309-01) 10. 기타	민간이전지출 근거 (지방보조금 관리기준 참고) 1. 법률에 규정 2. 국고보조 재원(국가지정) 3. 용도 지정 기부금 4. 조례에 직접규정 5. 지자체가 권장하는 사업을 하는 공공기관 6. 시,도 정책 및 재정사정 7. 기타 8. 해당없음	입찰방식			운영예산 산정		성과평가				평가결과 적용	
							계약체결방법 (경쟁형태) 1. 일반경쟁 2. 제한경쟁 3. 지명경쟁 4. 수의계약 5. 법정위탁 6. 기타 ( ) 7. 해당없음	계약기간 1. 1년 2. 2년 3. 3년 4. 4년 5. 5년 6. 기타 ( )년 7. 단기계약 (1년미만) 8. 해당없음	낙찰자선정방법 1. 적격심사 2. 협상에의한계약 3. 최저가낙찰제 4. 규격가격분리 5. 2단계 경쟁입찰 6. 기타( ) 7. 해당없음	운영비산정 1. 내부산정 (지자체 자체적으로 산정) 2. 외부산정 (외부전문기관위탁 산정) 3. 내·외부 모두 산정 4. 산정 無 5. 해당없음	정산방법 1. 내부정산 (지자체 내부적으로 정산) 2. 외부정산 (외부전문기관위탁 정산) 3. 내·외부 모두 산정 4. 정산 無 5. 해당없음	성과평가 실시여부 1. 실시 2. 미실시 3. 향후 추진 4. 해당없음	성과평가 주기 1. 매년 2. 격년 3. 기간만료전 4. 기타 () 5. 해당없음	성과평가 실시 방법 1. 자체 실시 2. 평가단 구성 후 실시 (전문위원 섭외) 3. 전문 평가기관 의뢰 4. 기타 () 5. 해당없음	평가기준 적용방법 1. 관련 조례 적용 2. 전문 평가기관 의뢰 3. 기타 () 4. 해당없음	실제 인센티브 및 페널티 적용 유무 1. 매년 적용 2. 적용 안함 3. 기타 ( ) 4. 해당없음	인센티브 및 페널티 적용근거 1. 조례 2. 계약서 3.기타 ( ) 4. 해당없음
530	경기 의정부시	부처님 오신 날 봉축행사	14	9,540	3	1	7	8	7	1	1	1	1	1	1	4	4
531	경기 의정부시	경기도 민속예술제 참가 지원	14	7,979	1	4	7	8	7	1	1	4	5	5	4	4	4
532	경기 의정부시	통합문화이용권 사업	14	3,470,019	1	2	7	8	7	5	5	1	1	4	3	4	4
533	경기 의정부시	경기수건춤 전수교육 지원	14	8,250	1	4	7	8	7	1	1	4	5	5	4	4	4
534	경기 의정부시	예술지발간	14	4,560	1	4	7	8	7	5	1	1	1	1	3	1	4
535	경기 의정부시	국악 정기공연	14	6,240	3	4	7	8	7	5	1	1	1	1	3	1	4
536	경기 의정부시	회룡한국무용제 전국대회	14	6,221	3	4	7	8	7	5	1	1	1	1	3	1	4
537	경기 의정부시	의정부전국문학공모전	14	5,712	3	4	7	8	7	5	1	1	1	1	3	1	4
538	경기 의정부시	전국회룡미술대전	14	8,960	3	4	7	8	7	5	1	1	1	1	3	1	4
539	경기 의정부시	전국회룡사진공모전	14	5,418	3	4	7	8	7	5	1	1	1	1	3	1	4
540	경기 의정부시	연극협회 기획공연	14	5,658	3	4	7	8	7	5	1	1	1	1	3	1	4
541	경기 의정부시	신세대 가요제	14	4,992	3	4	7	8	7	5	1	1	1	1	3	1	4
542	경기 의정부시	의정부 합창대축제	14	3,605	3	4	7	8	7	5	1	1	1	1	3	1	4
543	경기 의정부시	의정부 민족예술제	14	3,240	3	4	7	8	7	5	1	1	1	1	3	1	4
544	경기 의정부시	거리로 나온 예술	14	20,400	8	6	7	8	7	1	1	1	1	1	3	2	4
545	경기 의정부시	찾아가는 문화활동	14	73,440	8	6	7	8	7	1	1	1	1	1	3	2	4
546	경기 의정부시	시립예술단 위탁운영	14	1,456,592	8	4	7	8	7	1	1	2	5	5	4	2	4
547	경기 의정부시	어린이 오케스트라 지원사업	14	61,950	8	6	7	3	7	1	1	2	5	5	4	2	4
548	경기 의정부시	의정부시 대표 비보이단 육성사업	14	145,670	8	6	7	3	7	1	1	2	5	5	4	2	4
549	경기 의정부시	의정부 문화학교 운영비	10	51,000	1	4	7	8	7	1	1	4	5	5	4	4	4
550	경기 의정부시	의정부 지방문화원 운영비	10	339,917	4	4	7	8	7	1	1	4	5	5	4	4	4
551	경기 의정부시	사찰음식 체험프로그램	14	8,720	3	1	7	8	7	1	1	1	1	1	1	4	4
552	경기 안양시	지방문화원 사업활동	10	58,300	1	1	7	8	7	1	1	1	1	1	1	1	1
553	경기 안양시	안양문화원 운영지원	10	408,413	2	1	7	8	7	1	1	1	1	1	1	1	1
554	경기 안양시	안양만안답교놀이 축제	10	16,349	3	1	7	8	7	1	1	1	1	1	1	1	1
555	경기 안양시	정월대보름 달맞이 축제	10	30,900	3	1	7	8	7	1	1	1	1	1	1	1	1
556	경기 안양시	안양단오제	10	45,200	3	1	7	8	7	1	1	1	1	1	1	1	1
557	경기 안양시	안양만안문화제	10	38,380	3	1	7	8	7	1	1	1	1	1	1	1	1
558	경기 안양시	수리산 산신제	10	21,000	3	1	7	8	7	1	1	1	1	1	1	1	1
559	경기 안양시	안양검무 전승활동 및 공연	10	13,680	3	1	7	8	7	1	1	1	1	1	1	1	1
560	경기 안양시	경기도 민속예술제	10	10,200	3	1	7	8	7	1	1	1	1	1	1	1	1
561	경기 안양시	안양시사 편찬	10	487,332	4	4	7	8	7	1	1	3	3	1	1	3	3
562	경기 부천시	지방문화원사업 활동비	10	228,286	2	1	7	8	7	1	1	3	1	1	1	4	4
563	경기 부천시	지방문화원사업 활동비	10	765,468	4	1	7	8	7	1	1	3	1	1	1	4	4
564	경기 부천시	부천전수교육관 조성 및 운영	10	28,350	3	1	7	8	7	1	1	3	1	1	1	4	4
565	경기 부천시	송내어울마당 운영	9	847,441	8	1	5	8	7	1	1	4	4	1	1	4	4
566	경기 부천시	복사골문화센터 운영	9	1,913,262	8	1	7	8	7	1	1	4	5	5	4	4	4
567	경기 부천시	수주문학관 선사유적체험관 운영	3	136,836	8	1	4	5	7	1	1	3	1	1	1	4	4
568	경기 부천시	박물관 운영	3	2,540,343	8	1	4	5	7	1	1	3	1	1	1	4	4
569	경기 부천시	박물관 플랫폼 사업	3	113,502	1	1	7	8	7	1	1	3	1	1	1	4	4
570	경기 부천시	부천아트벙커B39 운영	14	1,379,590	8	4	7	8	7	1	1	4	5	5	4	4	4

순번	시군구	지출명 (사업명)	문화예술시설 분류 1.공연장 2. 영화상영관 3. 박물관 4. 미술관 5. 화랑 6. 조각공원 7. 도서관 8. 문화의 집 9. 문화체육센터 10. 지방문화원 11. 국악원 12. 전수회관 13. 종합시설 14. 기타(시설명)	2025년예산 (단위:천원/1년간)	민간이전 분류 (지방자치단체 세출예산 집행기준에 의거) 1. 민간경상사업보조(307-02) 2. 민간단체 법정운영비보조(307-03) 3. 민간행사사업보조(307-04) 4. 민간위탁금(307-05) 5. 사회복지시설 법정운영비보조(307-10) 6. 사회복지사업보조(307-11) 7. 민간인위탁교육비(307-12) 8. 공기관등에대한경상적위탁사업비(308-13) 9. 공사공단 경상전출금(309-01) 10. 기타	민간이전지출 근거 (지방보조금 관리기준 참고) 1. 법률에 규정 2. 국고보조 재원(국가지정) 3. 용도 지정 기부금 4. 조례에 직접규정 5. 지자체가 권장하는 사업을 하는 공공기관 6. 시,도 정책 및 재정사정 7. 기타 8. 해당없음	입찰방식 계약체결방법 (경쟁형태) 1. 일반경쟁 2. 제한경쟁 3. 지명경쟁 4. 수의계약 5. 법정위탁 6. 기타 ( ) 7. 해당없음	입찰방식 계약기간 1. 1년 2. 2년 3. 3년 4. 4년 5. 5년 6. 기타 ( )년 7. 단기계약 (1년미만) 8. 해당없음	입찰방식 낙찰자선정방법 1. 적격심사 2. 협상에의한계약 3. 최저가낙찰제 4. 규격가격분리 5. 2단계 경쟁입찰 6. 기타( ) 7. 해당없음	운영예산 산정 운영비산정 1. 내부산정 (지자체 자체적으로 산정) 2. 외부산정 (외부전문기관위탁 산정) 3. 내·외부 모두 산정 4. 산정 無 5. 해당없음	운영예산 산정 정산방법 1. 내부정산 (지자체 내부적으로 정산) 2. 외부정산 (외부전문기관위탁 정산) 3. 내·외부 모두 산정 4. 정산 無 5. 해당없음	성과평가 성과평가 실시여부 1. 실시 2. 미실시 3. 향후 추진 4. 해당없음	성과평가 성과평가 주기 1. 매년 2. 격년 3. 기간만료전 4. 기타 () 5. 해당없음	성과평가 성과평가 실시 방법 1. 자체 실시 2. 평가단 구성 후 실시 (전문위원 섭외) 3. 전문 평가기관 의뢰 4. 기타 () 5. 해당없음	성과평가 평가기준 적용방법 1. 관련 조례 적용 2. 전문 평가기관 의뢰 3. 기타 () 4. 해당없음	평가결과 적용 실제 인센티브 및 페널티 적용 유무 1. 매년 적용 2. 적용 안함 3. 기타 ( ) 4. 해당없음	평가결과 적용 인센티브 및 페널티 적용근거 1. 조례 2. 계약서 3.기타 ( ) 4. 해당없음
571	경기 광명시	사립박물관 지원사업	3	24,200	2	1	7	8	7	5	5	4	5	5	4	4	4
572	경기 광명시	박물관 미술관 지원사업	3	52,636	1	1	7	8	7	5	5	4	5	5	4	4	4
573	경기 광명시	광명문화원 운영	10	927,902	4	1	4	3	7	1	1	4	5	5	4	4	4
574	경기 광명시	오리서원 운영	14	368,422	4	4	1	3	1	1	1	4	5	5	4	4	4
575	경기 평택시	지역문화 육성 지원	10	242,862	1	1	7	8	7	1	1	1	1	1	1	4	4
576	경기 평택시	지역문화 운영 지원	10	632,626	4	1	7	8	7	1	1	1	1	1	1	4	4
577	경기 평택시	경기도 민속예술제 참가지원	10	10,900	1	1	7	8	7	1	1	1	1	1	1	4	4
578	경기 평택시	대보름 행사 지원	10	21,060	3	1	7	8	7	1	1	1	1	1	1	4	4
579	경기 평택시	소사벌 단오제 지원	10	125,400	4	1	7	8	7	1	1	1	1	1	1	4	4
580	경기 평택시	진위현 성황제	10	5,550	3	1	7	8	7	1	1	1	1	1	1	4	4
581	경기 평택시	마을 고유 지명 지키기	10	35,700	1	1	7	8	7	1	1	1	1	1	1	4	4
582	경기 평택시	예총운영 지원	14	262,208	1	4	7	8	7	1	1	1	1	1	1	4	4
583	경기 평택시	평택예총 사업지원	14	51,870	3	4	7	8	7	1	1	1	1	1	1	4	4
584	경기 평택시	평택 미술 실태 기초 자료 조사 사업	14	90,400	1	4	7	8	7	1	1	1	1	1	1	4	4
585	경기 평택시	기획공연	13	112,000	8	4	7	8	7	1	1	1	1	1	1	4	4
586	경기 평택시	노을동요제	13	91,800	8	4	7	8	7	1	1	1	1	1	1	4	4
587	경기 평택시	뮤직페스티벌	13	156,000	8	4	7	8	7	1	1	1	1	1	1	4	4
588	경기 평택시	스마트영상제	13	198,000	8	4	7	8	7	1	1	1	1	1	1	4	4
589	경기 평택시	평택호예술관 체험프로그램 운영	14	18,360	3	4	7	8	7	1	1	1	1	1	1	4	4
590	경기 평택시	평택예술제	14	134,400	4	4	7	8	7	1	1	1	1	1	1	4	4
591	경기 평택시	평택호 문화예술제	10	30,600	3	4	7	8	7	1	1	1	1	1	1	4	4
592	경기 평택시	구술 및 사료조사	10	30,300	1	4	7	8	7	1	1	1	1	1	1	4	4
593	경기 동두천시	지방문화원 사업활동 지원	10	39,942	1	1	7	8	7	1	1	1	1	1	1	1	1
594	경기 동두천시	지방문화원 운영비 등 지원	10	123,662	1	1	7	8	7	1	1	1	1	1	1	1	1
595	경기 안산시	안산문화원사 위탁운영	10	488,017	4	4	5	3	7	1	1	1	3	1	3	3	3
596	고양특례시	홍살문에서 만나요	14	22,000	1	6	7	8	7	1	1	1	1	1,3	1,2	3	3
597	고양특례시	친구야 서원으로 마실가자	14	19,380	1	6	7	8	7	1	1	1	1	1,3	1,2	3	3
598	고양특례시	전통성년례	14	5,600	3	6	7	8	7	1	1	1	1	1,3	1,2	3	3
599	고양특례시	가와지볍씨 문화제	14	25,650	3	6	7	8	7	1	1	1	1	1,3	1,2	3	3
600	고양특례시	송포호미걸이발표회	10	15,450	3	6	7	8	7	1	1	1	1	1,3	1,2	3	3
601	고양특례시	고양 상여회다지소리 발표회	10	27,750	3	6	7	8	7	1	1	1	1	1,3	1,2	3	3
602	고양특례시	최영장군 위령굿	10	18,180	3	6	7	8	7	1	1	1	1	1,3	1,2	3	3
603	고양특례시	경기시나위춤 발표회	10	17,250	3	6	7	8	7	1	1	1	1	1,3	1,2	3	3
604	고양특례시	경기소리 휘몰이잡가 발표회	14	16,350	3	6	7	8	7	1	1	1	1	1,3	1,2	3	3
605	고양특례시	고양시 어린이박물관 운영	3	4,005,017	8	4	5	2	7	1	1	4	5	5	4	4	4
606	고양특례시	생활문화센터 운영	9	208,445	8	4	5	2	7	1	1	4	5	5	4	4	4
607	고양특례시	고양시 문예회관 운영	1	392,141	8	4	5	2	7	1	1	4	5	5	4	4	4
608	고양특례시	고양영상미디어운영	14	163,452	8	4	5	2	7	1	1	4	5	5	4	4	4
609	고양특례시	음악창작소운영	14	81,794	8	4	5	2	7	1	1	4	5	5	4	4	4
610	고양특례시	고양문화의집 운영	8	1,035,918	8	4	5	2	7	1	1	4	5	5	4	4	4
611	고양특례시	경기전통농악보존육성	10	49,248	1	4	7	8	7	5	5	1	1	1,3	1,2	1	3

순번	시군구	지출명 (사업명)	문화예술시설 분류 1.공연장 2. 영화상영관 3. 박물관 4. 미술관 5. 화랑 6. 조각공원 7. 도서관 8. 문화의 집 9. 문화체육센터 10. 지방문화원 11. 국악원 12. 전수회관 13. 종합시설 14. 기타(시설명)	2025년예산 (단위:천원/1년간)	민간이전 분류 (지방자치단체 세출예산 집행기준에 의거) 1. 민간경상사업보조(307-02) 2. 민간단체 법정운영비보조(307-03) 3. 민간행사사업보조(307-04) 4. 민간위탁금(307-05) 5. 사회복지시설 법정운영비보조(307-10) 6. 사회복지사업보조(307-11) 7. 민간인위탁교육비(307-12) 8. 공기관등에대한경상적위탁사업비(308-13) 9. 공사공단 경상전출금(309-01) 10. 기타	민간이전지출 근거 (지방보조금 관리기준 참고) 1. 법률에 규정 2. 국고보조 재원(국가지정) 3. 용도 지정 기부금 4. 조례에 직접규정 5. 지자체가 권장하는 사업을 하는 공공기관 6. 시,도 정책 및 재정사정 7. 기타 8. 해당없음	입찰방식 계약체결방법 (경쟁형태) 1. 일반경쟁 2. 제한경쟁 3. 지명경쟁 4. 수의계약 5. 법정위탁 6. 기타 ( ) 7. 해당없음	입찰방식 계약기간 1. 1년 2. 2년 3. 3년 4. 4년 5. 5년 6. 기타 ( )년 7. 단기계약 (1년미만) 8. 해당없음	입찰방식 낙찰자선정방법 1. 적격심사 2. 협상에의한계약 3. 최저가낙찰제 4. 규격가격분리 5. 2단계 경쟁입찰 6. 기타( ) 7. 해당없음	운영예산 산정 운영비산정 1. 내부산정 (지자체 자체적으로 산정) 2. 외부산정 (외부전문기관위탁 산정) 3. 내·외부 모두 산정 4. 산정 無 5. 해당없음	운영예산 산정 정산방법 1. 내부정산 (지자체 내부적으로 정산) 2. 외부정산 (외부전문기관위탁 정산) 3. 내·외부 모두 산정 4. 정산 無 5. 해당없음	성과평가 성과평가 실시여부 1. 실시 2. 미실시 3. 향후 추진 4. 해당없음	성과평가 성과평가 주기 1. 매년 2. 격년 3. 기간만료전 4. 기타 () 5. 해당없음	성과평가 성과평가 실시 방법 1. 자체 실시 2. 평가단 구성 후 실시 (전문위원 섭외) 3. 전문 평가기관 의뢰 4. 기타 () 5. 해당없음	성과평가 평가기준 적용방법 1. 관련 조례 적용 2. 전문 평가기관 의뢰 3. 기타 () 4. 해당없음	평가결과 적용 실제 인센티브 및 페널티 적용 유무 1. 매년 적용 2. 적용 안함 3. 기타 ( ) 4. 해당없음	평가결과 적용 인센티브 및 페널티 적용근거 1. 조례 2. 계약서 3.기타 ( ) 4. 해당없음
612	고양특례시	행주얼지 발간	10	11,187	1	4	7	8	7	5	5	1	1	1,3	1,2	1	3
613	고양특례시	민속학 자료 발간	10	20,520	1	4	7	8	7	5	5	1	1	1,3	1,2	1	3
614	고양특례시	문화원임원 및 전통농악보존단체 회원 연수	10	5,175	1	4	7	8	7	5	5	1	1	1,3	1,2	1	3
615	고양특례시	행주대첩 휘호대회	10	19,980	1	4	7	8	7	5	5	1	1	1,3	1,2	1	3
616	고양특례시	전통혼례 지원 프로그램	10	22,149	1	4	7	8	7	5	5	1	1	1,3	1,2	1	3
617	고양특례시	문화원 운영비	10	460,454	4	4	7	8	7	1	1,2	1	1	1,3	1,2	1	3
618	고양특례시	전통문화 상설공연	10	37,800	3	4	7	8	7	5	5	1	1	1,3	1,2	1	3
619	고양특례시	고양행주나루 강풍어제	10	14,715	3	4	7	8	7	5	5	1	1	1,3	1,2	1	3
620	고양특례시	도깝대감 지신놀이	10	15,300	3	4	7	8	7	5	5	1	1	1,3	1,2	1	3
621	고양특례시	고양들소리 발표회	10	15,120	3	4	7	8	7	5	5	1	1	1,3	1,2	1	3
622	고양특례시	고양오월단오제	10	11,300	3	4	7	8	7	5	5	1	1	1,3	1,2	1	3
623	고양특례시	고양 소놀이	10	13,635	3	4	7	8	7	5	5	1	1	1,3	1,2	1	3
624	고양특례시	고양 향토사랑 역사학교	10	9,120	3	4	7	8	7	5	5	1	1	1,3	1,2	1	3
625	고양특례시	진밭두레보존회 발표회	10	14,445	3	4	7	8	7	5	5	1	1	1,3	1,2	1	3
626	고양특례시	경기도 민속예술제 참가지원	10	10,900	3	4	7	8	7	5	5	1	1	1,3	1,2	1	3
627	고양특례시	정월대보름 행사	10	11,500	3	4	7	8	7	5	5	1	1	1,3	1,2	1	3
628	고양특례시	경릉봉향제	10	4,725	3	4	7	8	7	5	5	1	1	1,3	1,2	1	3
629	고양특례시	효릉봉향제	10	4,905	3	4	7	8	7	5	5	1	1	1,3	1,2	1	3
630	고양특례시	공양왕릉제	10	6,489	3	4	7	8	7	5	5	1	1	1,3	1,2	1	3
631	고양특례시	창릉봉향제	10	5,040	3	4	7	8	7	5	5	1	1	1,3	1,2	1	3
632	고양특례시	임진왜란 의병장 밥할머니 추모제	10	4,815	3	4	7	8	7	5	5	1	1	1,3	1,2	1	3
633	고양특례시	봉미지 서낭제	10	5,175	3	4	7	8	7	5	5	1	1	1,3	1,2	1	3
634	고양특례시	고양팔현 추향제	10	5,175	3	4	7	8	7	5	5	1	1	1,3	1,2	1	3
635	고양특례시	행주서원 춘추향제	10	8,798	3	4	7	8	7	5	5	1	1	1,3	1,2	1	3
636	고양특례시	개천절 제천례	10	4,905	3	4	7	8	7	5	5	1	1	1,3	1,2	1	3
637	고양특례시	고양향교 석전대제	10	9,234	3	4	7	8	7	5	5	1	1	1,3	1,2	1	3
638	고양특례시	백석동 흰돌도당제	10	5,350	3	4	7	8	7	5	5	1	1	1,3	1,2	1	3
639	고양특례시	서삼릉 태실과 함께하는 생명여행	10	5,200	3	4	7	8	7	5	5	1	1	1,3	1,2	1	3
640	경기 과천시	과천문화 발간	10	5,350	1	4	7	8	7	1	1	1	1	1	1	1	1
641	경기 과천시	역사문화 아카데미	10	5,300	1	4	7	8	7	1	1	1	1	1	1	1	1
642	경기 과천시	과천향토작가 작품전람회	10	7,490	1	4	7	8	7	1	1	1	1	1	1	1	1
643	경기 과천시	향토사 활성화 지원	10	21,200	1	4	7	8	7	1	1	1	1	1	1	1	1
644	경기 과천시	향토사 구술사업	10	12,720	1	4	7	8	7	1	1	1	1	1	1	1	1
645	경기 과천시	도시변화 아카이브 사업	10	37,100	1	4	7	8	7	1	1	1	1	1	1	1	1
646	경기 과천시	옛음내리 마을조사 사업	10	37,800	1	4	7	8	7	1	1	1	1	1	1	1	1
647	경기 과천시	지역기반 통합 프로그램	10	10,400	1	4	7	8	7	1	1	1	1	1	1	1	1
648	경기 과천시	과천관련 고문서 번역사업	10	31,500	1	4	7	8	7	1	1	1	1	1	1	1	1
649	경기 과천시	과천무동답교놀이 전수	10	6,300	1	4	7	8	7	1	1	1	1	1	1	1	1
650	경기 과천시	과천문화원 운영	10	623,700	4	4	5	8	7	1	1	1	1	1	1	1	1
651	경기 과천시	과천무동답교놀이	10	22,800	3	4	7	8	7	1	1	1	1	1	1	1	1
652	경기 과천시	과천나무꾼놀이	10	22,400	3	4	7	8	7	1	1	1	1	1	1	1	1

순번	시군구	지출명 (사업명)	문화예술시설 분류 1.공연장 2. 영화상영관 3. 박물관 4. 미술관 5. 화랑 6. 조각공원 7. 도서관 8. 문화의 집 9. 문화체육센터 10. 지방문화원 11. 국악원 12. 전수회관 13. 종합시설 14. 기타(시설명)	2025년예산 (단위:천원/1년간)	민간이전 분류 (지방자치단체 세출예산 집행기준에 의거) 1. 민간경상사업보조(307-02) 2. 민간단체 법정운영비보조(307-03) 3. 민간행사사업보조(307-04) 4. 민간위탁금(307-05) 5. 사회복지시설 법정운영비보조(307-10) 6. 사회복지사업보조(307-11) 7. 민간인위탁교육비(307-12) 8. 공기관등에대한경상적위탁사업비(308-13) 9. 공사공단 경상전출금(309-01) 10. 기타	민간이전지출 근거 (지방보조금 관리기준 참고) 1. 법률에 규정 2. 국고보조 재원(국가지정) 3. 용도 지정 기부금 4. 조례에 직접규정 5. 지자체가 권장하는 사업을 하는 공공기관 6. 시,도 정책 및 재정사정 7. 기타 8. 해당없음	입찰방식 계약체결방법 (경쟁형태) 1. 일반경쟁 2. 제한경쟁 3. 지명경쟁 4. 수의계약 5. 법정위탁 6. 기타 ( ) 7. 해당없음	입찰방식 계약기간 1. 1년 2. 2년 3. 3년 4. 4년 5. 5년 6. 기타 ( )년 7. 단기계약 (1년미만) 8. 해당없음	입찰방식 낙찰자선정방법 1. 적격심사 2. 협상에의한계약 3. 최저가낙찰제 4. 규격가격분리 5. 2단계 경쟁입찰 6. 기타( ) 7. 해당없음	운영예산 산정 운영비산정 1. 내부산정 (지자체 자체적으로 산정) 2. 외부산정 (외부전문기관위탁 산정) 3. 내·외부 모두 산정 4. 산정 無 5. 해당없음	운영예산 산정 정산방법 1. 내부정산 (지자체 내부적으로 정산) 2. 외부정산 (외부전문기관위탁 정산) 3. 내·외부 모두 산정 4. 정산 無 5. 해당없음	성과평가 성과평가 실시여부 1. 실시 2. 미실시 3. 향후 추진 4. 해당없음	성과평가 성과평가 주기 1. 매년 2. 격년 3. 기간만료전 4. 기타 () 5. 해당없음	성과평가 성과평가 실시 방법 1. 자체 실시 2. 평가단 구성 후 실시 (전문위원 섭외) 3. 전문 평가기관 의뢰 4. 기타 () 5. 해당없음	성과평가 평가기준 적용방법 1. 관련 조례 적용 2. 전문 평가기관 의뢰 3. 기타 () 4. 해당없음	평가결과 적용 실제 인센티브 및 페널티 적용 유무 1. 매년 적용 2. 적용 안함 3. 기타 ( ) 4. 해당없음	평가결과 적용 인센티브 및 페널티 적용근거 1. 조례 2. 계약서 3.기타 ( ) 4. 해당없음
653	경기 과천시	한국추사서예대전	10	41,070	3	4	7	8	7	1	1	1	1	1	1	1	1
654	경기 과천시	평생학습축제 (전통아 함께 날자)	10	2,080	3	4	7	8	7	1	1	1	1	1	1	1	1
655	경기 과천시	도당신신제	10	3,535	3	4	7	8	7	1	1	1	1	1	1	1	1
656	경기 과천시	대보름태평제	10	5,500	3	4	7	8	7	1	1	1	1	1	1	1	1
657	경기 과천시	가갸날 라온하제 축제	10	21,200	3	4	7	8	7	1	1	1	1	1	1	1	1
658	경기 과천시	향토문화나눔사업	10	45,600	1	4	7	8	7	1	1	1	1	1	1	1	1
659	경기 과천시	과천추사문화제	10	210,000	1	2	7	8	7	1	1	1	1	1	1	1	1
660	경기 과천시	경기도 민속예술제 개최	10	11,500	1	6	7	8	7	1	1	1	1	1	1	1	1
661	경기 과천시	입지 효 문화예술 축제(한국효문화센터)	14	33,990	3	4	7	8	7	1	1	1	1	1	1	1	1
662	경기 과천시	줄타기 전수교육(줄타기보존회)	14	20,600	1	4	7	8	7	1	1	1	1	1	1	1	1
663	경기 과천시	전통국악교실(경기소리보존회)	12	10,900	1	4	7	8	7	1	1	1	1	1	1	1	1
664	경기 과천시	경기소리 전수교육(경기소리보존회)	12	15,120	1	4	7	8	7	1	1	1	1	1	1	1	1
665	경기 과천시	찾아가는 무형문화재 전승학교 및 상설공연(경기소리보존회)	12	16,050	1	4	7	8	7	1	1	1	1	1	1	1	1
666	경기 과천시	줄타기 전승공연(줄타기보존회)	14	21,400	3	4	7	8	7	1	1	1	1	1	1	1	1
667	경기 과천시	시민과 함께하는 문화여행 다줄(줄타기보존회)	14	10,500	3	4	7	8	7	1	1	1	1	1	1	1	1
668	경기 과천시	경기소리 정기공연(경기소리보존회)	12	33,900	3	4	7	8	7	1	1	1	1	1	1	1	1
669	경기 과천시	경기소리 기획공연(경기소리보존회)	12	22,200	3	4	7	8	7	1	1	1	1	1	1	1	1
670	경기 과천시	경기소리 경창대회(경기소리보존회)	12	51,750	3	4	7	8	7	1	1	1	1	1	1	1	1
671	경기 과천시	경기소리전수관 운영(경기소리보존회)	12	272,359	4	4	7	8	7	1	1	1	1	1	1	1	1
672	경기 과천시	평생학습축제 '소리랑 놀자'(경기소리보존회)	12	2,200	3	4	7	8	7	1	1	1	1	1	1	1	1
673	경기 과천시	경기소리전수관 어린이 예술학교(경기소리보존회)	12	26,000	1	2	7	8	7	1	1	1	1	1	1	1	1
674	경기 과천시	박물관·미술관 지원	3,4	139,079	1	1,6	7	8	7	1	1	1	3	1	1	4	4
675	경기 구리시	공연장 대관료지원사업	14	3,060	1	1	7	8	7	5	1	1	1	1	1	1	1
676	경기 구리시	오페라 콘서트	14	21,395	3	1	7	8	7	1	1	1	1	1	1	1	1
677	경기 구리시	합창단 육성지원	14	10,355	3	1	7	8	7	1	1	1	1	1	1	1	1
678	경기 구리시	전통혼례식	6	6,075	1	1	7	8	7	1	1	1	1	1	1	1	1
679	경기 구리시	우리고장바로알기	6	7,781	1	1	7	8	7	1	1	1	1	1	1	1	1
680	경기 구리시	전통성년례	6	5,029	1	1	7	8	7	1	1	1	1	1	1	1	1
681	경기 구리시	구리예절학당	6	8,432	1	1	7	8	7	1	1	1	1	1	1	1	1
682	경기 구리시	우리전래놀이'잼있쥬'	6	8,034	1	1	7	8	7	1	1	1	1	1	1	1	1
683	경기 구리시	구리문화지발간	6	12,049	1	1	7	8	7	1	1	1	1	1	1	1	1
684	경기 구리시	문화학교발표회	6	6,930	1	1	7	8	7	1	1	1	1	1	1	1	1
685	경기 구리시	구리마을기록화사업	6	7,838	1	1	7	8	7	1	1	1	1	1	1	1	1
686	경기 구리시	구리문화원 단체운영비	6	377,661	4	1	7	8	7	1	1	1	1	1	1	1	1
687	경기 구리시	온달장군추모제향	6	5,871	3	1	7	8	7	1	1	1	1	1	1	1	1
688	경기 구리시	동구릉힐링예술제	6	50,253	3	1	7	8	7	1	1	1	1	1	1	1	1
689	경기 구리시	경기도민속예술제 참가 지원	6	11,200	1	1	7	8	7	1	1	1	1	1	1	1	1
690	경기 구리시	문화관광해설사 심화교육	14	21,800	7	4	4	1	7	5	5	4	5	5	4	4	4
691	경기 구리시	통합문화체육관광이용권 사업	8	1,114,971	1	2	7	8	7	5	5	4	5	5	4	4	4
692	경기 남양주시	박물관미술관 지원사업	3, 4	490,576	1	4	7	8	7	1	1	4	5	5	4	4	4
693	경기 남양주시	남양주시 문화의집 운영비	8	257,773	4	4	6	2	6	1	1	1	3	1	1	2	4

순번	시군구	지출명 (사업명)	문화예술시설 분류 1.공연장 2. 영화상영관 3. 박물관 4. 미술관 5. 화랑 6. 조각공원 7. 도서관 8. 문화의 집 9. 문화체육센터 10. 지방문화원 11. 국악원 12. 전수회관 13. 종합시설 14. 기타(시설명)	2025년예산 (단위:천원/1년간)	민간이전 분류 (지방자치단체 세출예산 집행기준에 의거) 1. 민간경상사업보조(307-02) 2. 민간단체 법정운영비보조(307-03) 3. 민간행사사업보조(307-04) 4. 민간위탁금(307-05) 5. 사회복지시설 법정운영비보조(307-10) 6. 사회복지사업보조(307-11) 7. 민간인위탁교육비(307-12) 8. 공기관등에대한경상적위탁사업비(308-13) 9. 공사공단 경상전출금(309-01) 10. 기타	민간이전지출 근거 (지방보조금 관리기준 참고) 1. 법률에 규정 2. 국고보조 재원(국가지정) 3. 용도 지정 기부금 4. 조례에 직접규정 5. 지자체가 권장하는 사업을 하는 공공기관 6. 시,도 정책 및 재정사정 7. 기타 8. 해당없음	입찰방식			운영예산 산정		성과평가				평가결과 적용	
							계약체결방법 (경쟁형태) 1. 일반경쟁 2. 제한경쟁 3. 지명경쟁 4. 수의계약 5. 법정위탁 6. 기타 ( ) 7. 해당없음	계약기간 1. 1년 2. 2년 3. 3년 4. 4년 5. 5년 6. 기타 ( )년 7. 단기계약 (1년미만) 8. 해당없음	낙찰자선정방법 1. 적격심사 2. 협상에의한계약 3. 최저가낙찰제 4. 규격가격분리 5. 2단계 경쟁입찰 6. 기타( ) 7. 해당없음	운영비산정 1. 내부산정 (지자체 자체적으로 산정) 2. 외부산정 (외부전문기관위탁 산정) 3. 내·외부 모두 산정 4. 산정 無 5. 해당없음	정산방법 1. 내부정산 (지자체 내부적으로 정산) 2. 외부정산 (외부전문기관위탁 정산) 3. 내·외부 모두 산정 4. 정산 無 5. 해당없음	성과평가 실시여부 1. 실시 2. 미실시 3. 향후 추진 4. 해당없음	성과평가 주기 1. 매년 2. 격년 3. 기간만료전 4. 기타 ( ) 5. 해당없음	성과평가 실시 방법 1. 자체 실시 2. 평가단 구성 후 실시 (전문위원 섭외) 3. 전문 평가기관 의뢰 4. 기타 ( ) 5. 해당없음	평가기준 적용방법 1. 관련 조례 적용 2. 전문 평가기관 의뢰 3. 기타 ( ) 4. 해당없음	실제 인센티브 및 패널티 적용 유무 1. 매년 적용 2. 적용 안함 3. 기타 ( ) 4. 해당없음	인센티브 및 패널티 적용근거 1. 조례 2. 계약서 3.기타 ( ) 4. 해당없음
694	경기 남양주시	남양주문화원 사업 보조활동비 지원	10	139,650	1	1	7	8	7	1	1	4	5	5	4	4	4
695	경기 남양주시	남양주문화원 운영비 지원	10	178,005	4	1	7	8	7	1	1	4	5	5	4	4	4
696	경기 오산시	오산문화원 및 향토문화연구소 운영	10	328,344	4	1	7	8	7	1	1	4	5	5	4	4	4
697	경기 오산시	문화예술단체 활성화 지원	14	363,261	1	4	7	8	7	1	1	1	1	1	1	4	4
698	경기 오산시	문화예술단체 활성화 지원	14	142,781	4	1	7	8	7	1	1	1	1	1	1	4	4
699	경기 오산시	문화예술단체 활성화 지원	14	46,000	3	4	7	8	7	1	1	1	1	1	1	4	4
700	경기 오산시	유엔군초전기념관 운영	3	411,738	4	4	7	3	7	1	1	1	1	1	3	4	4
701	경기 하남시	박물관 · 미술관 지원 사업	3	36,839	1	1	5	8	2	5	5	4	5	5	4	4	4
702	경기 하남시	하남문화원 운영	10	180,513	2	4	7	8	7	1	1	1	1	1	1	1	1
703	용인특례시	용인시 미디어센터 운영	14	975,200	4	4	1	3	1	1	1	3	5	5	4	4	4
704	경기 이천시	문화원 사업활동비	10	365,255	1	4	7	8	7	1	1	2	5	5	4	4	4
705	경기 이천시	문화원 행사운영비	10	81,165	3	4	7	8	7	1	1	2	5	5	4	4	4
706	경기 이천시	이천문화원 운영비	10	418,825	4	4	7	8	7	1	1	2	5	5	4	4	4
707	경기 이천시	이천시립월전미술관 운영	4	1,445,347	4	4	4	5	7	1	1	4	5	5	4	4	4
708	경기 안성시	공립작은도서관 민간위탁금 지원(7개관)	7	534,917	4	4	7	8	7	1	1	1	1	1	3	1	1
709	경기 안성시	죽산공연장 위탁관리 운영	1	27,600	4	4	1	3	1	1	1	1	3	1	1	3	1
710	경기 안성시	문예회관 위탁운영	10	105,450	4	1	7	8	7	5	5	4	5	5	4	4	4
711	경기 안성시	문화사료관 위탁운영	10	45,979	4	1	7	8	7	5	5	4	5	5	4	4	4
712	경기 안성시	문화원 운영비 지원	10	110,622	4	1	7	8	7	5	5	4	5	5	4	4	4
713	경기 안성시	문화학교 운영 지원	10	10,900	1	1	7	8	7	5	5	4	5	5	4	4	4
714	경기 안성시	충효도 선양교육	10	2,550	1	1	7	8	7	5	5	4	5	5	4	4	4
715	경기 안성시	전국불교무용 경연대회	10	5,350	3	1	7	8	7	5	5	4	5	5	4	4	4
716	경기 안성시	2일간의 해방행사	10	17,510	3	1	7	8	7	5	5	4	5	5	4	4	4
717	경기 안성시	전국민요 경창대회	10	11,220	3	1	7	8	7	5	5	4	5	5	4	4	4
718	경기 안성시	안성인물 학술대회	10	10,350	3	1	7	8	7	5	5	4	5	5	4	4	4
719	경기 안성시	새해 해맞이 행사	10	5,050	3	1	7	8	7	5	5	4	5	5	4	4	4
720	경기 안성시	경기도 민속예술제 참가지원	10	11,300	3	1	7	8	7	5	5	4	5	5	4	4	4
721	경기 안성시	향당무 전승활성화 사업	12	33,920	3	1	7	8	7	5	5	4	5	5	4	4	4
722	경기 안성시	향당무 정기공연	12	16,480	3	1	7	8	7	5	5	4	5	5	4	4	4
723	경기 여주시	문화원 인건비	10	102,670	2	1	7	8	7	1	1	1	1	1	1	1	1
724	경기 여주시	문화원 운영비	10	12,208	2	1	7	8	7	1	1	1	1	1	1	1	1
725	경기 여주시	류주현 문학상	10	42,266	1	1	7	8	7	1	1	1	1	1	1	1	1
726	경기 여주시	우수전통민속보존놀이 지원	10	37,450	3	1	7	8	7	1	1	1	1	1	1	1	1
727	경기 여주시	여주문화원 인문학동아리 지원	10	2,020	1	1	7	8	7	1	1	1	1	1	1	1	1
728	경기 여주시	여주문화원 행사사업보조	10	18,240	3	1	7	8	7	1	1	1	1	1	1	1	1
729	경기 여주시	지방문화원 사업비	10	93,192	1	1	7	8	7	1	1	1	1	1	1	1	1
730	경기 여주시	박물관/미술관 운영비 지원사업	3	11,313	2	1	7	8	7	1	1	4	5	5	4	4	4
731	경기 여주시	박물관/미술관 운영비 지원사업	3	2,632	2	1	7	8	7	1	1	4	5	5	4	4	4
732	경기 여주시	박물관/미술관 운영비 지원사업	3	16,084	2	1	7	8	7	1	1	4	5	5	4	4	4
733	경기 여주시	박물관/미술관 운영비 지원사업	4	6,526	2	1	7	8	7	1	1	4	5	5	4	4	4
734	경기 여주시	박물관 미술관 지원사업(전문인력)	3	46,708	1	1	1	1	1	1	1	1	1	2	1	1	1

순번	시군구	지출명 (사업명)	문화예술시설 분류	2025년예산	민간이전 분류	민간이전지출 근거	입찰방식			운영예산 산정		성과평가				평가결과 적용	
			1.공연장 2. 영화상영관 3. 박물관 4. 미술관 5. 화랑 6. 조각공원 7. 도서관 8. 문화의 집 9. 문화체육센터 10. 지방문화원 11. 국악원 12. 전수회관 13. 종합시설 14. 기타(시설명)	2025년예산 (단위:천원/1년간)	민간이전 분류 (지방자치단체 세출예산 집행기준에 의거) 1. 민간경상사업보조(307-02) 2. 민간단체 법정운영비보조(307-03) 3. 민간행사사업보조(307-04) 4. 민간위탁금(307-05) 5. 사회복지시설 법정운영비보조(307-10) 6. 사회복지사업보조(307-11) 7. 민간인위탁교육비(307-12) 8. 공기관등에대한경상적위탁사업비(308-13) 9. 공사공단 경상전출금(309-01) 10. 기타	민간이전지출 근거 (지방보조금 관리기준 참고) 1. 법률에 규정 2. 국고보조 재원(국가지정) 3. 용도 지정 기부금 4. 조례에 직접규정 5. 지자체가 권장하는 사업을 하는 공공기관 6. 시,도 정책 및 재정사정 7. 기타 8. 해당없음	계약체결방법 (경쟁형태) 1. 일반경쟁 2. 제한경쟁 3. 지명경쟁 4. 수의계약 5. 법정위탁 6. 기타 ( ) 7. 해당없음	계약기간 1. 1년 2. 2년 3. 3년 4. 4년 5. 5년 6. 기타 ( )년 7. 단기계약 (1년미만) 8. 해당없음	낙찰자선정방법 1. 적격심사 2. 협상에의한계약 3. 최저가낙찰제 4. 규격가격분리 5. 2단계 경쟁입찰 6. 기타( ) 7. 해당없음	운영비산정 1. 내부산정 (지자체 자체적으로 산정) 2. 외부산정 (외부전문기관위탁 산정) 3. 내·외부 모두 산정 4. 산정 無 5. 해당없음	정산방법 1. 내부정산 (지자체 내부적으로 정산) 2. 외부정산 (외부전문기관위탁 정산) 3. 내·외부 모두 산정 4. 정산 無 5. 해당없음	성과평가 실시여부 1. 실시 2. 미실시 3. 향후 추진 4. 해당없음	성과평가 주기 1. 매년 2. 격년 3. 기간만료전 4. 기타 () 5. 해당없음	성과평가 실시 방법 1. 자체 실시 2. 평가단 구성 후 실시 (전문위원 섭외) 3. 전문 평가기관 의뢰 4. 기타 () 5. 해당없음	평가기준 적용방법 1. 관련 조례 적용 2. 전문 평가기관 의뢰 3. 기타 () 4. 해당없음	실제 인센티브 및 페널티 적용 유무 1. 매년 적용 2. 적용 안함 3. 기타 ( ) 4. 해당없음	인센티브 및 페널티 적용근거 1. 조례 2. 계약서 3.기타 ( ) 4. 해당없음
735	경기 여주시	박물관 미술관 지원사업(전문인력)	3	47,993	1	1	1	1	1	1	1	1	1	2	1	1	1
736	경기 여주시	박물관 미술관 지원사업(전문인력)	3	43,280	1	1	1	1	1	1	1	1	1	2	1	1	1
737	경기 여주시	박물관 미술관 지원사업(전문인력)	4	46,708	1	1	1	1	1	1	1	1	1	2	1	1	1
738	경기 여주시	박물관 미술관 지원사업(프로그램)	3	36,750	1	1	1	1	1	1	1	1	1	2	1	1	1
739	경기 여주시	박물관 미술관 지원사업(프로그램)	3	25,760	1	1	1	1	1	1	1	1	1	2	1	1	1
740	경기 여주시	박물관 미술관 지원사업(프로그램)	3	24,150	1	1	1	1	1	1	1	1	1	2	1	1	1
741	경기 여주시	박물관 미술관 지원사업(프로그램)	4	25,300	1	1	1	1	1	1	1	1	1	2	1	1	1
742	화성특례시	문화재단 공연장 운영	1	5,151,126	8	4	4	3	7	1	1	1	3	2	4	4	4
743	화성특례시	화성시 미디어센터 운영	14	884,306	8	4	4	3	7	1	1	1	3	1	3	3	3
744	화성특례시	화성시 생활문화센터 운영	14	1,088,104	8	4	4	3	7	1	1	1	3	1	3	3	3
745	화성특례시	화성시 노작홍사용 문학관 운영	14	750,728	4	4	1	1	1	1	1	1	3	2	3	3	1
746	화성특례시	동탄복합문화센터 운영	9	6,741,634	8	4	4	3	7	1	1	1	3	2	4	4	4
747	화성특례시	생활문화창작소 운영	14	516,461	4	1	1	2	6	1	1	1	3	2	1	1	1
748	화성특례시	역말 문화회관 운영	14	181,647	4	1	1	2	6	1	1	1	3	2	1	1	1
749	화성특례시	봉담문화의집 운영	8	188,608	4	1	1	2	6	1	1	1	3	2	1	1	1
750	화성특례시	향남문화의집 운영	8	172,935	4	1	1	2	6	1	1	1	3	2	1	1	1
751	화성특례시	화성ICT생활문화센터 운영	14	1,569,400	4	4	1	2	2	1	1	1	3	1	1	4	4
752	화성특례시	화성문화원 운영지원	10	422,783	4	1, 4	7	8	7	1	1	1	1	1, 3	3	1	3
753	화성특례시	문화교육사업 지원	10	170,657	1	1, 4	7	8	7	1	1	1	1	1, 3	3	1	3
754	화성특례시	전통문화계승 및 보존사업 지원	10	199,095	1	1, 4	7	8	7	1	1	1	1	1, 3	3	1	3
755	화성특례시	답사 및 체험프로그램 지원	10	51,975	3	1, 4	7	8	7	1	1	1	1	1, 3	3	1	3
756	화성특례시	화성시 작은영화관 운영	2	55,938	4	4	1	2	2	1	1	1	3	1	3	1	2
757	화성특례시	화성 열린 문화예술공간 운영	5	527,027	8	5	7	8	7	1	1	4	5	5	4	4	4
758	화성특례시	시립도서관 위탁 운영	7	18,516,800	8	5	7	2	7	1	1	1	2	1	1	3	4
759	화성특례시	시립도서관 위탁 운영	7	1,613,735	8	5	7	2	7	1	1	1	2	1	1	3	4
760	화성특례시	화성종합경기타운 운영	9	5,041,922	8	4	5	6	7	1	1	1	1	1	1	4	4
761	화성특례시	화성국민체육센터 운영	9	3,821,704	8	4	5	6	7	1	1	1	1	1	1	4	4
762	화성특례시	동탄중앙어울림센터 운영	9	2,545,224	8	4	5	6	7	1	1	1	1	1	1	4	4
763	화성특례시	반월체육센터 운영	9	3,137,416	8	4	5	6	7	1	1	1	1	1	1	4	4
764	화성특례시	남부국민체육센터 운영	9	2,497,609	8	4	5	6	7	1	1	1	1	1	1	4	4
765	화성특례시	화성드림파크 운영	9	1,464,610	8	4	5	6	7	1	1	1	1	1	1	4	4
766	화성특례시	향남문화복합센터 운영	9	778,653	8	4	5	6	7	1	1	1	1	1	1	4	4
767	화성특례시	다목적체육관 운영	9	1,616,304	8	4	5	6	7	1	1	1	1	1	1	4	4
768	화성특례시	기배다목적체육관 운영	9	191,782	4	4	4	2	6	1	1	1	3	2	1	4	4
769	화성특례시	화성시 실내배드민턴장 운영	9	1,212,405	8	4	5	6	7	1	1	1	1	1	1	4	4
770	경기 광주시	문화학교 운영비	10	65,540	1	1	7	8	7	1	1	1	1	1	1	1	1
771	경기 광주시	광주학 연구사업	10	8,470	1	1	7	8	7	1	1	1	1	1	1	1	1
772	경기 광주시	광주문화 발간	10	23,000	1	1	7	8	7	1	1	1	1	1	1	1	1
773	경기 광주시	광주문화원 사무국 운영비	10	190,501	2	1	7	8	7	1	1	1	1	1	1	1	1
774	경기 광주시	2025년 제26회 경기도 민속예술제 참가지원	10	11,000	3	1	7	8	7	1	1	1	1	4	3	3	3
775	경기 광주시	제9회 광주시 문화의 날 행사	10	52,000	3	1	7	8	7	1	1	1	1	1	1	1	1

순번	시군구	지출명 (사업명)	문화예술시설 분류 1.공연장 2. 영화상영관 3. 박물관 4. 미술관 5. 화랑 6. 조각공원 7. 도서관 8. 문화의 집 9. 문화체육센터 10. 지방문화원 11. 국악원 12. 전수회관 13. 종합시설 14. 기타(시설명)	2025년예산 (단위:천원/1년간)	민간이전 분류 (지방자치단체 세출예산 집행기준에 의거) 1. 민간경상사업보조(307-02) 2. 민간단체 법정운영비보조(307-03) 3. 민간행사사업보조(307-04) 4. 민간위탁금(307-05) 5. 사회복지시설 법정운영비보조(307-10) 6. 사회복지사업보조(307-11) 7. 민간인위탁교육비(307-12) 8. 공기관등에대한경상적위탁사업비(308-13) 9. 공사공단 경상전출금(309-01) 10. 기타	민간이전지출 근거 (지방보조금 관리기준 참고) 1. 법률에 규정 2. 국고보조 재원(국가지정) 3. 용도 지정 기부금 4. 조례에 직접규정 5. 지자체가 권장하는 사업을 하는 공공기관 6. 시,도 정책 및 재정사정 7. 기타 8. 해당없음	입찰방식			운영예산 산정		성과평가				평가결과 적용	
							계약체결방법 (경쟁형태) 1. 일반경쟁 2. 제한경쟁 3. 지명경쟁 4. 수의계약 5. 법정위탁 6. 기타 ( ) 7. 해당없음	계약기간 1. 1년 2. 2년 3. 3년 4. 4년 5. 5년 6. 기타 ( )년 7. 단기계약 (1년미만) 8. 해당없음	낙찰자선정방법 1. 적격심사 2. 협상에의한계약 3. 최저가낙찰제 4. 규격가격분리 5. 2단계 경쟁입찰 6. 기타( ) 7. 해당없음	운영비산정 1. 내부산정 (지자체 자체적으로 산정) 2. 외부산정 (외부전문기관위탁 산정) 3. 내·외부 모두 산정 4. 산정 無 5. 해당없음	정산방법 1. 내부정산 (지자체 내부적으로 정산) 2. 외부정산 (외부전문기관위탁 정산) 3. 내·외부 모두 산정 4. 정산 無 5. 해당없음	성과평가 실시여부 1. 실시 2. 미실시 3. 향후 추진 4. 해당없음	성과평가 주기 1. 매년 2. 격년 3. 기간만료전 4. 기타 () 5. 해당없음	성과평가 실시 방법 1. 자체 실시 2. 평가단 구성 후 실시 (전문위원 섭외) 3. 전문 평가기관 의뢰 4. 기타 () 5. 해당없음	평가기준 적용방법 1. 관련 조례 적용 2. 전문 평가기관 의뢰 3. 기타 () 4. 해당없음	실제 인센티브 및 페널티 적용 유무 1. 매년 적용 2. 적용 안함 3. 기타 ( ) 4. 해당없음	인센티브 및 페널티 적용근거 1. 조례 2. 계약서 3.기타 ( ) 4. 해당없음
776	경기 광주시	너른고을 대보름 놀이 한마당	10	21,800	3	1	7	8	7	1	1	1	1	1	1	1	1
777	경기 광주시	2024년 박물관 미술관 지원사업	3,4	346,768	1	1	7	8	7	1	1	1	1	4	3	3	3
778	경기 광주시	제10회 광주시 박물관미술관 공동전시회	3,4	15,750	3	1	7	8	7	1	1	1	1	1	1	1	1
779	경기 광주시	제향 제례복 및 소품구입	10	11,865	1	1	7	8	7	1	1	1	1	1	1	1	1
780	경기 광주시	광주향교 석전대제	10	21,400	3	1	7	8	7	1	1	1	1	1	1	1	1
781	경기 광주시	숭렬전 제향	10	25,920	3	1	7	8	7	1	1	1	1	1	1	1	1
782	경기 광주시	현절사 제향	10	10,070	3	1	7	8	7	1	1	1	1	1	1	1	1
783	경기 광주시	정충묘 제향	10	4,080	3	1	7	8	7	1	1	1	1	1	1	1	1
784	경기 광주시	선현추모행사 지원	10	8,100	3	1	7	8	7	1	1	1	1	1	1	1	1
785	경기 광주시	해공 신익희 선생 탄생기념 행사	10	7,490	3	1	7	8	7	1	1	1	1	1	1	1	1
786	경기 광주시	숭렬전, 현절사, 정충묘 정기봉심 지원	10	5,400	3	1	7	8	7	1	1	1	1	1	1	1	1
787	경기 광주시	광주향교 기로연 재현	10	4,560	3	1	7	8	7	1	1	1	1	1	1	1	1
788	경기 광주시	범국민 전통 예절교육	10	14,560	1	1	7	8	7	1	1	1	1	1	1	1	1
789	경기 광주시	마을 전통 민속놀이 지원	10	15,933	3	1	7	8	7	1	1	1	1	1	1	1	1
790	경기 광주시	시민과 함께하는 문화재교육	10	21,600	1	1	7	8	7	1	1	1	1	1	1	1	1
791	경기 광주시	향교서원 활성화 우수프로그램(현절사)	10	10,600	1	1	7	8	7	1	1	1	1	1	1	1	1
792	경기 광주시	전통산사 문화유산 활용사업	10	34,775	1	1	7	8	7	1	1	1	1	1	1	1	1
793	경기 양주시	양주문화원 사업활동비 지원	10	186,946	4	4	7	8	7	1	1	1	1	1	3	1	3
794	경기 양주시	양주문화원 문화사업 지원 육성	10	164,450	4	4	7	8	7	1	1	1	1	1	3	1	3
795	경기 연천군	지방문화원 사업활동	10	182,448	1	1	7	8	7	5	5	4	5	5	4	4	4
796	경기 가평군	문화예술회관 운영	1	159,908	9	1	5	8	7	1	3	1	1	1	1	1	1
797	경기 가평군	지방문화원 육성	10	119,986	1	1	7	8	7	1	1	1	1	1	1	1	1
798	경기 가평군	지방문화원 육성	10	132,664	2	1	7	8	7	1	1	1	1	1	1	1	1
799	경기 가평군	지방문화원 육성	10	160,126	4	4	5	8	7	1	3	1	1	1	1	1	1
800	경기 가평군	시설관리공단 전출금	9	371,928	9	5	4	4	7	1	1	1	3	1	4	2	4
801	경기 양평군	양평친환경농업박물관	3	483,088	4	4	1	3	1	1	3	1	3	3	1	3	2
802	경기 양평군	양평곤충박물관	3	472,369	4	4	1	3	1	1	3	1	3	3	1	3	2
803	경기 양평군	몽양기념관	3	504,546	4	4	1	3	1	1	3	1	3	3	1	3	2
804	경기 양평군	황순원문학촌 소나기마을	3	745,303	4	4	1	3	1	1	3	1	3	3	1	3	2
805	경기 양평군	양평군립미술관	4	965,960	4	4	1	3	1	1	3	1	3	3	1	3	2
806	경기 양평군	양평문화원 사업 지원	10	350,330	1	1	7	8	7	1	3	1	1	1	1	1	1
807	경기 양평군	양평문화원 운영 지원	10	441,856	4	1	7	8	7	1	3	1	1	1	1	1	1
808	강원특별자치도	대관령 야외공연장 운영	1	25,334	8	4	7	8	7	5	5	4	5	5	4	4	4
809	강원특별자치도	국악예술회관 운영	11	86,700	4	4	7	5	7	1	1	4	5	5	4	4	4
810	강원 춘천시	꿈꾸는 예술터 나비움 조성 및 운영사업	14	462,000	8	5	5	2	7	1	1	1	1	1	4	4	4
811	강원 춘천시	춘천예술마당(창작관) 운영	14	90,100	4	4	1	3	1	1	1	1	3	2	1	3	3
812	강원 춘천시	춘천예술마당(봄내극장) 운영	1	229,990	4	4	1	3	1	1	1	1	3	2	1	3	3
813	강원 춘천시	춘천예술마당(춘천미술관) 운영	4	104,500	4	4	1	3	1	1	1	1	3	2	1	3	3
814	강원 춘천시	축제극장 몸짓 운영	1	312,000	4	4	1	3	1	1	1	1	3	2	1	3	3
815	강원 춘천시	의암류인석기념관 운영	3	528,000	4	4	4	3	7	1	1	1	3	2	1	3	2
816	강원 춘천시	김유정문학촌 운영	14	708,500	8	4	4	3	7	1	1	4	5	5	4	4	4

순번	시군구	지출명 (사업명)	문화예술시설 분류 1.공연장 2. 영화상영관 3. 박물관 4. 미술관 5. 화랑 6. 조각공원 7. 도서관 8. 문화의 집 9. 문화체육센터 10. 지방문화원 11. 국악원 12. 전수회관 13. 종합시설 14. 기타(시설명)	2025년예산 (단위:천원/1년간)	민간이전 분류 (지방자치단체 세출예산 집행기준에 의거) 1. 민간경상사업보조(307-02) 2. 민간단체 법정운영비보조(307-03) 3. 민간행사사업보조(307-04) 4. 민간위탁금(307-05) 5. 사회복지시설 법정운영비보조(307-10) 6. 사회복지사업보조(307-11) 7. 민간인위탁교육비(307-12) 8. 공기관등에대한경상적위탁사업비(308-13) 9. 공사공단 경상전출금(309-01) 10. 기타	민간이전지출 근거 (지방보조금 관리기준 참고) 1. 법률에 규정 2. 국고보조 재원(국가지정) 3. 용도 지정 기부금 4. 조례에 직접규정 5. 지자체가 권장하는 사업을 하는 공공기관 6. 시,도 정책 및 재정사정 7. 기타 8. 해당없음	입찰방식: 계약체결방법 (경쟁형태) 1. 일반경쟁 2. 제한경쟁 3. 지명경쟁 4. 수의계약 5. 법정위탁 6. 기타 ( ) 7. 해당없음	입찰방식: 계약기간 1. 1년 2. 2년 3. 3년 4. 4년 5. 5년 6. 기타 ( )년 7. 단기계약 (1년미만) 8. 해당없음	입찰방식: 낙찰자선정방법 1. 적격심사 2. 협상에의한계약 3. 최저가낙찰제 4. 규격가격분리 5. 2단계 경쟁입찰 6. 기타( ) 7. 해당없음	운영예산 산정: 운영비산정 1. 내부산정 (지자체 자체적으로 산정) 2. 외부산정 (외부전문기관위탁 산정) 3. 내·외부 모두 산정 4. 산정 無 5. 해당없음	운영예산 산정: 정산방법 1. 내부정산 (지자체 내부적으로 정산) 2. 외부정산 (외부전문기관위탁 정산) 3. 내·외부 모두 산정 4. 정산 無 5. 해당없음	성과평가: 성과평가 실시여부 1. 실시 2. 미실시 3. 향후 추진 4. 해당없음	성과평가: 성과평가 주기 1. 매년 2. 격년 3. 기간만료전 4. 기타 () 5. 해당없음	성과평가: 성과평가 실시 방법 1. 자체 실시 2. 평가단 구성 후 실시 (전문위원 섭외) 3. 전문 평가기관 의뢰 4. 기타 () 5. 해당없음	성과평가: 평가기준 적용방법 1. 관련 조례 적용 2. 전문 평가기관 의뢰 3. 기타 () 4. 해당없음	평가결과 적용: 실제 인센티브 및 페널티 적용 유무 1. 매년 적용 2. 적용 안함 3. 기타 ( ) 4. 해당없음	평가결과 적용: 인센티브 및 페널티 적용근거 1. 조례 2. 계약서 3.기타 ( ) 4. 해당없음
817	강원 춘천시	춘천인형극장 관리운영	14	714,000	4	4	1	3	1	1	1	1	3	2	3	4	3
818	강원 원주시	남산골문화센터	14	814,245	8	4	7	8	7	1	1	4	5	5	4	4	4
819	강원 원주시	치악예술관	14	158,732	8	4	7	8	7	1	1	4	5	5	4	4	4
820	강원 원주시	원주생활문화센터	14	80,710	8	4	7	8	7	1	1	4	5	5	4	4	4
821	강원 원주시	서부권생활문화센터	14	340,431	8	4	7	8	7	1	1	4	5	5	4	4	4
822	강원 원주시	댄싱공연장	14	254,733	8	4	7	8	7	1	1	4	5	5	4	4	4
823	강원 원주시	태장동공연장	14	91,639	8	4	7	8	7	1	1	4	5	5	4	4	4
824	강원 원주시	아르코공연예술연습공간	14	80,899	8	4	7	8	7	1	1	4	5	5	4	4	4
825	강원 원주시	판부생활문화센터 위탁 운영	9	57,200	4	4	7	8	7	2	1	1	1	1	1	4	4
826	강원 원주시	태장생활문화센터 위탁 운영	9	89,600	4	4	7	8	7	2	1	4	1	5	1	4	4
827	강원 원주시	그림책센터 운영	14	635,387	4	4	1	3	1	2	1	1	1	3	2	1	1
828	강원 원주시	원주문화원 운영비 지원	10	510,968	4	1	7	8	7	1	1	1	1	1	1	4	4
829	강원 원주시	원주옻문화센터 위탁운영	14	264,420	4	4	7	8	7	2	1	1	1	2	1	4	4
830	강원 원주시	원주옻칠기공예관 위탁운영	14	88,309	4	4	7	8	7	2	1	1	1	2	1	4	4
831	강원 강릉시	강릉문화원 사업활동지원 외 7건	10	764,166	4	1	7	8	7	1	1	1	1	1	1	1	1
832	강원 동해시	동해문화원 사업활동 지원	10	176,960	1	4	7	8	7	5	5	4	5	5	4	4	4
833	강원 동해시	동해문화원 사업활동 지원	10	237,057	4	4	7	8	7	5	5	4	5	5	4	4	4
834	강원 태백시	제21회 낙동강발원제	10	12,943	3	1, 4	7	8	7	5	1	1	1	3	2	1	3
835	강원 태백시	태백문화원 사업활동 지원	10	62,682	1	1, 4	7	8	7	5	1	1	1	3	2	1	3
836	강원 태백시	태백문화원 사랑방 운영 지원	10	22,200	1	1, 4	7	8	7	5	1	1	1	3	2	1	3
837	강원 태백시	제30회 강원민속예술축제 출전	10	30,358	3	1, 4	7	8	7	5	1	1	1	3	2	1	3
838	강원 태백시	태백문화원 운영비 지원	10	181,876	4	1, 4	7	8	7	5	1	1	1	3	2	1	3
839	강원 태백시	태백산 천제	10	69,394	3	1, 4	7	8	7	5	1	1	1	3	2	1	3
840	강원 태백시	태백문화의 집	7	77,730	4	4	1	2	2	1	1	1	3	1	1	1	1
841	강원 속초시	정월대보름 사자놀이 지신밟기	12	11,825	3	4	4	1	1	1	1	1	1	1	1	1	1
842	강원 속초시	정월대보름 한마당	12	50,745	3	4	1	1	1	1	1	1	1	1	1	1	1
843	강원 속초시	도자기체험교실 지원	5	10,800	1	4	4	1	1	1	1	1	1	1	1	1	1
844	강원 속초시	속초문화원 운영비	10	27,097	2	4	4	1	1	1	1	1	1	1	1	1	1
845	강원 속초시	속초문화원 인건비	10	210,335	4	4	4	1	1	1	1	1	1	1	1	1	1
846	강원 속초시	지방문화원 지원 육성 사업	10	16,541	1	4	4	1	1	1	1	1	1	1	1	1	1
847	강원 속초시	향토역사 발굴사업	10	302,280	1	4	4	1	1	1	1	1	1	1	1	1	1
848	강원 속초시	도문농요 보존 전승	10	33,000	1	4	4	1	1	1	1	1	1	1	1	1	1
849	강원 속초시	사자물이 보존 전승	12	29,290	1	4	4	1	1	1	1	1	1	1	1	1	1
850	강원 속초시	사자놀이보존회 의상 및 소품 구입	12	19,931	1	4	4	1	1	1	1	1	1	1	1	1	1
851	강원 속초시	도문농요전수관 운영 위탁	10	53,040	4	4	1	5	1	1	1	1	3	1	1	3	1
852	강원 속초시	사자놀이전수관 운영 위탁	12	8,902	4	4	1	3	1	1	1	1	3	1	1	3	1
853	강원 속초시	강원연극제 참가 공연비 지원	14	47,495	1	4	7	8	7	1	1	1	1	1	1	1	1
854	강원 속초시	갯배예술제	14	19,550	3	[illegible]	7	8	7	1	1	1	1	1	1	1	1
855	강원 속초시	민족예술제	14	11,342	3	[illegible]	7	8	7	1	1	1	1	1	1	1	1
856	강원 속초시	송년예술제	14	15,750	3	[illegible]	7	8	7	1	1	1	1	1	1	1	1
857	강원 속초시	예술축전	14	15,450	3	[illegible]	7	8	7	1	1	1	1	1	1	1	1

순번	시군구	지출명 (사업명)	문화예술시설 분류 1.공연장 2. 영화상영관 3. 박물관 4. 미술관 5. 화랑 6. 조각공원 7. 도서관 8. 문화의 집 9. 문화체육센터 10. 지방문화원 11. 국악원 12. 전수회관 13. 종합시설 14. 기타(시설명)	2025년예산 (단위:천원/1년간)	민간이전 분류 (지방자치단체 세출예산 집행기준에 의거) 1. 민간경상사업보조(307-02) 2. 민간단체 법정운영비보조(307-03) 3. 민간행사사업보조(307-04) 4. 민간위탁금(307-05) 5. 사회복지시설 법정운영비보조(307-10) 6. 사회복지사업보조(307-11) 7. 민간인위탁교육비(307-12) 8. 공기관등에대한경상적위탁사업비(308-13) 9. 공사공단 경상전출금(309-01) 10. 기타	민간이전지출 근거 (지방보조금 관리기준 참고) 1. 법률에 규정 2. 국고보조 재원(국가지정) 3. 용도 지정 기부금 4. 조례에 직접규정 5. 지자체가 권장하는 사업을 하는 공공기관 6. 시 도 정책 및 재정사정 7. 기타 8. 해당없음	입찰방식 계약체결방법 (경쟁형태) 1. 일반경쟁 2. 제한경쟁 3. 지명경쟁 4. 수의계약 5. 법정위탁 6. 기타 ( ) 7. 해당없음	입찰방식 계약기간 1. 1년 2. 2년 3. 3년 4. 4년 5. 5년 6. 기타 ( )년 7. 단기계약 (1년미만) 8. 해당없음	입찰방식 낙찰자선정방법 1. 적격심사 2. 협상에의한계약 3. 최저가낙찰제 4. 규격가격분리 5. 2단계 경쟁입찰 6. 기타( ) 7. 해당없음	운영예산 산정 운영비산정 1. 내부산정 (지자체 자체적으로 산정) 2. 외부산정 (외부전문기관위탁 산정) 3. 내·외부 모두 산정 4. 산정 無 5. 해당없음	운영예산 산정 정산방법 1. 내부정산 (지자체 내부적으로 정산) 2. 외부정산 (외부전문기관위탁 정산) 3. 내·외부 모두 산정 4. 정산 無 5. 해당없음	성과평가 성과평가 실시여부 1. 실시 2. 미실시 3. 향후 추진 4. 해당없음	성과평가 성과평가 주기 1. 매년 2. 격년 3. 기간만료전 4. 기타 () 5. 해당없음	성과평가 성과평가 실시 방법 1. 자체 실시 2. 평가단 구성 후 실시 (전문위원 섭외) 3. 전문 평가기관 의뢰 4. 기타 () 5. 해당없음	성과평가 평가기준 적용방법 1. 관련 조례 적용 2. 전문 평가기관 의뢰 3. 기타 () 4. 해당없음	평가결과 적용 실제 인센티브 및 페널티 적용 유무 1. 매년 적용 2. 적용 안함 3. 기타 ( ) 4. 해당없음	평가결과 적용 인센티브 및 페널티 적용근거 1. 조례 2. 계약서 3.기타 ( ) 4. 해당없음
858	강원 속초시	속초종합예술제	14	63,220	3	4	7	8	7	1	1	1	1	1	1	1	1
859	강원 속초시	(사)강원민예총 인건비	14	48,446	2	4	7	8	7	1	1	1	1	1	1	1	1
860	강원 속초시	(사)강원민예총 운영비	14	4,757	2	4	7	8	7	1	1	1	1	1	1	1	1
861	강원 속초시	(사)한국예총 인건비	14	85,794	2	4	7	8	7	1	1	1	1	1	1	1	1
862	강원 속초시	(사)한국예총 운영비	14	4,430	2	4	7	8	7	1	1	1	1	1	1	1	1
863	강원 속초시	남북 실향민 문화육성사업	14	591,600	8	2	7	8	7	1	1	1	1	1	1	1	1
864	강원 속초시	아트플랫폼 갯배 운영	14	49,399	4	4	1	5	7	1	1	1	3	1	1	1	1
865	강원 속초시	찾아가는 문화활동 지원	14	29,600	8	4	7	8	7	1	1	1	1	1	1	1	1
866	강원 속초시	설악문화제	14	847,500	8	4	7	8	7	1	1	1	1	1	1	1	1
867	강원 속초시	문화 버스킹	14	34,500	8	4	7	8	7	1	1	1	1	1	1	1	1
868	강원 속초시	생활예술지원	14	44,800	8	4	7	8	7	1	1	1	1	1	1	1	1
869	강원 속초시	문화예술단체 지원사업	14	89,600	8	4	7	8	7	1	1	1	1	1	1	1	1
870	강원 속초시	통합문화이용권	14	804,668	1	1	7	8	7	1	1	4	5	4	4	4	4
871	강원 속초시	도 우수축제 육성 지원사업	14	42,400	8	4	7	8	7	1	1	1	1	1	1	1	1
872	강원 속초시	대한민국 문화도시 앵커사업 시범지원	14	440,000	8	2	7	8	7	1	1	1	1	1	1	1	1
873	강원 속초시	문화도시 예비사업 추진	14	452,000	8	4	7	8	7	1	1	1	1	1	1	1	1
874	강원 속초시	로컬브랜딩 지원사업	14	303,000	8	4	7	8	7	1	1	1	1	1	1	1	1
875	강원 삼척시	삼척 문화원 활성화 지원	10	420,672	1	1	7	8	7	1	1	1	1	1	1	4	1
876	강원 홍천군	홍천문화예술회관 위탁금	1	377,340	8	4	4	5	6	1	2	1	1	3	2	1	1
877	강원 홍천군	홍천시네마 위탁금	2	546,210	8	4	1	3	2	1	2	1	1	3	2	1	1
878	강원 홍천군	역사문화탐방	10	4,832	1	4	7	8	7	1	1	1	1	3	2	1	1
879	강원 홍천군	향토문화탐방	10	4,940	1	4	7	8	7	1	1	1	1	3	2	1	1
880	강원 홍천군	향토자료출판	10	12,320	1	4	7	8	7	1	1	1	1	3	2	1	1
881	강원 홍천군	강원도 사물놀이 경연대회	10	3,512	1	4	7	8	7	1	1	1	1	3	2	1	1
882	강원 홍천군	전통 무형문화 보전사업	10	4,160	1	4	7	8	7	1	1	1	1	3	2	1	1
883	강원 홍천군	역사문화 유적지 발굴 연구	10	7,800	1	4	7	8	7	1	1	1	1	3	2	1	1
884	강원 홍천군	홍천지역 지명유래와 스토리텔링 발굴	10	8,100	1	4	7	8	7	1	1	1	1	3	2	1	1
885	강원 홍천군	홍천민속예술단	10	12,202	1	4	7	8	7	1	1	1	1	3	2	1	1
886	강원 홍천군	홍천역사문화해설센터 운영	10	9,040	1	4	7	8	7	1	1	1	1	3	2	1	1
887	강원 홍천군	홍천의 금석학 이야기	10	9,040	1	4	7	8	7	1	1	1	1	3	2	1	1
888	강원 홍천군	문화대학 프로그램 운영	10	110,683	1	4	7	8	7	1	1	1	1	3	2	1	1
889	강원 홍천군	지방문화원 사랑방 운영	10	22,000	1	4	7	8	7	1	1	1	1	3	2	1	1
890	강원 홍천군	문화원 인건비	10	141,391	4	4	7	8	7	1	1	1	1	3	2	1	1
891	강원 홍천군	문화원 운영비	10	26,967	2	4	7	8	7	1	1	1	1	3	2	1	1
892	강원 홍천군	정월대보름맞이 행사	10	21,420	1	4	7	8	7	1	1	1	1	3	2	1	1
893	강원 홍천군	단오 한마당 축제	10	24,150	1	4	7	8	7	1	1	1	1	3	2	1	1
894	강원 홍천군	홍천기미만세운동 기념행사	10	8,880	1	4	7	8	7	1	1	1	1	3	2	1	1
895	강원 홍천군	한서 남궁억선생 추념 행사	10	3,224	1	4	7	8	7	1	1	1	1	3	2	1	1
896	강원 홍천군	동학혁명 추념 행사	10	3,009	1	4	7	8	7	1	1	1	1	3	2	1	1
897	강원 홍천군	강원민속경연예술축제 참가	10	52,202	1	4	7	8	7	1	1	1	1	3	2	1	1
898	강원 횡성군	횡성문화원 경상운영	10	306	2	4	5	8	7	1	1	1	3	1	1	4	2

순번	시군구	지출명 (사업명)	문화예술시설 분류 1.공연장 2. 영화상영관 3. 박물관 4. 미술관 5. 화랑 6. 조각공원 7. 도서관 8. 문화의 집 9. 문화체육센터 10. 지방문화원 11. 국악원 12. 전수회관 13. 종합시설 14. 기타(시설명)	2025년예산 (단위:천원/1년간)	민간이전 분류 (지방자치단체 세출예산 집행기준에 의거) 1. 민간경상사업보조(307-02) 2. 민간단체 법정운영비보조(307-03) 3. 민간행사사업보조(307-04) 4. 민간위탁금(307-05) 5. 사회복지시설 법정운영비보조(307-10) 6. 사회복지사업보조(307-11) 7. 민간인위탁교육비(307-12) 8. 공기관등에대한경상적위탁사업비(308-13) 9. 공사공단 경상전출금(309-01) 10. 기타	민간이전지출 근거 (지방보조금 관리기준 참고) 1. 법률에 규정 2. 국고보조 재원(국가지정) 3. 용도 지정 기부금 4. 조례에 직접규정 5. 지자체가 권장하는 사업을 하는 공공기관 6. 시,도 정책 및 재정사정 7. 기타 8. 해당없음	입찰방식 계약체결방법 (경쟁형태) 1. 일반경쟁 2. 제한경쟁 3. 지명경쟁 4. 수의계약 5. 법정위탁 6. 기타 ( ) 7. 해당없음	입찰방식 계약기간 1. 1년 2. 2년 3. 3년 4. 4년 5. 5년 6. 기타 ( )년 7. 단기계약 (1년미만) 8. 해당없음	입찰방식 낙찰자선정방법 1. 적격심사 2. 협상에의한계약 3. 최저가낙찰제 4. 규격가격분리 5. 2단계 경쟁입찰 6. 기타( ) 7. 해당없음	운영예산 산정 운영비산정 1. 내부산정 (지자체 자체적으로 산정) 2. 외부산정 (외부전문기관위탁 산정) 3. 내·외부 모두 산정 4. 산정 無 5. 해당없음	운영예산 산정 정산방법 1. 내부정산 (지자체 내부적으로 정산) 2. 외부정산 (외부전문기관위탁 정산) 3. 내·외부 모두 산정 4. 정산 無 5. 해당없음	성과평가 성과평가 실시여부 1. 실시 2. 미실시 3. 향후 추진 4. 해당없음	성과평가 성과평가 주기 1. 매년 2. 격년 3. 기간만료전 4. 기타 () 5. 해당없음	성과평가 성과평가 실시 방법 1. 자체 실시 2. 평가단 구성 후 실시 (전문위원 섭외) 3. 전문 평가기관 의뢰 4. 기타 () 5. 해당없음	성과평가 평가기준 적용방법 1. 관련 조례 적용 2. 전문 평가기관 의뢰 3. 기타 () 4. 해당없음	평가결과 적용 실제 인센티브 및 페널티 적용 유무 1. 매년 적용 2. 적용 안함 3. 기타 ( ) 4. 해당없음	평가결과 적용 인센티브 및 페널티 적용근거 1. 조례 2. 계약서 3.기타 ( ) 4. 해당없음
899	강원 횡성군	작은영화관 위탁운영	2	392	4	4	5	5	7	1	1	1	3	1	1	4	2
900	강원 횡성군	회다지소리문화체험관 위탁운영	12	292	4	4	5	6	7	1	1	1	1	1	1	4	2
901	강원 평창군	2024년 HAPPY700 평창시네마 민간위탁금	2	166,064	4	4	1	3	1	1	1	2	5	5	4	4	4
902	강원 정선군	고한복합문화센터 운영	9	424,000	4	6	1	3	1	1	1	4	5	5	4	4	4
903	강원 정선군	정선 작은영화관 운영	2	288,900	4	4	1	3	1	1	1	1	1	1	1	4	4
904	강원 철원군	지방문화원 사업 및 운영 지원	10	641,003	1	4	7	8	7	1	1	1	1	1	1	1	1
905	강원 철원군	상노민속전수관 민간위탁	12	34,375	4	7	7	8	7	1	1	1	3	1	4	4	4
906	강원 화천군	화천영화관운영	2	319,852	4	4	6	3	6	2	3	4	5	5	4	4	4
907	강원 인제군	공립 박물관 미술관 운영 활성화	3,4	20,600	1	1	7	8	7	1	1	2	5	5	4	4	4
908	강원 인제군	지방문화원 활동지원	10	340,992	1	1	7	8	7	1	1	2	5	5	4	4	4
909	강원 인제군	지방문화원 활동지원(운영비,인건비)	10	417,721	4	1	7	8	7	1	1	2	5	5	4	4	4
910	강원 인제군	지방문화원 사랑방 지원	10	23,000	1	4	7	8	7	1	1	2	5	5	4	4	4
911	강원 인제군	지방문화원 활성화	10	53,500	1	4	7	8	7	1	1	2	5	5	4	4	4
912	강원 인제군	인제 내설악 미술관 운영	4	169,500	4	5	4	3	7	1	1	1	3	3	2	4	4
913	강원 인제군	북카페활성화	7	40,680	1	8	7	8	7	5	5	4	5	5	4	4	4
914	강원 인제군	작은도서관 운영비지원사업	7	26,880	2	8	7	8	7	5	5	4	5	5	4	4	4
915	강원 고성군	박물관 미술관 운영활성화 지원사업	4	12,669	1	1	7	7	7	1	1	1	1	1	3	4	4
916	강원 고성군	문화원 지원사업	10	350,314	1	4	7	8	7	1	1	1	1	1	1	1	4
917	강원 고성군	지방문화원 사랑방사업	10	21,600	1	6	7	8	7	1	1	1	1	1	1	1	4
918	강원 고성군	문화원 운영비	10	329,071	4	4	7	8	7	1	1	1	1	1	1	1	4
919	강원 양양군	작은영화관 운영	2	74,200	8	4	4	3	7	1	1	1	1	1	1	1	1
920	강원 양양군	작은도서관 도서구입 지원	7	5,350	1	4	7	8	7	1	1	1	1	1	1	1	1
921	강원 양양군	지방문화원 사업활동 지원	10	230,000	1	4	7	8	7	1	1	1	1	1	1	1	1
922	강원 양양군	문화학교 사랑방 사업 지원	10	22,000	1	4	7	8	7	1	1	1	1	1	1	1	1
923	강원 양양군	역사문화조사발굴 및 DB 구축 사업	10	81,600	1	4	7	8	7	1	1	1	1	1	1	1	1
924	강원 양양군	지방문화원 사업활동 지원	10	204,003	4	4	7	8	7	1	1	1	1	1	1	1	1
925	강원 양양군	국악수련원 위탁운영	11	20,600	4	4	6	5	6	1	1	4	5	5	4	4	4
926	강원 양양군	양양향교 전통문화전승지원사업	14	36,180	1	4	7	8	7	1	1	1	1	1	4	4	4
927	강원 양양군	동명서원 전통문화 전승지원사업	14	4,440	1	4	7	8	7	1	1	1	1	1	4	4	4
928	충북 청주시	박물관 미술관 활성화 지원사업	3	10,170	1	4	7	8	7	1	1	4	4	5	4	4	4
929	충북 청주시	박물관 미술관 활성화 지원사업	4	9,180	1	4	7	8	7	1	1	4	4	5	4	4	4
930	충북 청주시	박물관 미술관 활성화 지원사업	4	9,360	1	4	7	8	7	1	1	4	4	5	4	4	4
931	충북 청주시	박물관 미술관 활성화 지원사업	4	9,900	1	4	7	8	7	1	1	4	4	5	4	4	4
932	충북 청주시	청주문화의집 운영	8	130,991	4	4	6	3	1	1	1	1	3	1	1	4	4
933	충북 청주시	직지문화의집 운영	8	203,854	4	4	6	3	1	1	1	1	3	1	1	4	4
934	충북 청주시	청주문화원 운영비 지원	10	188,891	4	4	7	8	7	1	1	4	4	5	4	4	4
935	충북 청주시	청주문화총서 발간	10	17,982	1	4	7	8	7	1	1	4	4	5	4	4	4
936	충북 청주시	청주문화동아리 육성사업	10	65,920	1	4	7	8	7	1	1	4	4	5	4	4	4
937	충북 청주시	지방문화학교 지원	10	10,208	1	4	7	8	7	1	1	4	4	5	4	4	4
938	충북 청주시	청주역사바로알기 '내사랑 청주'	10	16,594	1	4	7	8	7	1	1	4	4	5	4	4	4
939	충북 충주시	지방문화원 운영지원	10	396,630	1	4	5	8	7	1	1	4	5	5	4	4	4

순번	시군구	지출명 (사업명)	문화예술시설 분류 1.공연장 2. 영화상영관 3. 박물관 4. 미술관 5. 화랑 6. 조각공원 7. 도서관 8. 문화의 집 9. 문화체육센터 10. 지방문화원 11. 국악원 12. 전수회관 13. 종합시설 14. 기타(시설명)	2025년예산 (단위:천원/1년간)	민간이전 분류 (지방자치단체 세출예산 집행기준에 의거) 1. 민간경상사업보조(307-02) 2. 민간단체 법정운영비보조(307-03) 3. 민간행사사업보조(307-04) 4. 민간위탁금(307-05) 5. 사회복지시설 법정운영비보조(307-10) 6. 사회복지사업보조(307-11) 7. 민간인위탁교육비(307-12) 8. 공기관등에대한경상적위탁사업비(308-13) 9. 공사공단 경상전출금(309-01) 10. 기타	민간이전지출 근거 (지방보조금 관리기준 참고) 1. 법률에 규정 2. 국고보조 재원(국가지정) 3. 용도 지정 기부금 4. 조례에 직접규정 5. 지자체가 권장하는 사업을 하는 공공기관 6. 시,도 정책 및 재정사정 7. 기타 8. 해당없음	입찰방식			운영예산 산정		성과평가				평가결과 적용	
							계약체결방법 (경쟁형태) 1. 일반경쟁 2. 제한경쟁 3. 지명경쟁 4. 수의계약 5. 법정위탁 6. 기타 ( ) 7. 해당없음	계약기간 1. 1년 2. 2년 3. 3년 4. 4년 5. 5년 6. 기타 ( )년 7. 단기계약 (1년미만) 8. 해당없음	낙찰자선정방법 1. 적격심사 2. 협상에의한계약 3. 최저가낙찰제 4. 규격가격분리 5. 2단계 경쟁입찰 6. 기타( ) 7. 해당없음	운영비산정 1. 내부산정 (지자체 자체적으로 산정) 2. 외부산정 (외부전문기관위탁 산정) 3. 내·외부 모두 산정 4. 산정 無 5. 해당없음	정산방법 1. 내부정산 (지자체 내부적으로 정산) 2. 외부정산 (외부전문기관위탁 정산) 3. 내·외부 모두 산정 4. 정산 無 5. 해당없음	성과평가 실시여부 1. 실시 2. 미실시 3. 향후 추진 4. 해당없음	성과평가 주기 1. 매년 2. 격년 3. 기간만료전 4. 기타 () 5. 해당없음	성과평가 실시 방법 1. 자체 실시 2. 평가단 구성 후 실시 (전문위원 설외) 3. 전문 평가기관 의뢰 4. 기타 () 5. 해당없음	평가기준 적용방법 1. 관련 조례 적용 2. 전문 평가기관 의뢰 3. 기타 () 4. 해당없음	실제 인센티브 및 페널티 적용 유무 1. 매년 적용 2. 적용 안함 3. 기타 ( ) 4. 해당없음	인센티브 및 페널티 적용근거 1. 조례 2. 계약서 3.기타 ( ) 4. 해당없음
940	충북 충주시	지방문화원 운영지원	10	110,660	4	4	5	8	7	1	1	4	5	5	4	4	4
941	충북 제천시	제천문화원 지원사업	10	180,135	1	1	5	8	7	1	1	4	4	4	4	4	4
942	충북 제천시	시민회관 운영	10	79,458	4	4	5	3	7	1	1	1	1	1	1	4	4
943	충북 제천시	오티별신제 전수교육관 운영	13	14,980	3	4	4	3	2	1	1	1	3	1	1	3	1
944	충북 보은군	보은문화원 운영지원	10	141,224	4	1	7	8	7	1	1	3	1	5	4	4	4
945	충북 옥천군	관성회관 등 운영사무	10	276,712	4	1	2	5	2	2	1	1	3	1	1	4	4
946	충북 영동군	문화의집 운영	8	165,608	4	1, 4	1	3	1	1	1	1	3	1	3	4	1
947	충북 영동군	지방문화원 사업활동비	10	60,455	1	1, 4	7	8	7	1	1	1	1	1	1	4	4
948	충북 영동군	박물관 활성화 지원사업(농민문학관)	3	10,170	1	1	3	1	7	1	1	4	4	5	4	4	4
949	충북 증평군	증평문화원 운영지원	6	94,855	4	1, 4	7	7	7	1	1	1	1	1	1	4	4
950	충북 증평군	증평문화원 사업지원	6	19,380	1	1, 4	7	7	7	1	1	1	1	1	1	4	4
951	충북 증평군	증평문화원 사업지원	6	52,164	3	1, 4	7	7	7	1	1	1	1	1	1	4	4
952	충북 증평군	문화의 집 운영	7	70,982	4	4	7	7	7	1	1	4	5	5	4	4	4
953	충북 증평군	증평예총 운영지원	8	34,192	2	4	7	8	7	1	1	1	1	1	1	4	4
954	충북 증평군	증평예총 사업지원	8	36,865	1	4	7	8	7	1	1	1	1	1	1	4	4
955	충북 증평군	증평예총 사업지원	8	94,994	3	4	7	8	7	1	1	1	1	1	1	4	4
956	충북 증평군	장뜰두레농경문화사업	3	66,150	3	4	7	8	7	1	1	1	1	1	1	4	4
957	충북 증평군	전통음식체험 및 환경정비	3	6,042	3	4	7	8	7	1	1	1	1	1	1	4	4
958	충북 증평군	둔덕마을 초가이엉 잇기	3	6,095	3	4	7	8	7	1	1	1	1	1	1	4	4
959	충북 진천군	문화원 운영비	10	100,400	4	4	7	8	7	1	1	1	1	1	1	1	1
960	충북 진천군	문화원 사무국장 인건비	10	45,436	2	4	7	8	7	1	1	1	1	1	1	1	1
961	충북 진천군	문화의 집 운영비	8	116,503	4	4	7	8	7	1	1	1	1	1	1	1	1
962	충북 진천군	진천문화원추진 사업지원	10	49,020	1	4	7	8	7	1	1	1	1	1	1	1	1
963	충북 진천군	문화학교 운영	10	5,465	1	4	7	8	7	1	1	1	1	1	1	1	1
964	충북 진천군	문화축제	10	657,325	3	4	7	8	7	1	1	1	1	1	1	1	1
965	충북 진천군	문화축제 질서계도활동	10	8,720	3	4	7	8	7	1	1	1	1	1	1	1	1
966	충북 진천군	문화축제 향토음식부스 조성	10	24,610	3	4	7	8	7	1	1	1	1	1	1	1	1
967	충북 진천군	농다리축제	10	306,000	4	4	7	8	7	1	1	1	1	1	1	1	1
968	충북 진천군	농다리축제 질서계도활동	10	8,160	3	4	7	8	7	1	1	1	1	1	1	1	1
969	충북 진천군	(사립)작은도서관 독서문화프로그램 지원 사업	7	21,859	1	4	7	8	7	1	1	1	1	2	1	1	1
970	충북 괴산군	괴산문화원활동지원	10	104,760	1	1	7	8	7	5	5	4	5	5	4	4	4
971	충북 괴산군	괴산문화원인건비	10	106,978	4	1	7	8	7	5	5	4	5	5	4	4	4
972	충북 괴산군	괴산문화원운영비	10	28,840	2	1	7	8	7	5	5	4	5	5	4	4	4
973	충북 괴산군	괴산학특강및학술세미나개최	10	10,900	3	1	7	8	7	5	5	4	5	5	4	4	4
974	충북 괴산군	한운사문학작품 공모전 지원	10	15,300	3	1	7	8	7	5	5	4	5	5	4	4	4
975	충북 괴산군	괴산오학사최세진선생학술대회	10	9,200	3	1	7	8	7	5	5	4	5	5	4	4	4
976	충북 음성군	춘추석전대제 행사	14	7,549	1	1	7	8	7	5	5	1	1	1	1	1	1
977	충북 음성군	전통예절교육	14	9,545	1	1	7	8	7	5	5	1	1	1	1	1	1
978	충북 음성군	향교 기로연 재연	14	4,144	1	1	7	8	7	5	5	1	1	1	1	1	1
979	충북 음성군	도덕성회복 교육지원	14	5,886	1	1	7	8	7	5	5	1	1	1	1	1	1
980	충북 음성군	유림대학 운영지원	14	14,968	1	1	7	8	7	5	5	1	1	1	1	1	1

순번	시군구	지출명 (사업명)	문화예술시설 분류 1.공연장 2. 영화상영관 3. 박물관 4. 미술관 5. 화랑 6. 조각공원 7. 도서관 8. 문화의 집 9. 문화체육센터 10. 지방문화원 11. 국악원 12. 전수회관 13. 종합시설 14. 기타(시설명)	2025년예산 (단위:천원/1년간)	민간이전 분류 (지방자치단체 세출예산 집행기준에 의거) 1. 민간경상사업보조(307-02) 2. 민간단체 법정운영비보조(307-03) 3. 민간행사사업보조(307-04) 4. 민간위탁금(307-05) 5. 사회복지시설 법정운영비보조(307-10) 6. 사회복지사업보조(307-11) 7. 민간인위탁교육비(307-12) 8. 공기관등에대한경상적위탁사업비(308-13) 9. 공사공단 경상전출금(309-01) 10. 기타	민간이전지출 근거 (지방보조금 관리기준 참고) 1. 법률에 규정 2. 국고보조 재원(국가지정) 3. 용도 지정 기부금 4. 조례에 직접규정 5. 지자체가 권장하는 사업을 하는 공공기관 6. 시,도 정책 및 재정사정 7. 기타 8. 해당없음	입찰방식			운영예산 산정		성과평가				평가결과 적용	
							계약체결방법 (경쟁형태) 1. 일반경쟁 2. 제한경쟁 3. 지명경쟁 4. 수의계약 5. 법정위탁 6. 기타 ( ) 7. 해당없음	계약기간 1. 1년 2. 2년 3. 3년 4. 4년 5. 5년 6. 기타 ( )년 7. 단기계약 (1년미만) 8. 해당없음	낙찰자선정방법 1. 적격심사 2. 협상에의한계약 3. 최저가낙찰제 4. 규격가격분리 5. 2단계 경쟁입찰 6. 기타( ) 7. 해당없음	운영비산정 1. 내부산정 (지자체 자체적으로 산정) 2. 외부산정 (외부전문기관위탁 산정) 3. 내·외부 모두 산정 4. 산정 無 5. 해당없음	정산방법 1. 내부정산 (지자체 내부적으로 정산) 2. 외부정산 (외부전문기관위탁 정산) 3. 내·외부 모두 산정 4. 정산 無 5. 해당없음	성과평가 실시여부 1. 실시 2. 미실시 3. 향후 추진 4. 해당없음	성과평가 주기 1. 매년 2. 격년 3. 기간만료전 4. 기타 () 5. 해당없음	성과평가 실시 방법 1. 자체 실시 2. 평가단 구성 후 실시 (전문위원 섭외) 3. 전문 평가기관 의뢰 4. 기타 () 5. 해당없음	평가기준 적용방법 1. 관련 조례 적용 2. 전문 평가기관 의뢰 3. 기타 () 4. 해당없음	실제 인센티브 및 페널티 적용 유무 1. 매년 적용 2. 적용 안함 3. 기타 ( ) 4. 해당없음	인센티브 및 페널티 적용근거 1. 조례 2. 계약서 3.기타 ( ) 4. 해당없음
981	충북 음성군	음성군 문화예술 체험촌 민간위탁금	8	112,325	4	4	6	3	6	1	1	1	3	1	1	3	1
982	충북 음성군	품바재생예술체험촌 위탁 운영비	8	162,164	4	4	6	3	6	1	1	3	3	1	1	3	1
983	충북 음성군	품바재생예술체험촌 콘텐츠 사업비	8	44,400	4	4	6	3	6	1	1	3	3	1	1	3	1
984	충북 음성군	음성문화원 운영비 지원	10	71,620	2	1	7	8	7	5	5	1	1	1	1	1	1
985	충북 음성군	음성문화원 문화학교사업	10	5,050	1	1	7	8	7	5	5	1	1	1	1	1	1
986	충북 음성군	음성문화원 예술진흥사업	10	39,960	1	1	7	8	7	5	5	1	1	1	1	1	1
987	충북 음성군	세연음악회	3	7,770	1	7	7	8	7	2	1	1	1	1	1	1	1
988	충북 음성군	철문화 체험교실	3	5,650	1	7	7	8	7	2	1	1	1	1	1	1	1
989	충북 음성군	박물관 및 미술관 활성화지원사업	3	18,540	1	6	7	8	7	3	3	1	1	1	1	1	1
990	충북 음성군	향교유지관리비	14	7,350	1	1	7	8	7	1	1	1	1	1	1	1	1
991	충북 음성군	작은도서관 운영 지원	7	32,770	1	4	6	1	6	5	5	4	5	5	4	4	4
992	충북 음성군	작은도서관 도서구입비 지원	7	15,696	1	4	6	1	6	1	1	1	1	1	1	1	1
993	충청남도	충청남도 문화원연합회 활성화	10	89,078	1	1	7	8	7	5	5	4	5	5	4	4	4
994	충청남도	근현대 구술채록 사업 운영	10	24,960	1	1	7	8	7	5	5	4	5	5	4	4	4
995	충청남도	생활문화 활성화 사업	10	347,200	1	1	7	8	7	5	5	4	5	5	4	4	4
996	충청남도	범충청권 생활문화 축제 지원	10	56,000	1	1	1	1	2	1	3	4	4	5	4	4	4
997	충청남도	충청남도 문화원연합회 운영	10	159,600	1	1	7	8	7	5	5	4	5	5	4	4	4
998	충청남도	충청남도점자도서관 운영 지원	7	320,061	4	1	7	8	7	1	1	4	5	5	4	4	4
999	충청남도	충청남도점자도서관 독서문화 진흥사업	7	15,510	6	1	7	8	7	1	1	4	5	5	4	4	4
1000	충남 천안시	동남구, 서북구 문화원 운영	10	949,221	1	4	7	8	7	1	1	4	4	5	4	4	4
1001	충남 천안시	민자사업정부지급금(BTL)(천안예술의전당운영)(전환사업)	13	6,137,872	4	1	5	6	2	1	1	1	1	2	1	1	2
1002	충남 천안시	성환문화회관 위탁사업 운영비	1	802,300	8	4	4	3	7	5	1	2	5	5	4	4	4
1003	충남 천안시	신부문화회관 위탁사업 운영비	1	147,545	8	4	4	3	7	5	1	2	5	5	4	4	4
1004	충남 천안시	작은도서관 자료구입 및 프로그램 지원 사업	7	31,800	1	4	7	8	7	5	5	4	5	5	4	4	4
1005	충남 천안시	작은도서관 자료구입 및 프로그램 지원 사업	7	10,800	3	4	7	8	7	5	5	4	5	5	4	4	4
1006	충남 공주시	공주문예회관 운영	1	1,681,801	4	4	5	2	6	1	1	1	1	1	1	3	3
1007	충남 공주시	문화원 운영지원(인건비)	10	207,009	4	2	7	8	7	1	1	3	5	5	4	4	4
1008	충남 공주시	문화원 운영지원(운영비)	10	54,000	2	2	7	8	7	1	1	3	5	5	4	4	4
1009	충남 보령시	지방문화원 운영비(우리고장 역사문화알기)	10	22,200	1	4	7	8	7	5	5	4	5	5	4	4	4
1010	충남 보령시	지방문화원 운영비(보령의 마을지 발간)	10	26,000	1	4	7	8	7	5	5	4	5	5	4	4	4
1011	충남 보령시	지방문화원 운영비(향토자료 DB구축)	10	18,802	1	4	7	8	7	5	5	4	5	5	4	4	4
1012	충남 보령시	지방문화원 운영비(향토 서적 발간)	10	11,500	1	4	7	8	7	5	5	4	5	5	4	4	4
1013	충남 보령시	지방문화원 운영비(보령문화 33집 발간)	10	7,140	1	4	7	8	7	5	5	4	5	5	4	4	4
1014	충남 보령시	지방문화원 운영비(초등학생 서예대회)	10	5,550	1	4	7	8	7	5	5	4	5	5	4	4	4
1015	충남 보령시	지방문화원 운영비(보령문화원 인건비)	10	114,282	4	4	7	8	7	5	5	4	5	5	4	4	4
1016	충남 보령시	지방문화원 운영비(보령문화원 운영비)	10	37,867	2	4	7	8	7	5	5	4	5	5	4	4	4
1017	충남 보령시	지방문화원 운영비(해맞이 행사)	10	10,700	3	4	7	8	7	5	5	4	5	5	4	4	4
1018	충남 보령시	지방문화원 운영비(신년하례회)	10	10,900	3	4	7	8	7	5	5	4	5	5	4	4	4
1019	충남 보령시	지방문화원 활성화 및 향토문화 발굴육성	10	107,000	1	4	7	8	7	5	5	4	5	5	4	4	4
1020	충남 보령시	근현대 구술채록 사업	10	20,700	1	4	7	8	7	5	5	4	5	5	4	4	4
1021	충남 보령시	문화학교 운영	10	36,691	1	4	7	8	7	5	5	4	5	5	4	4	4

순번	시군구	지출명 (사업명)	문화예술시설 분류 1.공연장 2. 영화상영관 3. 박물관 4. 미술관 5. 화랑 6. 조각공원 7. 도서관 8. 문화의 집 9. 문화체육센터 10. 지방문화원 11. 국악원 12. 전수회관 13. 종합시설 14. 기타(시설명)	2025년예산 (단위:천원/1년간)	민간이전 분류 (지방자치단체 세출예산 집행기준에 의거) 1. 민간경상사업보조(307-02) 2. 민간단체 법정운영비보조(307-03) 3. 민간행사사업보조(307-04) 4. 민간위탁금(307-05) 5. 사회복지시설 법정운영비보조(307-10) 6. 사회복지사업보조(307-11) 7. 민간인위탁교육비(307-12) 8. 공기관등에대한경상적위탁사업비(308-13) 9. 공사공단 경상전출금(309-01) 10. 기타	민간이전지출 근거 (지방보조금 관리기준 참고) 1. 법률에 규정 2. 국고보조 재원(국가지정) 3. 용도 지정 기부금 4. 조례에 직접규정 5. 지자체가 권장하는 사업을 하는 공공기관 6. 시,도 정책 및 재정사정 7. 기타 8. 해당없음	입찰방식 계약체결방법 (경쟁형태) 1. 일반경쟁 2. 제한경쟁 3. 지명경쟁 4. 수의계약 5. 법정위탁 6. 기타 ( ) 7. 해당없음	입찰방식 계약기간 1. 1년 2. 2년 3. 3년 4. 4년 5. 5년 6. 기타 ( )년 7. 단기계약 (1년미만) 8. 해당없음	입찰방식 낙찰자선정방법 1. 적격심사 2. 협상에의한계약 3. 최저가낙찰제 4. 규격가격분리 5. 2단계 경쟁입찰 6. 기타( ) 7. 해당없음	운영예산 산정 운영비산정 1. 내부산정 (지자체 자체적으로 산정) 2. 외부산정 (외부전문기관위탁 산정) 3. 내·외부 모두 산정 4. 산정 無 5. 해당없음	운영예산 산정 정산방법 1. 내부정산 (지자체 내부적으로 정산) 2. 외부정산 (외부전문기관위탁 정산) 3. 내·외부 모두 산정 4. 정산 無 5. 해당없음	성과평가 성과평가 실시여부 1. 실시 2. 미실시 3. 향후 추진 4. 해당없음	성과평가 성과평가 주기 1. 매년 2. 격년 3. 기간만료전 4. 기타 ( ) 5. 해당없음	성과평가 성과평가 실시 방법 1. 자체 실시 2. 평가단 구성 후 실시 (전문위원 섭외) 3. 전문 평가기관 의뢰 4. 기타 ( ) 5. 해당없음	성과평가 평가기준 적용방법 1. 관련 조례 적용 2. 전문 평가기관 의뢰 3. 기타 ( ) 4. 해당없음	평가결과 적용 실제 인센티브 및 페널티 적용 유무 1. 매년 적용 2. 적용 안함 3. 기타 ( ) 4. 해당없음	평가결과 적용 인센티브 및 페널티 적용근거 1. 조례 2. 계약서 3.기타 ( ) 4. 해당없음
1022	충남 보령시	주민 체감형 생활문화비 지원사업	10	26,750	1	4	7	8	7	5	5	4	5	5	4	4	4
1023	충남 보령시	지역기반 통합프로그램 지원(국가직접지원)	10	11,300	1	4	7	8	7	5	5	4	5	5	4	4	4
1024	충남 보령시	작은도서관 자료구입 및 프로그램 운영	7	31,824	1	1,4	7	8	7	5	5	4	5	5	4	4	4
1025	충남 보령시	작은도서관 독서문화프로그램 운영지원	7	16,650	1	1,4	7	8	7	5	5	4	5	5	4	4	4
1026	충남 아산시	아산장애인국민체육센터 관리·운영	14	586,070	4	4	7	8	7	5	5	4	5	5	4	4	4
1027	충남 아산시	체육시설 운영(시설관리공단)	14	3,622,491	8	5	6	8	6	1	1	1	1	1	3	3	3
1028	충남 아산시	실내체육관 BTL사업	14	2,111,500	4	1	6	6	2	3	3	1	4	2	3	1	2
1029	충남 아산시	온양민속박물관 전통가옥 지붕보수	3	10,700	1	1,4	7	8	7	1	1	1	1	1	3	1	3
1030	충남 아산시	온양민속박물관 소장 유물 상시관리	3	11,300	1	1,4	7	8	7	1	1	1	1	1	3	1	3
1031	충남 아산시	공세리성지성당 박물관 유물관리	3	33,000	1	1,4	7	8	7	1	1	1	1	1	3	1	3
1032	충남 아산시	공세리성지성당 박물관 야간전시	3	22,600	1	1,4	7	8	7	1	1	1	1	1	3	1	3
1033	충남 아산시	당림미술관 체험프로그램 지원	4	11,400	1	1,4	7	8	7	1	1	1	1	1	3	1	3
1034	충남 아산시	온양민속박물관 운영 지원	3	73,500	2	1,4	7	8	7	1	1	1	1	1	3	1	3
1035	충남 아산시	2024 사립박물관 및 미술관 운영지원(온양민속박물관)	3	30,210	1	1,4,6	7	8	7	5	1	4	4	5	4	4	4
1036	충남 아산시	2024 사립박물관 및 미술관 운영지원(당림미술관)	4	32,490	1	1,4,6	7	8	7	5	1	4	4	5	4	4	4
1037	충남 아산시	온양문화원 향토문화연구	10	18,870	1	1,4	7	7	7	1	1	1	1	1	3	4	4
1038	충남 아산시	역사알리미-우리문화재 바로알기	10	36,720	1	1,4	7	7	7	1	1	1	1	1	3	4	4
1039	충남 아산시	문화원 인건비 및 경상운영비	10	296,839	3	1,4	7	7	7	1	1	1	1	1	3	4	4
1040	충남 아산시	신년인사회	10	22,600	3	1,4	7	7	7	1	1	1	1	1	3	4	4
1041	충남 아산시	4.4아산독립만세운동 추모제 및 재현행사	10	21,000	3	1,4	7	7	7	1	1	1	1	1	3	4	4
1042	충남 아산시	맹정승 청백리 기념행사	10	16,500	3	1,4	7	7	7	1	1	1	1	1	3	4	4
1043	충남 아산시	전국 유림 한시백일장대회	10	33,900	3	1,4	7	7	7	1	1	1	1	1	3	4	4
1044	충남 아산시	충남도지사배 민속대제전	10	10,700	3	1,4	7	7	7	1	1	1	1	1	3	4	4
1045	충남 아산시	어르신문화프로그램	10	6,540	3	1,4	7	7	7	1	1	1	1	1	3	4	4
1046	충남 아산시	꿈다락토요문화학교	10	5,250	3	1,4	7	7	7	1	1	1	1	1	3	4	4
1047	충남 아산시	온양문화원 문화발표회	10	15,150	3	1,4	7	7	7	1	1	1	1	1	3	4	4
1048	충남 아산시	아산시 근현대 구술채록사업	10	18,720	1	1,4	7	7	7	1	1	1	1	1	3	4	4
1049	충남 아산시	지방문화원 활성화 및 향토문화발굴 육성	10	110,000	1	1,4	7	7	7	1	1	1	1	1	3	4	4
1050	충남 아산시	아산시민 역사교실 사업	10	43,200	1	1,4	7	7	7	1	1	1	1	1	3	4	4
1051	충남 아산시	온양문화원 생활문화센터 문화강좌 운영비	10	26,250	1	1,4	7	7	7	1	1	1	1	1	3	4	4
1052	충남 아산시	온양문화원 생활문화 동아리 활동 지원	10	25,500	1	1,4	7	7	7	1	1	1	1	1	3	4	4
1053	충남 아산시	강의실 책상 구입	10	9,120	4	1,4	7	7	7	1	1	1	1	1	3	4	4
1054	충남 아산시	사립작은도서관 운영비 지원(8개관)	7	25,200	2	1	7	8	7	5	5	4	5	5	4	4	4
1055	충남 아산시	사립작은도서관 프로그램 운영비 지원(25개관)	7	22,275	1	1	7	8	7	5	5	4	5	5	4	4	4
1056	충남 아산시	도고아트홀	1	353,500	8	5	6	2	7	1	3	1	3	1	3	3	3
1057	충남 서산시	생활문화센터 운영	14	251,292	8	4	4	2	7	1	1	1	1	1	1	4	4
1058	충남 서산시	박첨지놀이전수관	12	117,165	4	4	4	3	7	1	1	1	1	1	1	4	4
1059	충남 서산시	Wake up 국제청소년센터 운영	14	1,140,563	4	4	1	5	3	2	2	2	5	5	4	4	4
1060	충남 서산시	영상미디어센터 지원	14	182,030	4	4	4	3	7	1	1	1	1	1	1	4	4
1061	충남 논산시	강경산 소금문학관 관리 운영	14	388,850	8	4	4	5	2	1	1	3	1	1	1	4	4
1062	충남 논산시	지방문화원 활성화 및 향토문화 발굴육성	10	113,000	1	6	7	8	7	1	1	3	1	1	1	4	4

순번	시군구	지출명 (사업명)	문화예술시설 분류 1.공연장 2. 영화상영관 3. 박물관 4. 미술관 5. 화랑 6. 조각공원 7. 도서관 8. 문화의 집 9. 문화체육센터 10. 지방문화원 11. 국악원 12. 전수회관 13. 종합시설 14. 기타(시설명)	2025년예산 (단위:천원/1년간)	민간이전 분류 (지방자치단체 세출예산 집행기준에 의거) 1. 민간경상사업보조(307-02) 2. 민간단체 법정운영비보조(307-03) 3. 민간행사사업보조(307-04) 4. 민간위탁금(307-05) 5. 사회복지시설 법정운영비보조(307-10) 6. 사회복지사업보조(307-11) 7. 민간인위탁교육비(307-12) 8. 공기관등에대한경상적위탁사업비(308-13) 9. 공사공단 경상전출금(309-01) 10. 기타	민간이전지출 근거 (지방보조금 관리기준 참고) 1. 법률에 규정 2. 국고보조 재원(국가지정) 3. 용도 지정 기부금 4. 조례에 직접규정 5. 지자체가 권장하는 사업을 하는 공공기관 6. 시,도 정책 및 재정사정 7. 기타 8. 해당없음	입찰방식			운영예산 산정		성과평가				평가결과 적용	
							계약체결방법 (경쟁형태) 1. 일반경쟁 2. 제한경쟁 3. 지명경쟁 4. 수의계약 5. 법정위탁 6. 기타 ( ) 7. 해당없음	계약기간 1. 1년 2. 2년 3. 3년 4. 4년 5. 5년 6. 기타 ( )년 7. 단기계약 (1년미만) 8. 해당없음	낙찰자선정방법 1. 적격심사 2. 협상에의한계약 3. 최저가낙찰제 4. 규격가격분리 5. 2단계 경쟁입찰 6. 기타( ) 7. 해당없음	운영비산정 1. 내부산정 (지자체 자체적으로 산정) 2. 외부산정 (외부전문기관위탁 산정) 3. 내·외부 모두 산정 4. 산정 無 5. 해당없음	정산방법 1. 내부정산 (지자체 내부적으로 정산) 2. 외부정산 (외부전문기관위탁 정산) 3. 내·외부 모두 산정 4. 정산 無 5. 해당없음	성과평가 실시여부 1. 실시 2. 미실시 3. 향후 추진 4. 해당없음	성과평가 주기 1. 매년 2. 격년 3. 기간만료전 4. 기타 () 5. 해당없음	성과평가 실시 방법 1. 자체 실시 2. 평가단 구성 후 실시 (전문위원 섭외) 3. 전문 평가기관 의뢰 4. 기타 () 5. 해당없음	평가기준 적용방법 1. 관련 조례 적용 2. 전문 평가기관 의뢰 3. 기타 () 4. 해당없음	실제 인센티브 및 페널티 적용 유무 1. 매년 적용 2. 적용 안함 3. 기타 ( ) 4. 해당없음	인센티브 및 페널티 적용근거 1. 조례 2. 계약서 3.기타 ( ) 4. 해당없음
1063	충남 논산시	지방문화원 운영 및 활동지원	10	216,160	1	5	7	8	7	1	1	3	1	1	1	4	4
1064	충남 논산시	지방문화원 운영 및 활동지원	10	400,200	4	5	7	8	7	1	1	3	1	1	1	4	4
1065	충남 계룡시	지방문화원 활성화 및 향토문화 발굴육성	10	104,000	1	1	7	8	7	1	1	1	1	1	1	1	1
1066	충남 계룡시	근현대 구술채록 사업	10	19,440	1	1	7	8	7	1	1	1	1	1	1	1	1
1067	충남 계룡시	문화원 기능보강사업	10	63,000	1	1	7	8	7	1	1	1	1	1	1	1	1
1068	충남 계룡시	문화원 지원	10	152,542	4	1	7	8	7	1	1	1	1	1	1	1	1
1069	충남 계룡시	충남도지사배 민속대제전	10	3,624	3	1	7	8	7	1	1	1	1	1	1	1	1
1070	충남 계룡시	계룡문화예술의전당 운영지원	1	1,163,079	4	1	1	6	3	1	1	1	1	1	3	3	3
1071	충남 당진시	문예의전당 위탁운영	1	1,719,070	4	4	7	8	7	1	1	1	1	1	1	4	4
1072	충남 당진시	근현대구술채록	10	18,720	1	5	6	8	7	5	1	1	1	1	1	1	1
1073	충남 당진시	지방문화원활성화 및 향토문화발굴육성	10	103,000	1	5	6	8	7	5	1	1	1	1	1	1	1
1074	충남 당진시	주민 체감형 생활문화비 지원	10	28,250	1	5	6	8	7	5	1	1	1	1	1	1	1
1075	충남 당진시	당진문화원 운영비 보조	10	193,639	4	5	5	8	7	5	1	1	1	1	1	1	1
1076	충남 당진시	당진생활문화센터 운영	10	147,970	4	5	1	5	7	5	1	1	1	1	1	1	1
1077	충남 당진시	순성미술관 운영지원	4	24,610	1	4	1	8	7	5	1	1	1	1	1	1	1
1078	충남 당진시	아미미술관 운영지원	4	32,205	1	4	1	8	7	5	1	1	1	1	1	1	1
1079	충남 당진시	한국도량형박물관 운영지원	3	31,350	1	4	1	8	7	5	1	1	1	1	1	1	1
1080	충남 당진시	사립미술관 및 박물관운영지원	3,4	10,260	5	4	1	8	7	5	1	1	1	1	1	1	1
1081	충남 당진시	면천두견주 전수교육관	12	57,438	4	4	4	5	7	2	1	4	5	5	4	4	4
1082	충남 금산군	금산문화의 집 운영	8	179,185	4	4	6	3	7	1	1	1	3	2	4	4	4
1083	충남 금산군	추부문화의 집 운영	8	206,515	4	4	6	3	7	1	1	1	3	2	4	4	4
1084	충남 금산군	지방문화원 운영지원	10	192,033	1	4	7	8	7	1	1	4	5	5	4	4	4
1085	충남 부여군	생활문화센터 운영 지원	10	90,400	4	5	1	3	1	1	1	2	3	1	1	4	2
1086	충남 부여군	지방문화원 지원	10	272,800	4	4	7	8	7	1	1	3	1	1	1	1	1
1087	충남 부여군	신동엽문학관 위탁관리비	14	285,000	4	4	1	4	1	1	1	2	3	1	1	4	2
1088	충남 서천군	미디어문화센터, 기벌포영화관, 기벌포생활문화센터 민간위탁	13	579,606	4	4	2	6	2	2	2	1	1	3	2	2	4
1089	충남 서천군	문화예술창작공간 민간위탁	14	204,027	4	4	2	6	2	2	1	1	1	3	2	2	4
1090	충남 서천군	장항농어촌공공도서관 민간위탁	7	410,761	4	[illegible]	2	3	2	2	1	3	1	3	2	2	4
1091	충남 서천군	아르코공연연습센터@서천 공기관위탁	14	135,200	8	[illegible]	7	6	7	1	1	3	5	5	4	2	4
1092	충남 서천군	미디어센터 운영 프로그램 강화사업	13	54,500	1	[illegible]	7	8	7	5	1	3	1	1	1	2	4
1093	충남 서천군	미디어문화센터 전문 정보화 교육장 운영	13	31,200	1	[illegible]	7	8	7	5	1	3	1	1	1	2	4
1094	충남 서천군	공공도서관 개관시간 연장	7	66,827	1	2	7	8	7	5	1	3	1	1	1	2	4
1095	충남 서천군	장애인 맞춤형 정보서비스 및 문화프로그램 운영 지원 사업	7	9,624	1	2	7	8	7	5	1	3	1	1	1	2	4
1096	충남 서천군	독서캠프 및 독서프로그램 운영 지원 사업	7	22,800	1	2	7	8	7	5	1	3	1	1	1	2	4
1097	충남 서천군	근현대 구술채록사업	10	20,340	1	4	7	8	7	5	1	3	1	1	1	2	4
1098	충남 서천군	지방문화원 활성화 및 향토문화 발굴육성	10	110,000	1	4	7	8	7	5	1	3	1	1	1	2	4
1099	충남 서천군	주민체감형 생활문화비	10	27,500	1	4	7	8	7	5	1	3	1	1	1	2	4
1100	충남 서천군	지역명사활용 콘텐츠개발지원	10	42,400	1	4	7	8	7	5	1	3	1	1	1	2	4
1101	충남 서천군	서천문화원 사무직원 인건비 및 운영비	10	197,950	4	4	7	8	7	5	1	3	1	1	1	2	4
1102	충남 서천군	서천학강좌	10	9,900	2	4	7	8	7	5	1	3	1	1	1	2	4
1103	충남 서천군	서천단오제	10	8,960	3	4	7	8	7	5	1	3	1	1	1	2	4

순번	시군구	지출명 (사업명)	문화예술시설 분류 1.공연장 2. 영화상영관 3. 박물관 4. 미술관 5. 화랑 6. 조각공원 7. 도서관 8. 문화의 집 9. 문화체육센터 10. 지방문화원 11. 국악원 12. 전수회관 13. 종합시설 14. 기타(시설명)	2025년예산 (단위:천원/1년간)	민간이전 분류 (지방자치단체 세출예산 집행기준에 의거) 1. 민간경상사업보조(307-02) 2. 민간단체 법정운영비보조(307-03) 3. 민간행사사업보조(307-04) 4. 민간위탁금(307-05) 5. 사회복지시설 법정운영비보조(307-10) 6. 사회복지사업보조(307-11) 7. 민간인위탁교육비(307-12) 8. 공기관등에대한경상적위탁사업비(308-13) 9. 공사공단 경상전출금(309-01) 10. 기타	민간이전지출 근거 (지방보조금 관리기준 참고) 1. 법률에 규정 2. 국고보조 재원(국가지정) 3. 용도 지정 기부금 4. 조례에 직접규정 5. 지자체가 권장하는 사업을 하는 공공기관 6. 시,도 정책 및 재정사정 7. 기타 8. 해당없음	입찰방식 계약체결방법 (경쟁형태) 1. 일반경쟁 2. 제한경쟁 3. 지명경쟁 4. 수의계약 5. 법정위탁 6. 기타 ( ) 7. 해당없음	입찰방식 계약기간 1. 1년 2. 2년 3. 3년 4. 4년 5. 5년 6. 기타 ( )년 7. 단기계약 (1년미만) 8. 해당없음	입찰방식 낙찰자선정방법 1. 적격심사 2. 협상에의한계약 3. 최저가낙찰제 4. 규격가격분리 5. 2단계 경쟁입찰 6. 기타( ) 7. 해당없음	운영예산 산정 운영비산정 1. 내부산정 (지자체 자체적으로 산정) 2. 외부산정 (외부전문기관위탁 산정) 3. 내·외부 모두 산정 4. 산정 無 5. 해당없음	운영예산 산정 정산방법 1. 내부정산 (지자체 내부적으로 정산) 2. 외부정산 (외부전문기관위탁 정산) 3. 내·외부 모두 산정 4. 정산 無 5. 해당없음	성과평가 성과평가 실시여부 1. 실시 2. 미실시 3. 향후 추진 4. 해당없음	성과평가 성과평가 주기 1. 매년 2. 격년 3. 기간만료전 4. 기타 () 5. 해당없음	성과평가 성과평가 실시 방법 1. 자체 실시 2. 평가단 구성 후 실시 (전문위원 섭외) 3. 전문 평가기관 의뢰 4. 기타 () 5. 해당없음	성과평가 평가기준 적용방법 1. 관련 조례 적용 2. 전문 평가기관 의뢰 3. 기타 () 4. 해당없음	평가결과 적용 실제 인센티브 및 페널티 적용 유무 1. 매년 적용 2. 적용 안함 3. 기타 ( ) 4. 해당없음	평가결과 적용 인센티브 및 페널티 적용근거 1. 조례 2. 계약서 3.기타 ( ) 4. 해당없음
1104	충남 서천군	기벌포문화제 지원	10	19,440	3	4	7	8	7	5	1	3	1	1	1	2	4
1105	충남 청양군	지방문화원 운영 사업	10	187,450	4	1	7	8	7	3	3	1	1	1	1	4	4
1106	충남 홍성군	홍성군립국악관현악단 기능보강	14	30,300	4	4	5	8	7	5	1	4	5	5	4	4	4
1107	충남 홍성군	충남 무형문화재 작품전시회	14	31,200	3	4	7	8	7	5	1	4	5	5	4	4	4
1108	충남 홍성군	문화원 관리운영	14	358,099	4	1	7	8	7	5	1	4	5	5	4	4	4
1109	충남 홍성군	문화학교 운영지원	14	57,000	1	4	7	8	7	5	1	4	5	5	4	4	4
1110	충남 홍성군	지방문화원 활성화 및 향토문화 발굴 육성	14	157,500	1	4	7	8	7	5	1	4	5	5	4	4	4
1111	충남 홍성군	문화예술 활동지원	14	45,450	3	4	7	8	7	5	1	4	5	5	4	4	4
1112	충남 홍성군	홍성예총 운영 지원	14	78,750	2	4	7	8	7	5	1	4	5	5	4	4	4
1113	충남 홍성군	홍주문화두레	14	53,000	3	4	7	8	7	5	1	4	5	5	4	4	4
1114	충남 홍성군	찾아가는 거리예술제	14	28,620	3	4	7	8	7	5	1	4	5	5	4	4	4
1115	충남 예산군	작은영화관 운영	2	34,500	4	4	1	5	6	1	1	3	3	1	1	4	4
1116	전라북도	한국소리문화의전당 민간위탁 운영	1	4,795,500	4	4	6	3	6	2	3	1	1	3	1	1	3
1117	전라북도	전북 문학관 민간위탁 운영	14	248,400	4	4	1	3	1	1	1	1	1	3	2	1	2
1118	전북 전주시	생활문화센터 민간위탁	14	144,720	4	4	1	3	6	1	1	1	3	3	2	3	2
1119	전북 전주시	생활문화센터 민간위탁	14	142,040	4	4	1	3	6	1	1	1	3	3	2	3	2
1120	전북 전주시	생활문화센터 민간위탁	14	151,420	4	4	1	3	6	1	1	1	3	3	2	3	2
1121	전북 전주시	생활문화센터 민간위탁	14	139,360	4	4	1	3	6	1	1	1	3	3	2	3	2
1122	전북 전주시	생활문화센터 민간위탁	14	135,340	4	4	1	3	6	1	1	1	3	3	2	3	2
1123	전북 전주시	놀라운예술터·뜻밖의미술관 운영	4	119,880	4	4	1	3	6	1	1	1	3	3	2	3	2
1124	전북 군산시	군산시민예술촌 운영	1	312,000	4	4	1	2	1	1	1	1	1	3	1	1	1
1125	전북 정읍시	정읍시 생활문화센터 활성화사업 위탁관리비	14	195,500	4	4	4	3	1	2	1	1	3	3	2	4	4
1126	전북 정읍시	정읍문화원 지원	10	191,992	1	1	7	8	7	1	1	1	1	1	3	1	3
1127	전북 정읍시	정읍문화원 지원	10	182,936	4	1	7	8	7	1	1	1	1	1	3	1	3
1128	전북 남원시	사립미술관 문화사업	4	34,155	1	1	7	8	7	5	5	4	5	5	4	4	4
1129	전북 남원시	2024년 러브홀릭 특별전	4	10,791	1	1	7	8	7	5	5	4	5	5	4	4	4
1130	전북 남원시	남원문화원 운영사업	10	138,860	4	1	7	8	7	5	5	4	5	5	4	4	4
1131	전북 남원시	남원문화원 육성사업	10	51,300	1	1	7	8	7	5	5	4	5	5	4	4	4
1132	전북 남원시	시군문화원 활성화사업	10	20,200	1	1	7	8	7	5	5	4	5	5	4	4	4
1133	전북 김제시	김제문화원 활성화 사업	10	20,600	1	1	7	8	7	1	1	1	1	1	1	1	1
1134	전북 김제시	문화원 사업비	10	33,075	1	1	7	8	7	1	1	1	1	1	1	1	1
1135	전북 김제시	내고장 역사 문화재 교육 탐방	10	2,434	1	1	7	8	7	1	1	1	1	1	1	1	1
1136	전북 김제시	성산문화(제36호) 발간	10	6,365	1	1	7	8	7	1	1	1	1	1	1	1	1
1137	전북 김제시	지평선 농촌 풍경그리기 대회	10	2,995	1	1	7	8	7	1	1	1	1	1	1	1	1
1138	전북 김제시	문화학교(한문) 운영	10	6,420	1	1	7	8	7	1	1	1	1	1	1	1	1
1139	전북 김제시	김제 역사.문화재 교육	10	2,997	1	1	7	8	7	1	1	1	1	1	1	1	1
1140	전북 김제시	역사문화 교류 활성화	10	3,330	1	1	7	8	7	1	1	1	1	1	1	1	1
1141	전북 김제시	김제향토문화 진흥사업(전액 시비)	10	22,400	1	1	7	8	7	1	1	1	1	1	1	1	1
1142	전북 김제시	문화원의 날 행사	10	7,840	1	1	7	8	7	1	1	1	1	1	1	1	1
1143	전북 김제시	문화원 운영비	10	7,526	2	1	7	8	7	1	1	1	1	1	1	1	1
1144	전북 김제시	문화원 과장 인건비	10	29,780	2	1	7	8	7	1	1	1	1	1	1	1	1

순번	시군구	지출명 (사업명)	문화예술시설 분류 1.공연장 2. 영화상영관 3. 박물관 4. 미술관 5. 화랑 6. 조각공원 7. 도서관 8. 문화의 집 9. 문화체육센터 10. 지방문화원 11. 국악원 12. 전수회관 13. 종합시설 14. 기타(시설명)	2025년예산 (단위:천원/1년간)	민간이전 분류 (지방자치단체 세출예산 집행기준에 의거) 1. 민간경상사업보조(307-02) 2. 민간단체 법정운영비보조(307-03) 3. 민간행사사업보조(307-04) 4. 민간위탁금(307-05) 5. 사회복지시설 법정운영비보조(307-10) 6. 사회복지사업보조(307-11) 7. 민간인위탁교육비(307-12) 8. 공기관등에대한경상적위탁사업비(308-13) 9. 공사공단 경상전출금(309-01) 10. 기타	민간이전지출 근거 (지방보조금 관리기준 참고) 1. 법률에 규정 2. 국고보조 재원(국가지정) 3. 용도 지정 기부금 4. 조례에 직접규정 5. 지자체가 권장하는 사업을 하는 공공기관 6. 시,도 정책 및 재정사정 7. 기타 8. 해당없음	입찰방식 계약체결방법 (경쟁형태) 1. 일반경쟁 2. 제한경쟁 3. 지명경쟁 4. 수의계약 5. 법정위탁 6. 기타 ( ) 7. 해당없음	입찰방식 계약기간 1. 1년 2. 2년 3. 3년 4. 4년 5. 5년 6. 기타 ( )년 7. 단기계약 (1년미만) 8. 해당없음	입찰방식 낙찰자선정방법 1. 적격심사 2. 협상에의한계약 3. 최저가낙찰제 4. 규격가격분리 5. 2단계 경쟁입찰 6. 기타( ) 7. 해당없음	운영예산 산정 운영비산정 1. 내부산정 (지자체 자체적으로 산정) 2. 외부산정 (외부전문기관위탁 산정) 3. 내·외부 모두 산정 4. 산정 無 5. 해당없음	운영예산 산정 정산방법 1. 내부정산 (지자체 내부적으로 정산) 2. 외부정산 (외부전문기관위탁 정산) 3. 내·외부 모두 산정 4. 정산 無 5. 해당없음	성과평가 성과평가 실시여부 1. 실시 2. 미실시 3. 향후 추진 4. 해당없음	성과평가 성과평가 주기 1. 매년 2. 격년 3. 기간만료전 4. 기타 () 5. 해당없음	성과평가 성과평가 실시 방법 1. 자체 실시 2. 평가단 구성 후 실시 (전문위원 섭외) 3. 전문 평가기관 의뢰 4. 기타 () 5. 해당없음	성과평가 평가기준 적용방법 1. 관련 조례 적용 2. 전문 평가기관 의뢰 3. 기타 () 4. 해당없음	평가결과 적용 실제 인센티브 및 페널티 적용 유무 1. 매년 적용 2. 적용 안함 3. 기타 ( ) 4. 해당없음	평가결과 적용 인센티브 및 페널티 적용근거 1. 조례 2. 계약서 3.기타 ( ) 4. 해당없음
1145	전북 김제시	문화원 사무국장 인건비	10	36,871	2	1	7	8	7	1	1	1	1	1	1	1	1
1146	전북 김제시	사립박물관 문화사업	3	9,990	1	4	7	8	7	1	1	3	4	2	3	3	3
1147	전북 김제시	작은도서관 운영지원	7	235,963	1	1	7	8	7	5	1	4	5	5	4	4	4
1148	전북 완주군	이서문화의집 운영	8	259,350	4	4	7	8	7	1	1	1	3	2	1	3	2
1149	전북 완주군	구이생활문화센터 운영	8	190,582	4	4	7	8	7	1	1	1	3	2	1	3	2
1150	전북 완주군	삼례생활문화센터 운영	8	271,028	4	4	7	8	7	1	1	1	3	2	1	3	2
1151	전북 완주군	동상생활문화센터 운영	8	169,435	4	4	7	8	7	1	1	1	3	2	1	3	2
1152	전북 완주군	대승한지마을 관리운영	14	266,560	4	4	7	8	7	1	1	1	3	2	1	3	2
1153	전북 완주군	완주미디어센터 운영	4	293,973	4	4	7	8	7	1	1	1	3	2	1	3	2
1154	전북 완주군	완주 풍류학교 운영	14	165,240	4	4	7	8	7	1	1	1	3	2	1	3	2
1155	전북 완주군	문화원	10	390,583	1	4	7	8	7	1	1	1	3	2	1	4	4
1156	전북 완주군	삼례책마을 프로그램 운영	3	525,000	4	4	7	8	7	1	1	1	3	2	1	4	4
1157	전북 무주군	작은영화관 운영	2	39,056	4	4	1	3	1	1	1	4	4	4	4	4	4
1158	전북 무주군	문화원 문화사업 지원, 문화원 활성화 사업	10	20,700	1	4	5	8	7	1	1	1	1	1	1	1	3
1159	전북 장수군	지방문화원 사업 지원	10	253,487	1	4	7	8	2	1	1	3	5	1	4	2	4
1160	전북 장수군	문화원 운영 지원	10	187,325	4	4	7	8	2	1	1	3	5	1	4	2	4
1161	전북 장수군	풍물단체 육성지원	10	75,383	1	4	7	8	2	1	1	3	5	1	4	2	4
1162	전북 장수군	생활문화예술동호회 활동지원	14	249,728	2	4	7	8	2	1	1	3	5	1	4	2	4
1163	전북 장수군	논개 선양 사업	14	276,974	1	4	7	8	2	1	1	3	5	1	4	2	4
1164	전북 임실군	임실군 꿈의 오케스트라 운영	5	265,550	1	1,4	7	8	7	5	5	4	5	5	4	4	4
1165	전북 임실군	문화학교 운영	5	11,660	1	1,4	7	8	7	1	1	4	5	5	4	4	4
1166	전북 임실군	문화유산발굴사업	5	31,050	1	1,4	7	8	7	1	1	4	5	5	4	4	4
1167	전북 임실군	문화원 정기사업지원	5	41,820	1	1,4	7	8	7	5	5	4	5	5	4	4	4
1168	전북 임실군	임실문화원 활성화 사업	5	20,400	1	1,4	7	8	7	5	5	4	5	5	4	4	4
1169	전북 임실군	문화원 경상운영비 지원	5	188,573	4	1,4	7	8	7	1	1	4	5	5	4	4	4
1170	전북 임실군	필봉농악 전수교육관 지원	12	168,670	4	4	7	8	7	1	1	3	1	1	1	2	4
1171	전북 임실군	전수교육관 활성화 지원(보조)	12	42,750	1	4	7	8	7	1	1	1	1	1	1	2	4
1172	전북 임실군	전통예술지역브랜드 상설공연	12	186,450	1	4	7	8	7	1	1	1	1	1	1	2	4
1173	전북 임실군	전북특별자치도 거리극축제 노상놀이야	12	72,760	1	4	7	8	7	1	1	1	1	1	1	2	4
1174	전북 순창군	천재의 공간 영화산책 민간위탁금	2	26,500	4	4	4	5	6	1	3	1	3	1	1	4	4
1175	전북 순창군	청소년문화의집 운영	8	248,230	4	-	1	3	1	1	1	1	2	4	4	4	4
1176	전북 고창군	고창 농악전수관 시설운영	14	228,900	4	-	7	3	7	1	1	1	1	2	1	1	1
1177	전북 고창군	고창 유교문화체험관 운영	14	152,950	4	4	1	3	1	1	1	1	3	2	1	1	1
1178	전북 고창군	한국예술문화단체고창지회 운영비 보조	14	34,022	2	4	7	8	7	1	1	1	1	2	1	1	1
1179	전북 고창군	오거리당산보존회 운영비보조	14	6,324	2	4	7	8	7	1	1	1	1	2	1	1	1
1180	전북 고창군	고창문화원 운영비보조	10	116,886	2	4	7	8	7	1	1	1	1	2	1	1	1
1181	전북 고창군	미당시문학관 관리	14	259,900	4	4	7	3	7	1	1	1	1	2	1	1	1
1182	전북 고창군	작은도서관 운영비 지원	7	34,568	1	4	7	8	7	1	1	4	5	5	4	4	4
1183	전북 부안군	위도띠뱃놀이 전수교육관	12	21,400	4	4	2	5	1	1	1	4	4	5	4	4	4
1184	전라남도	남도소리울림터 유지관리 위탁금	1	858,000	8	4	6	3	6	1	1	1	3	2	1	4	4
1185	전남 목포시	목포문화원 사업활동비	10	50,500	1	4	7	7	7	1	1	1	1	1	1	1	1

순번	시군구	지출명 (사업명)	문화예술시설 분류 1.공연장 2. 영화상영관 3. 박물관 4. 미술관 5. 화랑 6. 조각공원 7. 도서관 8. 문화의 집 9. 문화체육센터 10. 지방문화원 11. 국악원 12. 전수회관 13. 종합시설 14. 기타(시설명)	2025년예산 (단위:천원/1년간)	민간이전 분류 (지방자치단체 세출예산 집행기준에 의거) 1. 민간경상사업보조(307-02) 2. 민간단체 법정운영비보조(307-03) 3. 민간행사사업보조(307-04) 4. 민간위탁금(307-05) 5. 사회복지시설 법정운영비보조(307-10) 6. 사회복지사업보조(307-11) 7. 민간인위탁교육비(307-12) 8. 공기관등에대한경상적위탁사업비(308-13) 9. 공사공단 경상전출금(309-01) 10. 기타	민간이전지출 근거 (지방보조금 관리기준 참고) 1. 법률에 규정 2. 국고보조 재원(국가지정) 3. 용도 지정 기부금 4. 조례에 직접규정 5. 지자체가 권장하는 사업을 하는 공공기관 6. 시,도 정책 및 재정사정 7. 기타 8. 해당없음	입찰방식 계약체결방법 (경쟁형태) 1. 일반경쟁 2. 제한경쟁 3. 지명경쟁 4. 수의계약 5. 법정위탁 6. 기타 ( ) 7. 해당없음	입찰방식 계약기간 1. 1년 2. 2년 3. 3년 4. 4년 5. 5년 6. 기타 ( )년 7. 단기계약 (1년미만) 8. 해당없음	입찰방식 낙찰자선정방법 1. 적격심사 2. 협상에의한계약 3. 최저가낙찰제 4. 규격가격분리 5. 2단계 경쟁입찰 6. 기타( ) 7. 해당없음	운영예산 산정 운영비산정 1. 내부산정 (지자체 자체적으로 산정) 2. 외부산정 (외부전문기관위탁 산정) 3. 내·외부 모두 산정 4. 산정 無 5. 해당없음	운영예산 산정 정산방법 1. 내부정산 (지자체 내부적으로 정산) 2. 외부정산 (외부전문기관위탁 정산) 3. 내·외부 모두 산정 4. 정산 無 5. 해당없음	성과평가 성과평가 실시여부 1. 실시 2. 미실시 3. 향후 추진 4. 해당없음	성과평가 성과평가 주기 1. 매년 2. 격년 3. 기간만료전 4. 기타 ( ) 5. 해당없음	성과평가 성과평가 실시 방법 1. 자체 실시 2. 평가단 구성 후 실시 (전문위원 섭외) 3. 전문 평가기관 의뢰 4. 기타 ( ) 5. 해당없음	성과평가 평가기준 적용방법 1. 관련 조례 적용 2. 전문 평가기관 의뢰 3. 기타 ( ) 4. 해당없음	평가결과 적용 실제 인센티브 및 페널티 적용 유무 1. 매년 적용 2. 적용 안함 3. 기타 ( ) 4. 해당없음	평가결과 적용 인센티브 및 페널티 적용근거 1. 조례 2. 계약서 3.기타 ( ) 4. 해당없음
1186	전남 목포시	목포문화원 문화학교 운영	10	60,480	1	4	7	7	7	1	1	1	1	1	1	1	1
1187	전남 목포시	목포시민을 위한 동양고전 강좌	10	4,480	1	4	7	7	7	1	1	1	1	1	1	1	1
1188	전남 목포시	시군 역사문화자원 발굴 및 교육사업 지원	10	72,760	1	4	7	7	7	1	1	1	1	1	1	1	1
1189	전남 목포시	목포문화원 운영보조금	10	129,571	4	4	7	7	7	1	1	1	1	1	1	1	1
1190	전남 목포시	전남 시군문화원 운영비 지원	10	10,300	2	4	7	7	7	1	1	1	1	1	1	1	1
1191	전남 여수시	GS칼텍스 예울마루 관리위탁	1	2,210,280	4	4	4	5	2	2	2	2	5	5	4	4	4
1192	전남 여수시	장도지역 예울마루 관리위탁	14	293,700	4	4	4	5	2	2	2	1	3	1	3	4	4
1193	전남 여수시	여수시문화원운영	10	49,950	2	1	7	8	7	1	1	1	1	2	1	1	1
1194	전남 순천시	장안창작마당 관리운영 용역	14	234,475	4	4	2	7	6	1	2	3	3	1	1	2	1
1195	전남 순천시	서문안내소 관리운영 용역	14	9,010	4	4	2	7	6	1	2	3	3	1	1	2	1
1196	전남 나주시	나주 복암리 고분전시관 지원	4	428,000	4	4	1	3	1	1	1	1	1	1	3	4	4
1197	전남 나주시	나주 학생독립운동기념관 지원	14	232,780	4	4	1	3	1	1	1	1	1	1	3	4	4
1198	전남 나주시	향토문화회관 운영	14	20,600	4	4	4	3	1	1	1	1	1	1	3	4	4
1199	전남 나주시	전수교육관 활성화 사업 및 지원	12	10,800	4	4	4	5	1	1	1	1	1	1	3	4	4
1200	전남 나주시	전수교육관 활성화 사업 및 지원	12	10,600	4	4	4	5	1	1	1	1	1	1	3	4	4
1201	전남 나주시	전수교육관 활성화 사업 및 지원	12	10,900	4	4	4	5	1	1	1	1	1	1	3	4	4
1202	전남 광양시	광양문화원지원	10	164,160	1	6	7	8	7	1	1	1	1	1	1	4	4
1203	전남 광양시	장도전수교육관	12	106,820	4	6	7	8	7	1	1	1	1	1	1	4	4
1204	전남 광양시	궁시전수교육관	12	37,290	4	6	7	8	7	1	1	1	1	1	1	4	4
1205	전남 담양군	등록 사립 미술관·박물관 운영 지원	3	67,320	1	1	7	8	7	5	1	4	5	5	4	4	4
1206	전남 담양군	등록 사립 미술관·박물관 운영 지원	4	24,200	1	1	7	8	7	5	1	4	5	5	4	4	4
1207	전남 담양군	담양문화원 운영 지원	10	88,200	1	1, 4	7	8	7	5	1	1	1	1	4	4	4
1208	전남 담양군	담양문화원 운영 지원	10	110,516	4	1, 4	7	8	7	5	1	1	1	1	4	4	4
1209	전남 담양군	담양문화원 운영 지원	10	19,570	3	1, 4	7	8	7	5	1	1	1	1	4	4	4
1210	전남 담양군	한국예총 담양지회 운영지원	14	8,320	1	4	7	8	7	5	1	1	1	1	4	4	4
1211	전남 담양군	한국예총 담양지회 운영지원	14	50,400	2	4	7	8	7	5	1	1	1	1	4	4	4
1212	전남 담양군	한국예총 담양지회 운영지원	14	20,720	3	4	7	8	7	5	1	1	1	1	4	4	4
1213	전남 구례군	지방문화원 사업활동지원	10	31,320	1	4	7	8	7	1	1	3	1	1	1	1	3
1214	전남 구례군	문화학교 운영	10	6,180	1	4	7	8	7	1	1	3	1	1	1	1	3
1215	전남 구례군	문화원 사무국장 인건비	10	25,584	2	4	7	8	7	1	1	3	1	1	1	1	3
1216	전남 구례군	구례문화원 운영비 지원	10	25,680	2	4	7	8	7	1	1	3	1	1	1	1	3
1217	전남 구례군	전남 시군 문화원 운영비 지원	10	10,900	1	4	7	8	7	1	1	4	5	5	4	4	4
1218	전남 구례군	국악교실 운영	12	17,331	1	4	7	8	7	1	1	3	1	1	1	1	3
1219	전남 구례군	동편제 소리체험	12	8,160	1	4	7	8	7	1	1	3	1	1	1	1	3
1220	전남 구례군	동편제판소리전수관 관리운영	12	26,814	4	4	6	6	6	1	1	4	5	5	4	4	4
1221	전남 구례군	동편제판소리전수관 및 송만갑선생 생가 유지관리	12	15,600	4	4	6	6	6	1	1	4	5	5	4	4	4
1222	전남 구례군	국악교실 운영	12	5,832	1	4	7	8	7	1	1	3	1	1	1	1	3
1223	전남 구례군	구례향제줄풍류전수관 관리운영	12	5,150	4	4	6	6	6	1	1	4	5	5	4	4	4
1224	전남 고흥군	고흥문화원	10	190,270	4	1	7	8	7	1	1	4	5	5	4	4	4
1225	전남 보성군	전통공예공방 관리 운영	5	10,700	3	5	1	3	1	1	1	1	3	1	1	4	4
1226	전남 보성군	작은영화관 관리 운영	2	22,000	4	5	1	3	1	1	1	1	3	1	1	4	4

순번	시군구	지출명 (사업명)	문화예술시설 분류 1.공연장 2. 영화상영관 3. 박물관 4. 미술관 5. 화랑 6. 조각공원 7. 도서관 8. 문화의 집 9. 문화체육센터 10. 지방문화원 11. 국악원 12. 전수회관 13. 종합시설 14. 기타(시설명)	2025년예산 (단위:천원/1년간)	민간이전 분류 (지방자치단체 세출예산 집행기준에 의거) 1. 민간경상사업보조(307-02) 2. 민간단체 법정운영비보조(307-03) 3. 민간행사사업보조(307-04) 4. 민간위탁금(307-05) 5. 사회복지시설 법정운영비보조(307-10) 6. 사회복지사업보조(307-11) 7. 민간인위탁교육비(307-12) 8. 공기관등에대한경상적위탁사업비(308-13) 9. 공사공단 경상전출금(309-01) 10. 기타	민간이전지출 근거 (지방보조금 관리기준 참고) 1. 법률에 규정 2. 국고보조 재원(국가지정) 3. 용도 지정 기부금 4. 조례에 직접규정 5. 지자체가 권장하는 사업을 하는 공공기관 6. 시,도 정책 및 재정사정 7. 기타 8. 해당없음	입찰방식 계약체결방법 (경쟁형태) 1. 일반경쟁 2. 제한경쟁 3. 지명경쟁 4. 수의계약 5. 법정위탁 6. 기타 ( ) 7. 해당없음	입찰방식 계약기간 1. 1년 2. 2년 3. 3년 4. 4년 5. 5년 6. 기타 ( )년 7. 단기계약 (1년미만) 8. 해당없음	입찰방식 낙찰자선정방법 1. 적격심사 2. 협상에의한계약 3. 최저가낙찰제 4. 규격가격분리 5. 2단계 경쟁입찰 6. 기타( ) 7. 해당없음	운영예산 산정 운영비산정 1. 내부산정 (지자체 자체적으로 산정) 2. 외부산정 (외부전문기관위탁 산정) 3. 내·외부 모두 산정 4. 산정 無 5. 해당없음	운영예산 산정 정산방법 1. 내부정산 (지자체 내부적으로 정산) 2. 외부정산 (외부전문기관위탁 정산) 3. 내·외부 모두 산정 4. 정산 無 5. 해당없음	성과평가 성과평가 실시여부 1. 실시 2. 미실시 3. 향후 추진 4. 해당없음	성과평가 성과평가 주기 1. 매년 2. 격년 3. 기간만료전 4. 기타 () 5. 해당없음	성과평가 성과평가 실시 방법 1. 자체 실시 2. 평가단 구성 후 실시 (전문위원 섭외) 3. 전문 평가기관 의뢰 4. 기타 () 5. 해당없음	성과평가 평가기준 적용방법 1. 관련 조례 적용 2. 전문 평가기관 의뢰 3. 기타 () 4. 해당없음	평가결과 적용 실제 인센티브 및 페널티 적용 유무 1. 매년 적용 2. 적용 안함 3. 기타 ( ) 4. 해당없음	평가결과 적용 인센티브 및 페널티 적용근거 1. 조례 2. 계약서 3.기타 ( ) 4. 해당없음
1227	전남 보성군	천연염색공예관 관리 운영	14	3,180	1	5	1	3	1	2	1	1	3	1	1	4	4
1228	전남 화순군	등록 사립미술관 및 박물관 운영지원	3, 4	101,200	1	1	7	8	7	5	5	4	5	5	4	4	4
1229	전남 화순군	문화원사업 활동지원	10	29,970	1	1	7	8	7	5	5	4	5	5	4	4	4
1230	전남 화순군	문화원 문화유적지 탐방	10	21,000	1	1	7	8	7	5	5	4	5	5	4	4	4
1231	전남 화순군	시군 역사문화자원 발굴 및 교육사업	10	70,720	1	1	7	8	7	5	5	4	5	5	4	4	4
1232	전남 화순군	전남 시군문화원 운영비 지원	10	10,200	1	1	7	8	7	5	5	4	5	5	4	4	4
1233	전남 화순군	문화원 운영비 및 인건비	10	94,606	4	1	7	8	7	5	5	4	5	5	4	4	4
1234	전남 화순군	화순 생활문화센터 위탁 운영	14	186,450	4	1	4	2	1	1	1	1	1	1	1	2	4
1235	전남 화순군	작은도서관 운영비 지원	7	22,800	2	1	7	8	7	5	5	4	5	5	4	4	4
1236	전남 화순군	작은도서관 독서의 달 행사 운영 지원	7	9,540	3	1	7	8	7	5	5	4	5	5	4	4	4
1237	전남 강진군	문화원 지원	10	85,583	1	4	7	8	7	1	1	4	4	4	4	4	4
1238	전남 강진군	문화원 지원	10	82,636	2	4	7	8	7	1	1	4	4	4	4	4	4
1239	전남 강진군	문화원 지원	10	34,500	3	4	7	8	7	1	1	4	4	4	4	4	4
1240	전남 강진군	강진미술관	4	25,080	1	4	7	8	7	1	1	4	4	4	4	4	4
1241	전남 강진군	학명미술관	4	23,320	1	4	7	8	7	1	1	4	4	4	4	4	4
1242	전남 강진군	청우요도자기박물관	3	22,880	1	4	7	8	7	1	1	4	4	4	4	4	4
1243	전남 강진군	와보랑께박물관	3	22,660	1	4	7	8	7	1	1	4	4	4	4	4	4
1244	전남 해남군	해남문화원 운영지원	10	128,700	4	1	7	8	7	1	1	4	5	5	4	4	4
1245	전남 해남군	사립 박물관 미술관 운영지원	3	22,880	1	1	7	8	7	1	1	4	5	5	4	4	4
1246	전남 해남군	사립 박물관 미술관 운영지원	4	23,100	1	1	7	8	7	1	1	4	5	5	4	4	4
1247	전남 영암군	삼호문화의집	8	175,100	4	4	1	3	1	1	1	1	1	1	1	4	4
1248	전남 무안군	분청사기명장전시관 운영	14	53,000	4	4	4	2	1	1	1	1	1	1	3	4	4
1249	전남 무안군	무안군 각설이품바전승관 운영	14	19,260	4	4	2	3	1	1	1	1	1	1	3	4	4
1250	전남 함평군	함평향교 활동지원	14	109,312	4	4	5	5	5	5	5	1	1	1	1	1	1
1251	전남 함평군	사립미술관 및 박물관운영지원	4	22,880	2	1	5	5	5	5	5	1	1	1	1	1	1
1252	전남 영광군	지역문화사업 추진 지원	10	153,170	1	1	7	8	7	1	1	1	1	1	1	1	1
1253	전남 영광군	문화원 운영 지원비	10	5,550	2	1	7	8	7	1	1	1	1	1	1	1	1
1254	전남 영광군	영광문화원 인건비지원	10	77,133	2	1	7	8	7	1	1	1	1	1	1	1	1
1255	전남 영광군	전수관 운영비 지원	12	5,865	2	1	7	8	7	1	1	1	1	1	1	1	1
1256	전남 장성군	장성문화원 운영	10	87,200	2	[illegible]	7	8	7	1	1	1	1	1	1	4	4
1257	전남 장성군	장성문화원 운영	10	17,453	1	[illegible]	7	8	7	5	5	1	1	1	1	4	4
1258	전남 장성군	장성문화원 운영	10	5,750	3	[illegible]	7	8	7	5	5	1	1	1	1	4	4
1259	전남 장성군	장성문화원 운영	10	5,150	3	[illegible]	7	8	7	5	5	1	1	1	1	4	4
1260	전남 장성군	장성문화원 운영	10	72,080	1	[illegible]	7	8	7	5	5	4	4	4	4	4	4
1261	전남 장성군	장성문화원 운영	10	50,850	1	[illegible]	7	8	7	5	5	1	1	1	1	4	4
1262	전남 장성군	장성문화원 운영	10	30,900	1	[illegible]	7	8	7	5	5	1	1	1	1	4	4
1263	전남 완도군	문화예술의전당운영비	1	366,300	4	4	7	8	7	2	4	4	5	5	4	4	4
1264	전남 완도군	문화예술의전당 정부지급금	1	1,599,069	4	4	7	8	7	2	4	4	5	5	4	4	4
1265	전남 완도군	작은영화관운영비	2	62,400	4	4	2	3	2	1	1	4	5	5	4	4	4
1266	전남 진도군	문화학교 운영	10	26,250	1	4	7	8	7	1	1	1	1	1	1	1	1
1267	전남 진도군	진도문화지 발간	10	15,750	1	4	7	8	7	1	1	1	1	1	1	1	1

순번	시군구	지출명 (사업명)	문화예술시설 분류 1.공연장 2. 영화상영관 3. 박물관 4. 미술관 5. 화랑 6. 조각공원 7. 도서관 8. 문화의 집 9. 문화체육센터 10. 지방문화원 11. 국악원 12. 전수회관 13. 종합시설 14. 기타(시설명)	2025년예산 (단위:천원/1년간)	민간이전 분류 (지방자치단체 세출예산 집행기준에 의거) 1. 민간경상사업보조(307-02) 2. 민간단체 법정운영비보조(307-03) 3. 민간행사사업보조(307-04) 4. 민간위탁금(307-05) 5. 사회복지시설 법정운영비보조(307-10) 6. 사회복지사업보조(307-11) 7. 민간인위탁교육비(307-12) 8. 공기관등에대한경상적위탁사업비(308-13) 9. 공사공단 경상전출금(309-01) 10. 기타	민간이전지출 근거 (지방보조금 관리기준 참고) 1. 법률에 규정 2. 국고보조 재원(국가지정) 3. 용도 지정 기부금 4. 조례에 직접규정 5. 지자체가 권장하는 사업을 하는 공공기관 6. 시,도 정책 및 재정사정 7. 기타 8. 해당없음	입찰방식 계약체결방법 (경쟁형태) 1. 일반경쟁 2. 제한경쟁 3. 지명경쟁 4. 수의계약 5. 법정위탁 6. 기타 ( ) 7. 해당없음	입찰방식 계약기간 1. 1년 2. 2년 3. 3년 4. 4년 5. 5년 6. 기타 ( )년 7. 단기계약 (1년미만) 8. 해당없음	입찰방식 낙찰자선정방법 1. 적격심사 2. 협상에의한계약 3. 최저가낙찰제 4. 규격가격분리 5. 2단계 경쟁입찰 6. 기타( ) 7. 해당없음	운영예산 산정 운영비산정 1. 내부산정 (지자체 자체적으로 산정) 2. 외부산정 (외부전문기관위탁 산정) 3. 내·외부 모두 산정 4. 산정 無 5. 해당없음	운영예산 산정 정산방법 1. 내부정산 (지자체 내부적으로 정산) 2. 외부정산 (외부전문기관위탁 정산) 3. 내·외부 모두 산정 4. 정산 無 5. 해당없음	성과평가 성과평가 실시여부 1. 실시 2. 미실시 3. 향후 추진 4. 해당없음	성과평가 성과평가 주기 1. 매년 2. 격년 3. 기간만료전 4. 기타 () 5. 해당없음	성과평가 성과평가 실시 방법 1. 자체 실시 2. 평가단 구성 후 실시 (전문위원 섭외) 3. 전문 평가기관 의뢰 4. 기타 () 5. 해당없음	성과평가 평가기준 적용방법 1. 관련 조례 적용 2. 전문 평가기관 의뢰 3. 기타 () 4. 해당없음	평가결과 적용 실제 인센티브 및 페널티 적용 유무 1. 매년 적용 2. 적용 안함 3. 기타 ( ) 4. 해당없음	평가결과 적용 인센티브 및 페널티 적용근거 1. 조례 2. 계약서 3.기타 ( ) 4. 해당없음
1268	전남 진도군	진도군 향토사료 기록화 사업	10	41,600	1	4	7	8	7	1	1	1	1	1	1	1	1
1269	전남 진도군	소치기념관 등 한시 해설지원	10	8,400	1	4	7	8	7	1	1	1	1	1	1	1	1
1270	전남 진도군	문화원 운영보조	10	114,352	4	1	7	8	7	1	1	1	1	1	1	1	1
1271	전남 진도군	문화원 학고도서관 운영보조	10	40,330	2	4	7	8	7	1	1	1	1	1	1	1	1
1272	전남 진도군	향토사 연구보조 인건비 지원	10	66,087	2	4	7	8	7	1	1	1	1	1	1	1	1
1273	전남 진도군	역사문화답사비	10	16,800	3	4	7	8	7	1	1	1	1	1	1	1	1
1274	전남 진도군	시군역사문화자원 발굴 및 교육	10	72,760	1	4	7	8	7	3	1	1	1	1	1	1	1
1275	전남 진도군	문화원 운영비 지원사업	10	10,800	2	1	7	8	7	3	1	1	1	1	1	1	1
1276	전남 진도군	국악협회 전수관 운영 보조	12	5,885	1	4	7	8	7	1	1	4	4	5	4	4	4
1277	전남 진도군	진도 해창민속전수관 운영 보조	12	5,995	1	4	7	8	7	1	1	4	4	5	4	4	4
1278	전남 진도군	고군 민속전수관 운영 보조	12	6,270	1	4	7	8	7	1	1	4	4	5	4	4	4
1279	전남 진도군	의신 민속전수관 운영 보조	12	5,775	1	4	7	8	7	1	1	4	4	5	4	4	4
1280	전남 진도군	임회 민속전수관 운영 보조	12	6,215	1	4	7	8	7	1	1	4	4	5	4	4	4
1281	전남 진도군	지산 민속전수관 운영 보조	12	5,555	1	4	7	8	7	1	1	4	4	5	4	4	4
1282	전남 진도군	소포 민속전수관 운영 보조	12	5,665	1	4	7	8	7	1	1	4	4	5	4	4	4
1283	전남 진도군	군내 민속전수관 운영 보조	12	5,775	1	4	7	8	7	1	1	4	4	5	4	4	4
1284	전남 신안군	문화활동지원(신안문화원운영및활성화)	10	49,680	1	4	7	8	7	5	5	4	5	5	4	4	4
1285	전남 신안군	사무국인건비(신안문화원운영및활성화)	10	227,765	4	4	7	8	7	5	5	4	5	5	4	4	4
1286	전남 신안군	사무국운영비(신안문화원운영및활성화)	10	78,489	2	4	7	8	7	5	5	4	5	5	4	4	4
1287	경상북도	경상북도문화원연합회운영지원	10	165,000	2	1	5	8	7	1	1	1	1	2	1	3	1
1288	경북 포항시	포항문화원 사업비	10	51,000	1	4	7	8	7	5	5	4	5	5	4	4	4
1289	경북 포항시	월월이청청 전통문화육성사업	10	7,280	1	6	7	8	7	5	5	4	5	5	4	4	4
1290	경북 포항시	취타대 육성사업	10	7,700	1	6	7	8	7	5	5	4	5	5	4	4	4
1291	경북 포항시	포항 문화유산해설사 육성사업	10	6,480	1	6	7	8	7	5	5	4	5	5	4	4	4
1292	경북 포항시	제45회 전국 한시백일장	10	10,600	1	6	7	8	7	5	5	4	5	5	4	4	4
1293	경북 포항시	경북선비아카데미 지원	10	5,936	1	6	7	8	7	5	5	4	5	5	4	4	4
1294	경북 포항시	포항문화원 시설관리 운영비	10	318,940	4	1, 4	7	8	7	5	5	4	5	5	4	4	4
1295	경북 포항시	명절 전통문화체험(설,추석)	10	10,600	3	6	7	8	7	5	5	4	5	5	4	4	4
1296	경북 포항시	제27회 단오절 민속축제	10	38,500	3	6	7	8	7	5	5	4	5	5	4	4	4
1297	경북 포항시	일월신제 봉행	10	6,240	3	6	7	8	7	5	5	4	5	5	4	4	4
1298	경북 포항시	제29회 경상북도 풍물경연대회	10	6,600	3	6	7	8	7	5	5	4	5	5	4	4	4
1299	경북 포항시	문화학교 운영지원	10	8,560	1	6	7	8	7	5	5	4	5	5	4	4	4
1300	경북 포항시	충효교실 운영지원	10	4,945	1	6	7	8	7	5	5	4	5	5	4	4	4
1301	경북 영천시	영천향교국학학원명륜교실운영지원	14	192,100	1	1	7	8	7	1	1	1	1	2	3	1	3
1302	경북 영천시	영천시인성교육관강좌프로그램운영지원	14	75,600	1	1	7	8	7	1	1	1	1	2	3	1	3
1303	경북 영천시	영천문화원활동운영비	10	154,290	2	1	7	8	7	1	1	1	1	2	3	1	3
1304	경북 안동시	안동포타운 운영비	14	399,000	4	6	5	3	1	1	1	1	3	1	3	4	4
1305	경북 안동시	안동문화원 운영비	10	236,520	4	4	7	8	7	1	1	1	1	1	1	1	1
1306	경북 안동시	경상북도유교문화회관 유지관리 운영	14	92,340	4	4	5	3	7	1	1	1	3	3	2	4	4
1307	경북 안동시	소천권태호음악관 운영지원	14	159,600	4	4	5	3	7	1	1	1	3	3	2	4	4
1308	경북 안동시	이육사문학관 운영지원	14	507,300	4	4	5	3	7	1	1	1	3	3	2	4	4

순번	시군구	지출명 (사업명)	문화예술시설 분류 1.공연장 2. 영화상영관 3. 박물관 4. 미술관 5. 화랑 6. 조각공원 7. 도서관 8. 문화의 집 9. 문화체육센터 10. 지방문화원 11. 국악원 12. 전수회관 13. 종합시설 14. 기타(시설명)	2025년예산 (단위:천원/1년간)	민간이전 분류 (지방자치단체 세출예산 집행기준에 의거) 1. 민간경상사업보조(307-02) 2. 민간단체 법정운영비보조(307-03) 3. 민간행사사업보조(307-04) 4. 민간위탁금(307-05) 5. 사회복지시설 법정운영비보조(307-10) 6. 사회복지사업보조(307-11) 7. 민간인위탁교육비(307-12) 8. 공기관등에대한경상적위탁사업비(308-13) 9. 공사공단 경상전출금(309-01) 10. 기타	민간이전지출 근거 (지방보조금 관리기준 참고) 1. 법률에 규정 2. 국고보조 재원(국가지정) 3. 용도 지정 기부금 4. 조례에 직접규정 5. 지자체가 권장하는 사업을 하는 공공기관 6. 시,도 정책 및 재정사정 7. 기타 8. 해당없음	입찰방식 계약체결방법 (경쟁형태) 1. 일반경쟁 2. 제한경쟁 3. 지명경쟁 4. 수의계약 5. 법정위탁 6. 기타 ( ) 7. 해당없음	입찰방식 계약기간 1. 1년 2. 2년 3. 3년 4. 4년 5. 5년 6. 기타 ( )년 7. 단기계약 (1년미만) 8. 해당없음	입찰방식 낙찰자선정방법 1. 적격심사 2. 협상에의한계약 3. 최저가낙찰제 4. 규격가격분리 5. 2단계 경쟁입찰 6. 기타( ) 7. 해당없음	운영예산 산정 운영비산정 1. 내부산정 (지자체 자체적으로 산정) 2. 외부산정 (외부전문기관위탁 산정) 3. 내·외부 모두 산정 4. 산정 無 5. 해당없음	운영예산 산정 정산방법 1. 내부정산 (지자체 내부적으로 정산) 2. 외부정산 (외부전문기관위탁 정산) 3. 내·외부 모두 산정 4. 정산 無 5. 해당없음	성과평가 성과평가 실시여부 1. 실시 2. 미실시 3. 향후 추진 4. 해당없음	성과평가 성과평가 주기 1. 매년 2. 격년 3. 기간만료전 4. 기타 () 5. 해당없음	성과평가 성과평가 실시 방법 1. 자체 실시 2. 평가단 구성 후 실시 (전문위원 섭외) 3. 전문 평가기관 의뢰 4. 기타 () 5. 해당없음	성과평가 평가기준 적용방법 1. 관련 조례 적용 2. 전문 평가기관 의뢰 3. 기타 () 4. 해당없음	평가결과 적용 실제 인센티브 및 페널티 적용 유무 1. 매년 적용 2. 적용 안함 3. 기타 ( ) 4. 해당없음	평가결과 적용 인센티브 및 페널티 적용근거 1. 조례 2. 계약서 3.기타 ( ) 4. 해당없음
1309	경북 안동시	권정생동화나라 운영지원	14	104,000	4	4	5	3	1	1	1	1	3	1	3	4	4
1310	경북 안동시	공예문화전시관 운영지원	14	77,000	4	4	5	3	1	1	1	1	3	3	2	4	4
1311	경북 안동시	자연색문화원 운영비	14	34,240	4	4	5	3	1	1	1	1	3	3	2	4	4
1312	경북 구미시	선산문화의 집 관리운영	8	78,645	4	4	4	5	7	1	1	1	3	1	1	4	4
1313	경북 구미시	구미문화원 운영비	14	153,612	2	4	4	5	7	1	1	1	3	1	1	4	4
1314	경북 구미시	왕산허위선생기념관 운영위탁금	14	435,061	4	4	6	6	6	1	1	1	1	1	3	4	4
1315	경북 구미시	예갤러리초대전	14	68,742	3	4	7	1	7	1	1	1	1	1	1	4	4
1316	경북 영주시	한국예총 영주지회 운영 지원	14	50,500	2	4	7	8	7	5	1	1	1	1	1	3	1
1317	경북 영주시	문화학교 운영 지원	8, 10	23,940	1	4	7	8	7	5	1	1	1	1	1	3	1
1318	경북 영주시	충효교실 운영	10	4,472	1	4	7	8	7	5	1	1	1	1	1	3	1
1319	경북 영주시	지방문화원 운영비 지원	10	145,529	4	4	7	8	7	5	1	1	1	1	1	3	1
1320	경북 상주시	유림회관시설 운영 위탁	14	11,100	4	1	7	1	7	1	1	4	5	5	4	4	4
1321	경북 상주시	함창유림회관 운영 위탁	14	7,420	4	1	7	1	7	1	1	4	5	5	4	4	4
1322	경북 상주시	충서당 운영 위탁	14	4,040	4	1	7	1	7	1	1	4	5	5	4	4	4
1323	경북 상주시	낙동강문학관 운영 위탁	14	82,390	4	4	7	3	7	1	1	1	3	4	1	3	1
1324	경북 문경시	운강이강년기념관운영	14	265,000	4	4	2	2	1	1	1	1	5	5	4	4	4
1325	경북 문경시	박열의사기념관운영	14	235,440	4	4	2	5	1	1	1	1	5	5	4	4	4
1326	경북 문경시	문경문화원	10	253,895	4	1	2	5	1	1	1	1	3	2	4	4	4
1327	경북 경산시	경산문화원 운영지원	10	220,471	4	[illegible], 4	7	8	7	1	1	1	1	1	3	1	3
1328	경북 경산시	경산자인단오제 전수교육관 운영지원	12	29,580	2	1	7	8	7	1	1	1	1	1	3	1	3
1329	경북 경산시	계정들소리 전수교육관 운영지원	12	28,586	2	1	7	8	7	1	1	1	1	1	3	1	3
1330	경북 의성군	의성문화원운영비지원	10	336,287	4	1	5	3	7	1	1	1	1	1	1	1	1
1331	경북 청송군	지방문화원문화사업	10	75,600	1	7	5	8	7	1	1	1	1	1	1	1	1
1332	경북 청송군	청송문화지발간사업	10	22,400	1	7	7	8	7	1	1	1	1	1	1	1	1
1333	경북 청송군	문화교양교육및인문학교실지원사업	10	104,000	1	7	7	8	7	1	1	1	1	1	1	1	1
1334	경북 청송군	청송풍물교육지원사업	10	55,000	1	7	7	8	7	1	1	1	1	1	1	1	1
1335	경북 청송군	청송문화원합창단운영	10	96,050	1	7	7	8	7	1	1	1	1	1	1	1	1
1336	경북 청송군	문화예술공연및전시회개최지원	10	84,000	1	7	7	8	7	1	1	1	1	1	1	1	1
1337	경북 청송군	청송문화예술인송년의밤지원	10	22,600	1	7	7	8	7	1	1	1	1	1	1	1	1
1338	경북 청송군	농악대교육지원사업	14	21,000	1	7	7	8	7	1	1	1	1	1	1	1	1
1339	경북 청송군	서예교육지원사업	14	16,416	1	7	7	8	7	1	1	1	1	1	1	1	1
1340	경북 청송군	유목교양서예교육지원사업	14	3,852	1	7	7	8	7	1	1	1	1	1	1	1	1
1341	경북 청송군	유림활동지원사업	14	6,489	1	7	7	8	7	1	1	1	1	1	1	1	1
1342	경북 청송군	독서회책자발간사업	14	2,970	1	7	7	8	7	1	1	1	1	1	1	1	1
1343	경북 청송군	예절인성교육지원사업	14	7,920	1	7	7	8	7	1	1	1	1	1	1	1	1
1344	경북 청송군	실천생활예절교육지원사업	14	9,936	1	7	7	8	7	1	1	1	1	1	1	1	1
1345	경북 청송군	전통문화교육지원사업	14	5,562	1	7	7	8	7	1	1	1	1	1	1	1	1
1346	경북 청송군	도덕성회복교육책자발간사업	14	5,130	1	7	7	8	7	1	1	1	1	1	1	1	1
1347	경북 청송군	청송예술제개최	14	22,200	1	7	7	8	7	1	1	1	1	1	1	1	1
1348	경북 청송군	국악협회찾아가는국악한마당	14	10,600	1	7	7	8	7	1	1	1	1	1	1	1	1
1349	경북 청송군	문인협회청송문예지발간	14	5,562	1	7	7	8	7	1	1	1	1	1	1	1	1

순번	시군구	지출명 (사업명)	문화예술시설 분류 1.공연장 2. 영화상영관 3. 박물관 4. 미술관 5. 화랑 6. 조각공원 7. 도서관 8. 문화의 집 9. 문화체육센터 10. 지방문화원 11. 국악원 12. 전수회관 13. 종합시설 14. 기타(시설명)	2025년예산 (단위:천원/1년간)	민간이전 분류 (지방자치단체 세출예산 집행기준에 의거) 1. 민간경상사업보조(307-02) 2. 민간단체 법정운영비보조(307-03) 3. 민간행사사업보조(307-04) 4. 민간위탁금(307-05) 5. 사회복지시설 법정운영비보조(307-10) 6. 사회복지사업보조(307-11) 7. 민간인위탁교육비(307-12) 8. 공기관등에대한경상적위탁사업비(308-13) 9. 공사공단 경상전출금(309-01) 10. 기타	민간이전지출 근거 (지방보조금 관리기준 참고) 1. 법률에 규정 2. 국고보조 재원(국가지정) 3. 용도 지정 기부금 4. 조례에 직접규정 5. 지자체가 권장하는 사업을 하는 공공기관 6. 시,도 정책 및 재정사정 7. 기타 8. 해당없음	입찰방식 계약체결방법 (경쟁형태) 1. 일반경쟁 2. 제한경쟁 3. 지명경쟁 4. 수의계약 5. 법정위탁 6. 기타 ( ) 7. 해당없음	입찰방식 계약기간 1. 1년 2. 2년 3. 3년 4. 4년 5. 5년 6. 기타 ( )년 7. 단기계약 (1년미만) 8. 해당없음	입찰방식 낙찰자선정방법 1. 적격심사 2. 협상에의한계약 3. 최저가낙찰제 4. 규격가격분리 5. 2단계 경쟁입찰 6. 기타( ) 7. 해당없음	운영예산 산정 운영비산정 1. 내부산정 (지자체 자체적으로 산정) 2. 외부산정 (외부전문기관위탁 산정) 3. 내·외부 모두 산정 4. 산정 無 5. 해당없음	운영예산 산정 정산방법 1. 내부정산 (지자체 내부적으로 정산) 2. 외부정산 (외부전문기관위탁 정산) 3. 내·외부 모두 산정 4. 정산 無 5. 해당없음	성과평가 성과평가 실시여부 1. 실시 2. 미실시 3. 향후 추진 4. 해당없음	성과평가 성과평가 주기 1. 매년 2. 격년 3. 기간만료전 4. 기타 () 5. 해당없음	성과평가 성과평가 실시 방법 1. 자체 실시 2. 평가단 구성 후 실시 (전문위원 섭외) 3. 전문 평가기관 의뢰 4. 기타 () 5. 해당없음	성과평가 평가기준 적용방법 1. 관련 조례 적용 2. 전문 평가기관 의뢰 3. 기타 () 4. 해당없음	평가결과 적용 실제 인센티브 및 페널티 적용 유무 1. 매년 적용 2. 적용 안함 3. 기타 ( ) 4. 해당없음	평가결과 적용 인센티브 및 페널티 적용근거 1. 조례 2. 계약서 3.기타 ( ) 4. 해당없음
1350	경북 청송군	문인협회문학의방	14	3,450	1	7	7	8	7	1	1	1	1	1	1	1	1
1351	경북 청송군	청송미협회원전및국내우수작가초대전	14	6,498	1	7	7	8	7	1	1	1	1	1	1	1	1
1352	경북 청송군	경북학생미술서예공모전	14	10,300	1	7	7	8	7	1	1	1	1	1	1	1	1
1353	경북 청송군	서화예술전시회개최	14	13,104	1	7	7	8	7	1	1	1	1	1	1	1	1
1354	경북 청송군	서원춘향제지원	14	8,568	1	7	7	8	7	1	1	1	1	1	1	1	1
1355	경북 청송군	유교문화실천교육지원	14	3,330	1	7	7	8	7	1	1	1	1	1	1	1	1
1356	경북 청송군	소류선생추모제	14	3,150	1	7	7	8	7	1	1	1	1	1	1	1	1
1357	경북 청송군	부처님오신날군민화합연등문화축제지원	14	3,390	1	7	7	8	7	1	1	1	1	1	1	1	1
1358	경북 청송군	경북시군문화원운영비지원	14	290,030	2	7	7	8	7	1	1	1	1	1	1	1	1
1359	경북 청송군	한국예총청송지부운영지원	14	5,700	2	7	7	8	7	1	1	1	1	1	1	1	1
1360	경북 청송군	제14회청송을그리다전국스케치대회	14	16,350	3	7	7	8	7	1	1	1	1	1	1	1	1
1361	경북 청송군	사과축제백일장개최	14	11,000	3	7	7	8	7	1	1	1	1	1	1	1	1
1362	경북 청송군	제26회청송문화제개최	6	102,600	3	7	7	8	7	1	1	1	1	1	1	1	1
1363	경북 청송군	국악분야예술강사지원사업	14	12,702	1	2	7	8	7	1	1	1	1	1	1	1	1
1364	경북 청송군	경북선비문화교육지원(교양과정)	10	7,705	1	6	7	8	7	1	1	1	1	1	1	1	1
1365	경북 청송군	충효교실운영	10	5,100	1	6	7	8	7	1	1	1	1	1	1	1	1
1366	경북 청송군	경북북부권문화정보센터문화홍보사업지원	14	29,070	1	7	7	8	7	1	1	1	1	1	1	1	1
1367	경북 청송군	국악과시의만남개최지원	14	77,700	3	6	7	8	7	1	1	1	1	1	1	1	1
1368	경북 청송군	향교문화전승보전	14	38,160	1	6	7	8	7	1	1	1	1	1	1	1	1
1369	경북 청송군	지역문화사랑방운영지원	14	28,080	1	6	7	8	7	1	1	1	1	1	1	1	1
1370	경북 청송군	한중잡역번역	14	32,400	1	7	7	8	7	1	1	1	1	1	1	1	1
1371	경북 청송군	제16회청송관광사진전국공모전개최	10	57,500	3	6	7	8	7	1	1	1	1	1	1	1	1
1372	경북 영양군	작은영화관조성	2	111,000	4	4	7	3	7	1	1	4	5	5	4	4	4
1373	경북 영양군	문화시설운영	10	60,771	2	4	4	8	7	1	1	4	5	5	4	4	4
1374	경북 영양군	지방문화원사업활동지원	10	46,800	1	4	4	8	7	1	1	4	5	5	4	4	4
1375	경북 영양군	경북시군문화원운영비지원	10	1,120,000	4	6	4	8	7	1	1	4	5	5	4	4	4
1376	경북 영덕군	예주문화예술회관 운영	1	606,869	8	4	5	1	7	1	1	1	1	3	2	1	1
1377	경북 영덕군	영덕울진이웃사이 문화예술공연	1	356,400	8	6	5	1	7	1	1	1	1	1	4	4	4
1378	경북 영덕군	전통문화계승발전지원	12	18,849	1	4	6	8	7	1	1	1	1	1	3	3	3
1379	경북 영덕군	무형문화유산전수교육관 활성화지원	12	13,125	1	7	6	8	7	1	1	1	1	1	3	3	3
1380	경북 영덕군	무형문화재전수교육관 입주종목 지원	12	22,400	1	7	6	8	7	1	1	1	1	1	3	3	3
1381	경북 영덕군	문화재야행프로그램	14	330,625	8	7	1	8	6	1	1	1	1	1	3	3	3
1382	경북 영덕군	도예문화체험장 운영	14	55,926	4	7	6	8	7	1	1	3	5	5	4	4	4
1383	경북 영덕군	문화유산지킴이활동비지원	14	5,292	1	7	6	8	7	1	3	4	5	5	4	4	4
1384	경북 영덕군	자연유산민속행사지원	14	1,050	1	1	6	8	7	1	3	4	5	5	4	4	4
1385	경북 영덕군	문화원사업지원	10	210,100	1	4	7	8	7	5	1	4	5	5	4	4	4
1386	경북 영덕군	지역문화원사업지원(선현이남긴이야기책발간지원)	10	36,192	1	4	7	8	7	5	1	4	5	5	4	4	4
1387	경북 영덕군	유교문화교양강좌지원	10	6,420	1	4	7	8	7	5	1	4	5	5	4	4	4
1388	경북 영덕군	영덕문화원 운영비 지원	10	176,860	1	4	7	8	7	5	1	4	5	5	4	4	4
1389	경북 청도군	문화원운영지원	10	116,855	4	1	7	8	7	5	5	4	5	5	4	4	4
1390	경북 고령군	제51회 대가야문화예술제	10	85,120	3	4	7	8	7	1	1	1	1	1	3	4	4

순번	시군구	지출명 (사업명)	문화예술시설 분류 1.공연장 2. 영화상영관 3. 박물관 4. 미술관 5. 화랑 6. 조각공원 7. 도서관 8. 문화의 집 9. 문화체육센터 10. 지방문화원 11. 국악원 12. 전수회관 13. 종합시설 14. 기타(시설명)	2025년예산 (단위:천원/1년간)	민간이전 분류 (지방자치단체 세출예산 집행기준에 의거) 1. 민간경상사업보조(307-02) 2. 민간단체 법정운영비보조(307-03) 3. 민간행사사업보조(307-04) 4. 민간위탁금(307-05) 5. 사회복지시설 법정운영비보조(307-10) 6. 사회복지사업보조(307-11) 7. 민간인위탁교육비(307-12) 8. 공기관등에대한경상적위탁사업비(308-13) 9. 공사공단 경상전출금(309-01) 10. 기타	민간이전계출 근거 (지방보조금 관리기준 참고) 1. 법률에 규정 2. 국고보조 재원(국가지정) 3. 용도 지정 기부금 4. 조례에 직접규정 5. 지자체가 권장하는 사업을 하는 공공기관 6. 시,도 정책 및 재정사정 7. 기타 8. 해당없음	입찰방식			운영예산 산정		성과평가				평가결과 적용	
							계약체결방법 (경쟁형태) 1. 일반경쟁 2. 제한경쟁 3. 지명경쟁 4. 수의계약 5. 법정위탁 6. 기타 ( ) 7. 해당없음	계약기간 1. 1년 2. 2년 3. 3년 4. 4년 5. 5년 6. 기타 ( )년 7. 단기계약 (1년미만) 8. 해당없음	낙찰자선정방법 1. 적격심사 2. 협상에의한계약 3. 최저가낙찰제 4. 규격가격분리 5. 2단계 경쟁입찰 6. 기타( ) 7. 해당없음	운영비산정 1. 내부산정 (지자체 자체적으로 산정) 2. 외부산정 (외부전문기관위탁 산정) 3. 내·외부 모두 산정 4. 산정 無 5. 해당없음	정산방법 1. 내부정산 (지자체 내부적으로 정산) 2. 외부정산 (외부전문기관위탁 정산) 3. 내·외부 모두 산정 4. 정산 無 5. 해당없음	성과평가 실시여부 1. 실시 2. 미실시 3. 향후 추진 4. 해당없음	성과평가 주기 1. 매년 2. 격년 3. 기간만료전 4. 기타 () 5. 해당없음	성과평가 실시 방법 1. 자체 실시 2. 평가단 구성 후 실시 (전문위원 섭외) 3. 전문 평가기관 의뢰 4. 기타 () 5. 해당없음	평가기준 적용방법 1. 관련 조례 적용 2. 전문 평가기관 의뢰 3. 기타 () 4. 해당없음	실제 인센티브 및 페널티 적용 유무 1. 매년 적용 2. 적용 안함 3. 기타 ( ) 4. 해당없음	인센티브 및 페널티 적용근거 1. 조례 2. 계약서 3.기타 ( ) 4. 해당없음
1391	경북 고령군	제21회 대가야미술실기대회	10	9,785	3	4	7	8	7	1	1	1	1	1	3	4	4
1392	경북 고령군	가야문화권 합창 페스티벌	10	20,710	3	4	7	8	7	1	1	1	1	1	3	4	4
1393	경북 고령군	소규모공연	10	30,495	3	4	7	8	7	1	1	1	1	1	3	4	4
1394	경북 고령군	우륵추모제	10	4,104	3	4	7	8	7	1	1	1	1	1	3	4	4
1395	경북 고령군	민속장기대회	10	10,700	3	4	7	8	7	1	1	1	1	1	3	4	4
1396	경북 고령군	음악콘텐츠 공모전	10	25,300	3	4	7	8	7	1	1	1	1	1	3	4	4
1397	경북 고령군	대가야풍물대축제	10	32,700	3	4	7	8	7	1	1	1	1	1	3	4	4
1398	경북 고령군	고령-몽골 지역문화 국제교류	10	10,700	3	4	7	8	7	1	1	1	1	1	3	4	4
1399	경북 고령군	현페스티벌개최	10	101,700	4	4	7	8	7	1	1	1	1	1	3	4	4
1400	경북 고령군	충효교실운영	10	5,400	1	4	7	8	7	1	1	1	1	1	3	4	4
1401	경북 고령군	문화학교운영	10	6,540	1	4	7	8	7	1	1	1	1	1	3	4	4
1402	경북 고령군	선비아카데미운영	10	5,992	1	4	7	8	7	1	1	1	1	1	3	4	4
1403	경북 고령군	전국시조경창대회운영	10	26,460	3	4	7	8	7	1	1	1	1	1	3	4	4
1404	경북 고령군	제15회 이조년선생추모 전국백일장	10	30,780	3	4	7	8	7	1	1	1	1	1	3	4	4
1405	경북 고령군	고령문화원 운영지원	10	235,315	4	4	7	8	7	1	1	1	1	1	3	4	4
1406	경북 고령군	고령문화39집발간	10	8,436	1	4	7	8	7	1	1	1	1	1	3	4	4
1407	경북 고령군	지방문화원 사업 활동지원	10	69,160	1	4	7	8	7	1	1	1	1	1	3	4	4
1408	경북 고령군	소년소년합창단 육성	10	12,768	1	4	7	8	7	1	1	1	1	1	3	4	4
1409	경북 고령군	연극반 육성	10	6,156	1	4	7	8	7	1	1	1	1	1	3	4	4
1410	경북 고령군	관악단,청소년동아리육성	10	32,400	1	4	7	8	7	1	1	1	1	1	3	4	4
1411	경북 고령군	우륵청소년가야금연주단운영	10	31,635	1	4	7	8	7	1	1	1	1	1	3	4	4
1412	경북 고령군	문화교실운영	10	50,616	1	4	7	8	7	1	1	1	1	1	3	4	4
1413	경북 고령군	향토사료조사발간	10	20,330	1	4	7	8	7	1	1	1	1	1	3	4	4
1414	경북 고령군	고령문화원50년사발간	10	44,800	1	4	7	8	7	1	1	1	1	1	3	4	4
1415	경북 고령군	공공미술프로젝트 유지보수	10	9,880	1	4	7	8	7	1	1	1	1	1	3	4	4
1416	경북 고령군	다산면지 발간	10	42,000	1	4	7	8	7	1	1	1	1	1	3	4	4
1417	경북 고령군	청년예술인 지원	10	80,560	1	4	7	8	7	1	1	1	1	1	3	4	4
1418	경북 성주군	작은영화관 관리	2	37,794	4	4	6	3	2	1	1	3	3	2	1	4	4
1419	경북 성주군	성주생활문화센터 위탁운영	14	53,331	4	4	6	3	2	1	1	3	3	2	1	4	4
1420	경북 예천군	예천군문화회관 운영 및 관리	1	366,147	8	4	1	2	1	1	3	3	5	5	4	4	4
1421	경북 봉화군	문화원문화사업비지원사업	10	442,776	1	4	7	8	7	1	1	1	1	1	1	4	4
1422	경북 봉화군	경북선비아카데미운영지원	10	6,440	1	4	7	8	7	1	1	1	1	1	1	4	4
1423	경북 봉화군	유교문화교양강좌지원	10	7,800	1	4	7	8	7	1	1	1	1	1	1	4	4
1424	경북 봉화군	문화원문화사업비지원사업	10	100,102	4	4	7	8	7	1	1	1	1	1	1	4	4
1425	경북 봉화군	경북시군문화원운영비지원	10	48,090	2	4	7	8	7	1	1	1	1	1	1	4	4
1426	경북 울진군	울진작은영화관 운영	2	37,470	4	1	6	3	2	1	1	3	5	5	4	4	4
1427	경상남도	미술관 박물관 도슨트 운영지원	3,4	290,440	1	4	7	8	7	1	1	1	1	1	1	1	1
1428	창원특례시	사립미술관 운영 지원	4	13,680	1	4	7	8	7	1	1	1	1	1	1	1	1
1429	창원특례시	사립작은도서관 사업 지원	7	108,729	4	4	7	8	7	1	1	1	1	1	1	1	1
1430	창원특례시	공립작은도서관 위탁 운영비	7	1,028,831	4	4	7	8	7	1	1	1	1	1	1	1	1
1431	창원특례시	공공부문 사립작은도서관 위탁 운영비	7	81,109	4	4	7	8	7	1	1	1	1	1	1	1	1

순번	시군구	지출명 (사업명)	문화예술시설 분류 1.공연장 2. 영화상영관 3. 박물관 4. 미술관 5. 화랑 6. 조각공원 7. 도서관 8. 문화의 집 9. 문화체육센터 10. 지방문화원 11. 국악원 12. 전수회관 13. 종합시설 14. 기타(시설명)	2025년예산 (단위:천원/1년간)	민간이전 분류 (지방자치단체 세출예산 집행기준에 의거) 1. 민간경상사업보조(307-02) 2. 민간단체 법정운영비보조(307-03) 3. 민간행사사업보조(307-04) 4. 민간위탁금(307-05) 5. 사회복지시설 법정운영비보조(307-10) 6. 사회복지사업보조(307-11) 7. 민간인위탁교육비(307-12) 8. 공기관등에대한경상적위탁사업비(308-13) 9. 공사공단 경상전출금(309-01) 10. 기타	민간이전지출 근거 (지방보조금 관리기준 참고) 1. 법률에 규정 2. 국고보조 재원(국가지정) 3. 용도 지정 기부금 4. 조례에 직접규정 5. 지자체가 권장하는 사업을 하는 공공기관 6. 시,도 정책 및 재정사정 7. 기타 8. 해당없음	입찰방식 계약체결방법 (경쟁형태) 1. 일반경쟁 2. 제한경쟁 3. 지명경쟁 4. 수의계약 5. 법정위탁 6. 기타 ( ) 7. 해당없음	입찰방식 계약기간 1. 1년 2. 2년 3. 3년 4. 4년 5. 5년 6. 기타 ( )년 7. 단기계약 (1년미만) 8. 해당없음	입찰방식 낙찰자선정방법 1. 적격심사 2. 협상에의한계약 3. 최저가낙찰제 4. 규격가격분리 5. 2단계 경쟁입찰 6. 기타( ) 7. 해당없음	운영예산 산정 운영비산정 1. 내부산정 (지자체 자체적으로 산정) 2. 외부산정 (외부전문기관위탁 산정) 3. 내·외부 모두 산정 4. 산정 無 5. 해당없음	운영예산 산정 정산방법 1. 내부정산 (지자체 내부적으로 정산) 2. 외부정산 (외부전문기관위탁 정산) 3. 내·외부 모두 산정 4. 정산 無 5. 해당없음	성과평가 성과평가 실시여부 1. 실시 2. 미실시 3. 향후 추진 4. 해당없음	성과평가 성과평가 주기 1. 매년 2. 격년 3. 기간만료전 4. 기타 () 5. 해당없음	성과평가 성과평가 실시 방법 1. 자체 실시 2. 평가단 구성 후 실시 (전문위원 섭외) 3. 전문 평가기관 의뢰 4. 기타 () 5. 해당없음	성과평가 평가기준 적용방법 1. 관련 조례 적용 2. 전문 평가기관 의뢰 3. 기타 () 4. 해당없음	평가결과 적용 실제 인센티브 및 페널티 적용 유무 1. 매년 적용 2. 적용 안함 3. 기타 ( ) 4. 해당없음	평가결과 적용 인센티브 및 페널티 적용근거 1. 조례 2. 계약서 3.기타 ( ) 4. 해당없음
1432	창원특례시	새마을문고 운영비	7	213,408	4	4	7	8	7	1	1	1	1	1	1	1	1
1433	창원특례시	문화원 사업활동지원(창원문화원)	10	438,472	4	4	7	8	7	1	1	1	1	1	1	1	1
1434	창원특례시	문화원 사업활동지원(마산문화원)	10	344,741	4	4	7	8	7	1	1	1	1	1	1	1	1
1435	창원특례시	문화원 사업활동지원(진해문화원)	10	212,048	4	4	7	8	7	1	1	1	1	1	1	1	1
1436	창원특례시	마산농청놀이 전수교육관 운영비	12	3,842	2	1	7	8	7	1	1	1	1	1	3	1	3
1437	창원특례시	아랫녘수륙재 전수교육관 운영비	12	4,068	2	1	7	8	7	1	1	1	1	1	3	1	3
1438	창원특례시	마산성신대제 보존전승 운영비	12	5,928	2	1	7	8	7	1	1	1	1	1	3	1	3
1439	창원특례시	가곡전수관 운영비	12	41,600	2	1	7	8	7	1	1	1	1	1	3	1	3
1440	창원특례시	불모산영산재 보존전승 운영비	12	4,560	2	1	7	8	7	1	1	1	1	1	3	1	3
1441	창원특례시	광려산숯일소리 전수교육관 운영비	12	3,003	2	1	7	8	7	1	1	1	1	1	3	1	3
1442	창원특례시	매듭장 전수교육관 운영비	12	3,933	2	1	7	8	7	1	1	1	1	1	3	1	3
1443	창원특례시	문창제놀이 전수교육관 운영비	12	3,535	2	1	7	8	7	1	1	1	1	1	3	1	3
1444	경남 진주시	박물관·미술관 체험학습 프로그램	3	8,080	1	6	7	8	7	1	1	4	4	4	4	4	4
1445	경남 진주시	문화원 사업활동비 지원	10	268,945	4	1	7	8	7	1	1	1	1	1	3	1	3
1446	경남 진주시	읍면동문화위원회 활성화 지원	10	24,720	1	1	7	8	7	1	1	1	1	1	3	1	3
1447	경남 진주시	지방문화원 운영보조	10	30,300	1	1	7	8	7	1	1	1	1	1	3	1	3
1448	경남 진주시	향토사료 조사 지원	10	11,110	1	1	7	8	7	1	1	1	1	1	3	1	3
1449	경남 진주시	지방문화원 문화행사	10	8,910	3	1	7	8	7	1	1	1	1	1	3	1	3
1450	경남 진주시	남명사상 뿌리를 찾아서	10	11,100	2	1	7	8	7	1	1	1	1	1	3	1	3
1451	경남 진주시	어린이.청소년 프로그램 운영 지원	10	22,800	1	1	7	8	7	1	1	1	1	1	3	1	3
1452	경남 진주시	문화원 역량강화	10	520	3	1	7	8	7	1	1	1	1	1	3	1	3
1453	경남 진주시	문화원 문화유적지 탐방	10	37,080	3	1	7	8	7	1	1	1	1	1	3	1	3
1454	경남 진주시	명절 민속놀이 행사	10	11,500	3	1	7	8	7	1	1	1	1	1	3	1	3
1455	경남 진주시	진주문화지 발간 지원	10	20,800	1	1	7	8	7	1	1	1	1	1	3	1	3
1456	경남 진주시	진주문화원 소식지 발간지원	10	27,500	1	1	7	8	7	1	1	1	1	1	3	1	3
1457	경남 진주시	타 시군 문화원 문화예술교류 지원	10	40,400	3	1	7	8	7	1	1	1	1	1	3	1	3
1458	경남 진주시	내고장자랑 글짓기(온라인) 공모전	10	5,400	3	1	7	8	7	1	1	1	1	1	3	1	3
1459	경남 통영시	향토사료조사 지원	10	11,200	1	4	4	3	7	1	1	4	5	5	4	4	4
1460	경남 통영시	문화학교 지원사업	10	6,600	1	4	4	3	7	1	1	4	5	5	4	4	4
1461	경남 통영시	지방문화원 사업활동비	10	56,943	1	4	4	3	7	1	1	4	5	5	4	4	4
1462	경남 통영시	인건비	10	62,472	2	4	4	3	7	1	1	4	5	5	4	4	4
1463	경남 통영시	운영비	10	27,000	2	4	4	3	7	1	1	4	5	5	4	4	4
1464	경남 통영시	문화원 문화행사 지원	10	5,130	3	4	4	3	7	1	1	4	5	5	4	4	4
1465	경남 통영시	연날리기 경연대회	10	16,848	3	4	4	3	7	1	1	4	5	5	4	4	4
1466	경남 통영시	예술영재육성 지원 확대사업(예술영재육성 지역 확대사업)	1	233,200	8	4	7	8	7	1	1	4	5	5	4	4	4
1467	경남 통영시	예술인문학 교양강좌 지원(예술인문학 교양강좌 지원)	1	20,200	8	4	7	8	7	1	1	4	5	5	4	4	4
1468	경남 통영시	통영시민1인1기 지원(통영시민 1인 1기 지원)	1	30,300	8	4	7	8	7	1	1	4	5	5	4	4	4
1469	경남 통영시	윤이상기념관 운영 관리(운영비, 기획공연, 시설유지 관리비)	1	186,351	8	4	7	8	7	1	1	4	5	5	4	4	4
1470	경남 통영시	통영국제음악제(통영국제음악제 공연비)	1	1,540,000	8	4	7	8	7	1	1	4	5	5	4	4	4
1471	경남 통영시	통영국제음악당 기획공연(통영국제음악당 기획공연비)	1	686,700	8	4	7	8	7	1	1	4	5	5	4	4	4
1472	경남 통영시	윤이상국제음악콩쿠르(윤이상국제음악콩쿠르 공연비)	1	353,600	8	4	7	8	7	1	1	4	5	5	4	4	4

순번	시군구	지출명 (사업명)	문화예술시설 분류 1.공연장 2. 영화상영관 3. 박물관 4. 미술관 5. 화랑 6. 조각공원 7. 도서관 8. 문화의 집 9. 문화체육센터 10. 지방문화원 11. 국악원 12. 전수회관 13. 종합시설 14. 기타(시설명)	2025년예산 (단위:천원/1년간)	민간이전 분류 (지방자치단체 세출예산 집행기준에 의거) 1. 민간경상사업보조(307-02) 2. 민간단체 법정운영비보조(307-03) 3. 민간행사사업보조(307-04) 4. 민간위탁금(307-05) 5. 사회복지시설 법정운영비보조(307-10) 6. 사회복지사업보조(307-11) 7. 민간인위탁교육비(307-12) 8. 공기관등에대한경상적위탁사업비(308-13) 9. 공사공단 경상전출금(309-01) 10. 기타	민간이전지출 근거 (지방보조금 관리기준 참고) 1. 법률에 규정 2. 국고보조 재원(국가지정) 3. 용도 지정 기부금 4. 조례에 직접규정 5. 지자체가 권장하는 사업을 하는 공공기관 6. 시,도 정책 및 재정사정 7. 기타 8. 해당없음	입찰방식: 계약체결방법 (경쟁형태) 1. 일반경쟁 2. 제한경쟁 3. 지명경쟁 4. 수의계약 5. 법정위탁 6. 기타 ( ) 7. 해당없음	입찰방식: 계약기간 1. 1년 2. 2년 3. 3년 4. 4년 5. 5년 6. 기타 ( )년 7. 단기계약 (1년미만) 8. 해당없음	입찰방식: 낙찰자선정방법 1. 적격심사 2. 협상에의한계약 3. 최저가낙찰제 4. 규격가격분리 5. 2단계 경쟁입찰 6. 기타( ) 7. 해당없음	운영예산 산정: 운영비산정 1. 내부산정 (지자체 자체적으로 산정) 2. 외부산정 (외부전문기관위탁 산정) 3. 내·외부 모두 산정 4. 산정 無 5. 해당없음	운영예산 산정: 정산방법 1. 내부정산 (지자체 내부적으로 정산) 2. 외부정산 (외부전문기관위탁 정산) 3. 내·외부 모두 산정 4. 정산 無 5. 해당없음	성과평가: 성과평가 실시여부 1. 실시 2. 미실시 3. 향후 추진 4. 해당없음	성과평가: 성과평가 주기 1. 매년 2. 격년 3. 기간만료전 4. 기타 () 5. 해당없음	성과평가: 성과평가 실시 방법 1. 자체 실시 2. 평가단 구성 후 실시 (전문위원 섭외) 3. 전문 평가기관 의뢰 4. 기타 () 5. 해당없음	성과평가: 평가기준 적용방법 1. 관련 조례 적용 2. 전문 평가기관 의뢰 3. 기타 () 4. 해당없음	평가결과 적용: 실제 인센티브 및 페널티 적용 유무 1. 매년 적용 2. 적용 안함 3. 기타 ( ) 4. 해당없음	평가결과 적용: 인센티브 및 페널티 적용근거 1. 조례 2. 계약서 3.기타 ( ) 4. 해당없음
1473	경남 통영시	윤이상동요제(윤이상 동요제)	1	54,500	8	4	7	8	7	1	1	4	5	5	4	4	4
1474	경남 통영시	꿈의 오케스트라 운영지원(꿈의 오케스트라 운영지원)	1	106,000	8	4	7	8	7	1	1	4	5	5	4	4	4
1475	경남 통영시	시립소년소녀합창단 관리 운영(인건비, 운영비)	1	138,024	8	4	7	8	7	1	1	4	5	5	4	4	4
1476	경남 통영시	여성합창단 관리 운영(블루웨이브 여성합창단 사업지원,통영시 여성합창단 사업지원)	1	10,100	8	4	7	8	7	1	1	4	5	5	4	4	4
1477	경남 통영시	문화도시 예비사업 추진(시민오케스트라 운영)	1	110,000	8	4	7	8	7	1	1	4	5	5	4	4	4
1478	경남 통영시	창의문화유산 지원(유네스코 음악 창의도시 운영)	14	42,800	8	4	7	8	7	1	1	4	5	5	4	4	4
1479	경남 통영시	통영상륙작전기념관 운영	14	87,870	4	4	1	3	6	1	1	4	5	5	4	2	4
1480	경남 통영시	해병대통영상륙작전전승행사	14	15,453	3	4	6	8	7	1	1	1	1	2	1	1	1
1481	경남 사천시	사천시문화예술회관 위탁사업비	1	1,725,811	8	5	7	3	7	1	1	1	1	3	2	1	3
1482	경남 사천시	사천 미술관 운영	4	69,230	8	5	7	3	7	1	1	1	1	3	2	1	3
1483	경남 사천시	사천문화재단 건물 유지관리	8	46,000	8	5	7	5	7	1	1	1	1	3	2	1	3
1484	경남 사천시	사천문화원 운영비 지원	10	69,550	2	1	7	8	7	1	1	4	5	5	4	4	4
1485	경남 사천시	사천문화원 상근인력 인건비 지원	10	218,500	2	1	7	8	7	1	1	4	5	5	4	4	4
1486	경남 사천시	사천문화원 사업활동비 지원	10	58,957	2	1	7	8	7	1	1	4	5	5	4	4	4
1487	경남 밀양시	사립박물관 운영지원	3	5,400	2	1	4	5	7	1	1	1	1	1	4	1	4
1488	경남 밀양시	사립박물관 운영지원	3	5,400	2	1	4	5	7	1	1	1	1	1	4	1	4
1489	경남 밀양시	밀양아리나 공공위탁 운영비	1	122,542	8	4	4	5	7	1	1	1	1	1	4	1	4
1490	경남 밀양시	밀양문화원사 민간위탁 운영비	10	114,000	4	1	4	4	7	1	1	3	3	1	4	4	4
1491	경남 밀양시	문화원 운영비	10	36,063	2	1	7	7	7	1	1	3	3	1	4	4	4
1492	경남 밀양시	지방문화원 사업비	10	50,624	1	1	7	7	7	1	1	3	3	1	4	4	4
1493	경남 밀양시	문화학교 강좌	10	60,206	1	1	7	7	7	1	1	3	3	1	4	4	4
1494	경남 밀양시	향토사료조사 수집	10	10,400	1	1	7	7	7	1	1	3	3	1	4	4	4
1495	경남 밀양시	문화원 사무국장 인건비	10	27,944	2	1	7	7	7	1	1	3	3	1	4	4	4
1496	경남 밀양시	문화원 문화행사	10	4,590	2	1	7	7	7	1	1	3	3	1	4	4	4
1497	경남 밀양시	경상남도지사기 어르신농악경연대회	10	47,040	2	1	7	7	7	1	1	3	3	1	4	4	4
1498	경남 거제시	거제문화원 운영비	10	85,600	2	1, [illegible]	7	8	7	5	5	4	5	5	4	4	4
1499	경남 거제시	거제민속박물관 운영	3	6,793	2	1	7	8	7	5	5	4	5	5	4	4	4
1500	경남 거제시	거제박물관 운영	3	25,080	2	1	7	8	7	5	5	4	5	5	4	4	4
1501	경남 거제시	해금강테마박물관 운영	3	18,700	2	-	7	8	7	5	5	4	5	5	4	4	4
1502	경남 거제시	청마생가 및 기념관 등 시설물 관리운영	14	138,750	4	-	1	2	1	1	1	1	2	2	1	3	2
1503	경남 양산시	시설관리공단 관리	1	925,849	9	-	4	5	7	1	1	1	1	2	3	1	2
1504	경남 양산시	양산문화원 운영 및 활동지원	10	171,696	1	[illegible]	7	8	7	3	3	1	1	2	1	4	4
1505	경남 양산시	양산문화원 운영 및 활동지원	10	112,837	4	[illegible]	7	8	7	3	3	1	1	2	1	4	4
1506	경남 양산시	양산문화원 운영 및 활동지원	10	8,560	3	1	7	8	7	3	3	1	1	2	1	4	4
1507	경남 양산시	양산문화원 문화행사 지원	10	4,600	3	1	7	8	7	3	3	1	1	2	1	4	4
1508	경남 양산시	양산문화원 향토사료 조사	10	11,300	1	1	7	8	7	3	3	1	1	2	1	4	4
1509	경남 양산시	웅상농청장원놀이 전수교육관 운영	12	12,480	2	4	3	8	7	1	1	4	5	5	4	4	4
1510	경남 양산시	가야진용신제 전수교육관 운영	12	32,770	2	4	3	8	7	1	1	4	5	5	4	4	4
1511	경남 양산시	웅상문예원 관리운영	14	211,343	4	4	2	5	7	3	1	1	3	1	1	4	4
1512	경남 양산시	웅상문화체육센터 운영	9	1,171,116	9	4	7	8	7	1	1	1	1	1, 4	3	1	3
1513	경남 양산시	양주문화체육센터 운영	9	125,621	9	4	7	8	7	5	5	4	5	5	4	4	4

순번	시군구	지출명 (사업명)	문화예술시설 분류 1.공연장 2. 영화상영관 3. 박물관 4. 미술관 5. 화랑 6. 조각공원 7. 도서관 8. 문화의 집 9. 문화체육센터 10. 지방문화원 11. 국악원 12. 전수회관 13. 종합시설 14. 기타(시설명)	2025년예산 (단위:천원/1년간)	민간이전 분류 (지방자치단체 세출예산 집행기준에 의거) 1. 민간경상사업보조(307-02) 2. 민간단체 법정운영비보조(307-03) 3. 민간행사사업보조(307-04) 4. 민간위탁금(307-05) 5. 사회복지시설 법정운영비보조(307-10) 6. 사회복지사업보조(307-11) 7. 민간인위탁교육비(307-12) 8. 공기관등에대한경상적위탁사업비(308-13) 9. 공사공단 경상전출금(309-01) 10. 기타	민간이전지출 근거 (지방보조금 관리기준 참고) 1. 법률에 규정 2. 국고보조 재원(국가지정) 3. 용도 지정 기부금 4. 조례에 직접규정 5. 지자체가 권장하는 사업을 하는 공공기관 6. 시,도 정책 및 재정사정 7. 기타 8. 해당없음	입찰방식: 계약체결방법 (경쟁형태) 1. 일반경쟁 2. 제한경쟁 3. 지명경쟁 4. 수의계약 5. 법정위탁 6. 기타 ( ) 7. 해당없음	입찰방식: 계약기간 1. 1년 2. 2년 3. 3년 4. 4년 5. 5년 6. 기타 ( )년 7. 단기계약 (1년미만) 8. 해당없음	입찰방식: 낙찰자선정방법 1. 적격심사 2. 협상에의한계약 3. 최저가낙찰제 4. 규격가격분리 5. 2단계 경쟁입찰 6. 기타( ) 7. 해당없음	운영예산 산정: 운영비산정 1. 내부산정 (지자체 자체적으로 산정) 2. 외부산정 (외부전문기관위탁 산정) 3. 내·외부 모두 산정 4. 산정 無 5. 해당없음	운영예산 산정: 정산방법 1. 내부정산 (지자체 내부적으로 정산) 2. 외부정산 (외부전문기관위탁 정산) 3. 내·외부 모두 산정 4. 정산 無 5. 해당없음	성과평가: 성과평가 실시여부 1. 실시 2. 미실시 3. 향후 추진 4. 해당없음	성과평가: 성과평가 주기 1. 매년 2. 격년 3. 기간만료전 4. 기타 () 5. 해당없음	성과평가: 성과평가 실시 방법 1. 자체 실시 2. 평가단 구성 후 실시 (전문위원 섭외) 3. 전문 평가기관 의뢰 4. 기타 () 5. 해당없음	성과평가: 평가기준 적용방법 1. 관련 조례 적용 2. 전문 평가기관 의뢰 3. 기타 () 4. 해당없음	평가결과 적용: 실제 인센티브 및 페널티 적용 유무 1. 매년 적용 2. 적용 안함 3. 기타 ( ) 4. 해당없음	평가결과 적용: 인센티브 및 페널티 적용근거 1. 조례 2. 계약서 3.기타 ( ) 4. 해당없음
1514	경남 양산시	작은도서관 운영보조(독서사업비)	7	196,650	1	1, 4	7	8	7	5	5	4	5	5	4	4	4
1515	경남 양산시	작은도서관 운영보조(운영비)	7	118,560	4	1, 4	7	8	7	5	5	4	5	5	4	4	4
1516	경남 양산시	독서활동지도자 양성사업	7	51,500	4	4	7	8	7	5	5	4	5	5	4	4	4
1517	경남 의령군	지방문화원 유적전시체험활동 지원	10	46,764	1	6	7	8	7	1	1	1	1	1	1	1	1
1518	경남 의령군	문화원 향토사료 조사지원	10	30,510	1	6	7	8	7	1	1	1	1	1	1	1	1
1519	경남 의령군	문화원 문화행사지원	10	21,000	1	6	7	8	7	1	1	1	1	1	1	1	1
1520	경남 의령군	노인 서실 운영지원	10	30,780	1	6	7	8	7	1	1	1	1	1	1	1	1
1521	경남 의령군	지방문화원 어르신 문화프로그램 운영 지원	10	6,420	1	6	7	8	7	1	1	1	1	1	1	1	1
1522	경남 의령군	문화학교 운영 지원	10	20,844	1	6	7	8	7	1	1	1	1	1	1	1	1
1523	경남 의령군	의령의 인물 학술세미나	10	26,780	1	6	7	8	7	1	1	1	1	1	1	1	1
1524	경남 의령군	전통민속놀이 및 오광대 전수	10	10,100	1	6	7	8	7	1	1	1	1	1	1	1	1
1525	경남 의령군	시군문화원 활성화 운영비	10	26,400	1	6	7	8	7	1	1	1	1	1	1	1	1
1526	경남 의령군	지방문화원 운영	10	160,912	4	6	7	8	7	1	1	1	1	1	1	1	1
1527	경남 의령군	군민휘호대회	10	7,490	3	6	7	8	7	1	1	1	1	1	1	1	1
1528	경남 의령군	초중등학생 글짓기 대회	10	6,120	3	6	7	8	7	1	1	1	1	1	1	1	1
1529	경남 의령군	정월대보름 전통민속놀이	10	11,200	3	6	7	8	7	1	1	1	1	1	1	1	1
1530	경남 함안군	문화원 운영지원	10	142,083	1	4	2	5	1	1	1	1	3	1	4	4	4
1531	경남 함안군	문화원 운영비	10	158,200	2	1	2	5	1	1	1	1	3	1	4	4	4
1532	경남 함안군	농악경연대회(함안문화원)	10	33,300	3	4	2	5	1	1	1	1	3	1	4	4	4
1533	경남 창녕군	문화학교 운영	10	48,960	1	1	7	8	7	1	1	1	1	1	4	4	4
1534	경남 창녕군	체험활동비 지원	10	23,980	1	1	7	8	7	1	1	1	1	1	4	4	4
1535	경남 창녕군	창녕문화원 운영비지원	10	176,750	4	1	7	8	7	1	1	1	1	1	4	4	4
1536	경남 창녕군	향토사료조사 지원	10	11,000	1	1	7	8	7	1	1	1	1	1	4	4	4
1537	경남 창녕군	문화행사 지원	10	30,805	1	1	7	8	7	1	1	1	1	1	4	4	4
1538	경남 고성군	무형문화재전수교육관(고성오광대) 관리 운영 지원	12	46,640	2	1	6	2	6	1	1	4	5	5	4	4	4
1539	경남 고성군	무형문화재전수교육관(고성농요) 관리 운영 지원	12	14,586	2	1	6	2	6	1	1	4	5	5	4	4	4
1540	경남 고성군	공립 작은도서관 운영	7	189,000	5	4	7	8	7	1	1	2	5	5	4	4	4
1541	경남 고성군	작은도서관 독서문화 프로그램 지원	7	3,450	1	4	7	8	7	1	1	2	5	5	4	4	4
1542	경남 고성군	충효교육관 운영	14	12,120	4	4	6	3	7	1	1	4	5	5	4	4	4
1543	경남 남해군	지역문화원활동지원	10	28,607	1	1	5	8	7	1	1	1	1	1	1	1	1
1544	경남 남해군	지역문화원활동지원	10	124,429	2	1	5	8	7	1	1	1	1	1	1	1	1
1545	경남 남해군	지역문화원활동지원	10	29,438	3	1	5	8	7	1	1	1	1	1	1	1	1
1546	경남 산청군	작은영화관 운영관리	2	106,107	4	7	1	5	1	1	1	4	5	5	4	4	4
1547	경남 산청군	산청박물관 운영	3	210,000	4	8	7	8	7	5	5	4	5	5	4	4	4
1548	경남 함양군	함양문화원 지원	10	370,240	1	4	7	8	7	1	1	3	5	5	4	4	4
1549	경남 거창군	아림예술제 사무국 운영	14	33,920	2	1	7	8	7	1	1	1	1	1	4	1	3
1550	경남 거창군	한국예총 거창지부 운영	14	36,480	2	1	7	8	7	1	1	1	1	1	4	1	3
1551	경남 거창군	경남민예총 거창지부 운영	14	18,900	2	1	7	8	7	1	1	1	1	1	4	1	3
1552	경남 거창군	문학지 등 발간지원	14	11,990	1	4	7	8	7	1	1	1	1	1	4	1	3
1553	경남 거창군	극단 동아리 육성	14	56,000	1	4	7	8	7	1	1	1	1	1	4	1	3
1554	경남 거창군	아림예술제	14	100,700	4	4	7	8	7	1	1	1	1	1	4	1	3

순번	시군구	지출명 (사업명)	문화예술시설 분류 1.공연장 2. 영화상영관 3. 박물관 4. 미술관 5. 화랑 6. 조각공원 7. 도서관 8. 문화의 집 9. 문화체육센터 10. 지방문화원 11. 국악원 12. 전수회관 13. 종합시설 14. 기타(시설명)	2025년예산 (단위:천원/1년간)	민간이전 분류 (지방자치단체 세출예산 집행기준에 의거) 1. 민간경상사업보조(307-02) 2. 민간단체 법정운영비보조(307-03) 3. 민간행사사업보조(307-04) 4. 민간위탁금(307-05) 5. 사회복지시설 법정운영비보조(307-10) 6. 사회복지사업보조(307-11) 7. 민간인위탁교육비(307-12) 8. 공기관등에대한경상적위탁사업비(308-13) 9. 공사공단 경상전출금(309-01) 10. 기타	민간이전지출 근거 (지방보조금 관리기준 참고) 1. 법률에 규정 2. 국고보조 재원(국가지정) 3. 용도 지정 기부금 4. 조례에 직접규정 5. 지자체가 권장하는 사업을 하는 공공기관 6. 시,도 정책 및 재정사정 7. 기타 8. 해당없음	입찰방식 계약체결방법 (경쟁형태) 1. 일반경쟁 2. 제한경쟁 3. 지명경쟁 4. 수의계약 5. 법정위탁 6. 기타 ( ) 7. 해당없음	입찰방식 계약기간 1. 1년 2. 2년 3. 3년 4. 4년 5. 5년 6. 기타 ( )년 7. 단기계약 (1년미만) 8. 해당없음	입찰방식 낙찰자선정방법 1. 적격심사 2. 협상에의한계약 3. 최저가낙찰제 4. 규격가격분리 5. 2단계 경쟁입찰 6. 기타( ) 7. 해당없음	운영예산 산정 운영비산정 1. 내부산정 (지자체 자체적으로 산정) 2. 외부산정 (외부전문기관위탁 산정) 3. 내·외부 모두 산정 4. 산정 無 5. 해당없음	운영예산 산정 정산방법 1. 내부정산 (지자체 내부적으로 정산) 2. 외부정산 (외부전문기관위탁 정산) 3. 내·외부 모두 산정 4. 정산 無 5. 해당없음	성과평가 성과평가 실시여부 1. 실시 2. 미실시 3. 향후 추진 4. 해당없음	성과평가 성과평가 주기 1. 매년 2. 격년 3. 기간만료전 4. 기타 () 5. 해당없음	성과평가 성과평가 실시 방법 1. 자체 실시 2. 평가단 구성 후 실시 (전문위원 섭외) 3. 전문 평가기관 의뢰 4. 기타 () 5. 해당없음	성과평가 평가기준 적용방법 1. 관련 조례 적용 2. 전문 평가기관 의뢰 3. 기타 () 4. 해당없음	평가결과 적용 실제 인센티브 및 페널티 적용 유무 1. 매년 적용 2. 적용 안함 3. 기타 ( ) 4. 해당없음	평가결과 적용 인센티브 및 페널티 적용근거 1. 조례 2. 계약서 3.기타 ( ) 4. 해당없음
1555	경남 거창군	거창예총제	14	68,820	3	4	7	8	7	1	1	1	1	1	4	1	3
1556	경남 거창군	거창민족예술제	14	20,600	3	4	7	8	7	1	1	1	1	1	4	1	3
1557	경남 거창군	거창평화인권예술제	14	11,000	3	4	7	8	7	1	1	1	1	1	4	1	3
1558	경남 거창군	원학골(위천) 3.1 문화제(위천3.1문화제)	14	10,170	3	4	7	8	7	1	1	1	1	1	4	1	3
1559	경남 거창군	거창(가조) 3.1 민속문화제)거창3.1정신 계승발전위원회)	14	9,540	3	4	7	8	7	1	1	1	1	1	4	1	3
1560	경남 거창군	부처님오신날 연등축제(거창불교사암연합회)	14	56,000	3	4	7	8	7	1	1	1	1	1	4	1	3
1561	경남 거창군	아흡산 취우령제(취우령제례위원회)	14	5,200	3	4	7	8	7	1	1	1	1	1	4	1	3
1562	경남 거창군	거창한 가요콘서트	14	32,100	3	4	7	8	7	1	1	1	1	1	4	1	3
1563	경남 거창군	합창단 지원	14	23,690	3	4	7	8	7	1	1	1	1	1	4	1	3
1564	경남 거창군	음악 연주회 지원	14	61,610	3	4	7	8	7	1	1	1	1	1	4	1	3
1565	경남 거창군	미술, 서예, 사진 전시회 등 지원	14	9,200	3	4	7	8	7	1	1	1	1	1	4	1	3
1566	경남 거창군	무용공연 지원	14	10,300	3	4	7	8	7	1	1	1	1	1	4	1	3
1567	경남 거창군	풍물공연 지원	14	10,350	3	4	7	8	7	1	1	1	1	1	4	1	3
1568	경남 거창군	연극(영화)공연 지원	14	53,580	3	4	7	8	7	1	1	1	1	1	4	1	3
1569	경남 거창군	아시아 1인극제	14	52,320	3	4	7	8	7	1	1	1	1	1	4	1	3
1570	경남 거창군	거창크리스마스트리문화축제	14	21,200	3	4	7	8	7	1	1	1	1	1	4	1	3
1571	경남 거창군	호러 in 거창	14	23,000	3	4	7	8	7	1	1	1	1	1	4	1	3
1572	경남 거창군	한문윤리 교실(거창향교)	14	20,200	1	4	7	8	7	1	1	1	1	1	4	1	3
1573	경남 거창군	춘/추기 석전대제 (거창향교)	14	11,300	1	4	7	8	7	1	1	1	1	1	4	1	3
1574	경남 거창군	전통 성년례(성균관청년유도회)	14	9,040	1	4	7	8	7	1	1	1	1	1	4	1	3
1575	경남 거창군	거창유학의 연원 전시회(성균관청년유도회)	14	2,120	1	4	7	8	7	1	1	1	1	1	4	1	3
1576	경남 거창군	전통 다도교실(성균관여성유도회)	14	4,480	1	4	7	8	7	1	1	1	1	1	4	1	3
1577	경남 거창군	예의생활실천 및 윤리도덕성회복교육(성균관유도회)	14	11,500	1	4	7	8	7	1	1	1	1	1	4	1	3
1578	경남 거창군	전통윤리 도덕성회복 교육(원학동유도회)	14	4,520	1	4	7	8	7	1	1	1	1	1	4	1	3
1579	경남 거창군	기로연 재현(원학동유도회)	14	3,390	1	4	7	8	7	1	1	1	1	1	4	1	3
1580	경남 거창군	향교 전통문화 계승 지원	14	26,391	1	4	7	8	7	1	1	1	1	1	4	1	3
1581	경남 거창군	지역문화 활성화 지원사업	10	193,935	1	1	7	8	7	1	1	1	1	1	1	1	1
1582	경남 거창군	문화원 운영 지원사업	10	254,558	4	[illegible]	7	8	7	1	1	1	1	1	1	1	1
1583	경남 거창군	전통문화 지원사업	10	58,320	4	[illegible]	7	8	7	1	1	1	1	1	1	1	1
1584	경남 거창군	향토사료 조사 지원사업	10	14,250	1		7	8	7	1	1	1	1	1	1	1	1
1585	경남 거창군	문화원 문화행사 지원사업	10	5,150	1		7	8	7	1	1	1	1	1	1	1	1
1586	경남 거창군	문화원 활성화 운영비	10	24,960	1	1	7	8	7	1	1	1	1	1	1	1	1
1587	경남 거창군	문화바우처 지원	14	625,794	1	1	7	8	7	1	1	1	1	1	4	1	3
1588	경남 거창군	거창목재문화체험장 프로그램운영비	14	58,300	4	7	1	3	7	1	1	1	1	1	1	1	3
1589	경남 거창군	생생문화재사업	14	53,500	1	2	7	8	7	1	1	1	1	5	4	4	4
1590	경남 거창군	고택·종갓집 활용사업	14	292,900	1	2	7	8	7	1	1	1	1	5	4	4	4
1591	경남 거창군	전수관 사무국 운영비	12	161,265	4	4	7	8	7	1	1	1	1	1	1	2	1
1592	경남 거창군	무형문화재 전승교육비	12	41,040	1	6	7	8	7	1	1	1	1	1	1	2	1
1593	경남 거창군	무형문화재 공개 행사비	12	16,968	1	6	7	8	7	1	1	1	1	1	1	2	1
1594	경남 거창군	무형문화재 보유단체 전승활동비(자체)	12	64,200	1	4	7	8	7	1	1	1	1	1	1	2	1
1595	경남 거창군	무형문화재 보유단체 공개행사활동비(자체)	12	32,640	1	4	7	8	7	1	1	1	1	1	1	2	1

순번	시군구	지출명 (사업명)	문화예술시설 분류 1.공연장 2. 영화상영관 3. 박물관 4. 미술관 5. 화랑 6. 조각공원 7. 도서관 8. 문화의 집 9. 문화체육센터 10. 지방문화원 11. 국악원 12. 전수회관 13. 종합시설 14. 기타(시설명)	2025년예산 (단위:천원/1년간)	민간이전 분류 (지방자치단체 세출예산 집행기준에 의거) 1. 민간경상사업보조(307-02) 2. 민간단체 법정운영비보조(307-03) 3. 민간행사사업보조(307-04) 4. 민간위탁금(307-05) 5. 사회복지시설 법정운영비보조(307-10) 6. 사회복지사업보조(307-11) 7. 민간인위탁교육비(307-12) 8. 공기관등에대한경상적위탁사업비(308-13) 9. 공사공단 경상전출금(309-01) 10. 기타	민간이전지출 근거 (지방보조금 관리기준 참고) 1. 법률에 규정 2. 국고보조 재원(국가지정) 3. 용도 지정 기부금 4. 조례에 직접규정 5. 지자체가 권장하는 사업을 하는 공공기관 6. 시,도 정책 및 재정사정 7. 기타 8. 해당없음	입찰방식 계약체결방법 (경쟁형태) 1. 일반경쟁 2. 제한경쟁 3. 지명경쟁 4. 수의계약 5. 법정위탁 6. 기타 ( ) 7. 해당없음	입찰방식 계약기간 1. 1년 2. 2년 3. 3년 4. 4년 5. 5년 6. 기타 ( )년 7. 단기계약 (1년미만) 8. 해당없음	입찰방식 낙찰자선정방법 1. 적격심사 2. 협상에의한계약 3. 최저가낙찰제 4. 규격가격분리 5. 2단계 경쟁입찰 6. 기타( ) 7. 해당없음	운영예산 산정 운영비산정 1. 내부산정 (지자체 자체적으로 산정) 2. 외부산정 (외부전문기관위탁 산정) 3. 내·외부 모두 산정 4. 산정 無 5. 해당없음	운영예산 산정 정산방법 1. 내부정산 (지자체 내부적으로 정산) 2. 외부정산 (외부전문기관위탁 정산) 3. 내·외부 모두 산정 4. 정산 無 5. 해당없음	성과평가 성과평가 실시여부 1. 실시 2. 미실시 3. 향후 추진 4. 해당없음	성과평가 성과평가 주기 1. 매년 2. 격년 3. 기간만료전 4. 기타 () 5. 해당없음	성과평가 성과평가 실시 방법 1. 자체 실시 2. 평가단 구성 후 실시 (전문위원 섭외) 3. 전문 평가기관 의뢰 4. 기타 () 5. 해당없음	성과평가 평가기준 적용방법 1. 관련 조례 적용 2. 전문 평가기관 의뢰 3. 기타 () 4. 해당없음	평가결과 적용 실제 인센티브 및 페널티 적용 유무 1. 매년 적용 2. 적용 안함 3. 기타 ( ) 4. 해당없음	평가결과 적용 인센티브 및 페널티 적용근거 1. 조례 2. 계약서 3.기타 ( ) 4. 해당없음
1596	경남 거창군	전승공동체 활성화 지원사업	14	86,900	1	2	7	8	7	5	5	4	5	5	4	4	4
1597	경남 거창군	당산리 당송 영송제 지원	14	2,060	3	2	7	8	7	1	1	1	1	1	1	4	4
1598	경남 합천군	작은도서관 도서구입비	7	24,860	1	6	7	8	7	5	5	4	5	5	4	4	4
1599	경남 합천군	합천문화원 지원	10	342,300	4	4	7	8	7	5	5	4	5	5	4	4	4
1600	제주특별자치도	시각예술서울전시관 임대사업	5	300,000	4	4	4	2	7	1	1	1	3	3	2	3	3
1601	제주 서귀포시	서귀포시 문화도시센터 사무	14	2,000,000	4	4	6	3	7	3	3	1	1	4	3	1	3

배 성 기 (裵 成 基)

| 약 력 |

現 공공서비스연구원 원장, 한국민간위탁연구소 소장, 한국공공서비스연구소 소장, 한국사회적가치연구소 소장, 한국지방의정연구소 소장, 단국대학교 경영학 박사, 가천대학교 회계학 석사

現 단국대학교 경영학과 외래교수

現 파주시청 민간위탁 운영심의위원, 은평구청 민간위탁 적정성운영위원

現 중랑구의회 의정자문위원, 한국의정연구회 지방의회연구소 초빙교수

現 송파구 민간위탁 운영평가위원, 사회적기업 육성 위원

現 성북구 사회적경제 육성위원, 성북민관협치 운영위원

現 국민권익위원회 부패영향평가 자문위원

現 가천대학교 사회적기업과고용관계연구소 비상임 선임연구원

現 에코아이 지속가능경영연구소 비상임 소장

現 (재)현대산업경제연구원 비상임 연구위원

前 서울시 민간위탁 원가분석 자문위원

前 단국대학교 경제학과 외래교수

| 주요 연구수행실적 |

「정부 및 지자체 등으로부터 위탁받은 사업 매뉴얼 구축 용역」

「2017년 재정사업 성과평가 용역(산림자원육성)」

「농림축산식품 정보화사업 성과관리체계 구축 연구」

「자동차전용도로 효율적 관리를 위한 직무분석 용역」

「산림문화휴양촌 관리운영 방안 수립 연구 용역」

「생활폐기물 수집 · 운반 및 처리시설 민간위탁 타당성 및 운영효율화 방안」

「산업단지 폐수처리시설 민간위탁 타당성 및 운영효율화 방안」

「종합사회복지관 민간위탁 타당성 및 운영효율화 방안」

「장애인복지관 민간위탁 타당성 및 운영효율화 방안」

「노인종합복지관 민간위탁 타당성 및 운영효율화 방안」

「아동 · 청소년시설 민간위탁 타당성 및 운영효율화 방안」

「소각장 민간위탁 타당성 및 운영효율화 방안」

「자동집하시설 민간위탁 타당성 및 운영효율화 방안」

「가로등관리 민간위탁 타당성 및 운영효율화 방안」

「공원관리 민간위탁 타당성 및 운영효율화 방안」

「문화예술·체육시설 운영관리 민간위탁 타당성 및 운영효율화 방안」 외 다수

| 주요 저술실적 |

저서 : 지방자치단체 민간위탁 운영관리메뉴얼 Ⅰ, Ⅱ, Ⅲ권, 민간위탁 원가산정, 공공관리와 성과, 민간위탁 조례 및 계약 관리 방안, 하수처리시설 민간위탁 서비스 평가, 공공하수도시설 민간위탁 서비스 경영, 생활폐기물 수집 · 운반 및 처리시설 민간위탁 서비스 경영 등

번역 : OECD 정부기능 및 정부서비스 민간위탁 외 4권

논문 : 민간위탁서비스 핵심운영요인이 운영성과에 미치는 영향에 관한 실증 연구(2014) 등 3개

발표 : 한국생산관리학회, 한국구매조달학회, 한국관광경영학회 등 다수

KCOMI 발간도서 소개

민간위탁 통계

KCOMI 통계

2025 전국 지방자치단체 민·관 협업사무 운영 현황 I

민간위탁금(307-05)
사회복지시설법정운영비보조(307-10)
민간인위탁교육비(307-12)
공기관등에대한경상적대행사업비(308-10)

본 도서는 전국 17개 광역자치단체를 포함한 243개 지방자치단체의 2021년 민관 협업사무 운영 현황으로서 국내에서 유일하게 전국 민관 협업사무 운영 현황을 파악할 수 있는 자료이다. 해당 시리즈는 총 3권으로 제작되었다.

배성기 지음
한국민간위탁경영구소
2025년 3월 출간

KCOMI 통계

2025 전국 지방자치단체 민·관 협업사무 운영 현황 II

민간위탁금(307-05)
사회복지시설법정운영비보조(307-10)
민간인위탁교육비(307-12)
공기관등에대한경상적대행사업비(308-10)

본 도서는 전국 17개 광역자치단체를 포함한 243개 지방자치단체의 2021년 민관 협업사무 운영 현황으로서 국내에서 유일하게 전국 민관 협업사무 운영 현황을 파악할 수 있는 자료이다. 해당 시리즈는 총 3권으로 제작되었다.

배성기 지음
한국민간위탁경영구소
2025년 3월 출간

KCOMI 통계

2025 전국 지방자치단체 민·관 협업사무 운영 현황 III

민간위탁금(307-05)
사회복지시설법정운영비보조(307-10)
민간인위탁교육비(307-12)
공기관등에대한경상적대행사업비(308-10)

본 도서는 전국 17개 광역자치단체를 포함한 243개 지방자치단체의 2021년 민관 협업사무 운영 현황으로서 국내에서 유일하게 전국 민관 협업사무 운영 현황을 파악할 수 있는 자료이다. 해당 시리즈는 총 3권으로 제작되었다.

배성기 지음
한국민간위탁경영구소
2025년 3월 출간

KCOMI 통계

2024 전국 지방자치단체 중간지원조직 위탁 운영현황

민간위탁금(307-05)
사회복지시설법정운영비보조(307-10)
민간인위탁교육비(307-12)
공기관등에대한경상적대행사업비(308-10)

본 도서는 전국 17개 광역자치단체를 포함한 243개 지방자치단체의 2021년 민관 협업사무 운영 현황으로서 국내에서 유일하게 전국 민관 협업사무 운영 현황을 파악할 수 있는 자료이다.

배성기 지음
한국민간위탁경영구소
2024년 10월 출간

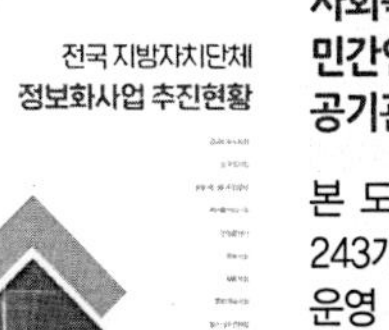

KCOMI 통계

2024 전국 지방자치단체 정보화사업 추진현황

민간위탁금(307-05)
사회복지시설법정운영비보조(307-10)
민간인위탁교육비(307-12)
공기관등에대한경상적대행사업비(308-10)

본 도서는 전국 17개 광역자치단체를 포함한 243개 지방자치단체의 2021년 민관 협업사무 운영 현황으로서 국내에서 유일하게 전국 민관 협업사무 운영 현황을 파악할 수 있는 자료이다.

배성기 지음
한국민간위탁경영구소
2024년 10월 출간

KCOMI 통계

2024 전국 지방자치단체 사회복지시설 운영현황

민간위탁금(307-05)
사회복지시설법정운영비보조(307-10)
민간인위탁교육비(307-12)
공기관등에대한경상적대행사업비(308-10)

본 도서는 전국 17개 광역자치단체를 포함한 243개 지방자치단체의 2021년 민관 협업사무 운영 현황으로서 국내에서 유일하게 전국 민관 협업사무 운영 현황을 파악할 수 있는 자료이다.

배성기 지음
한국민간위탁경영구소
2024년 10월 출간

KCOMI 통계

2024 전국 지방자치단체 평생교육시설 운영현황

민간위탁금(307-05)
사회복지시설법정운영비보조(307-10)
민간인위탁교육비(307-12)
공기관등에대한경상적대행사업비(308-10)

본 도서는 전국 17개 광역자치단체를 포함한 243개 지방자치단체의 2021년 민관 협업사무 운영 현황으로서 국내에서 유일하게 전국 민관 협업사무 운영 현황을 파악할 수 있는 자료이다.

배성기 시음
한국민간위탁경영구소
2024년 10월 출간

KCOMI 통계

2024 전국 지방자치단체 청소년수련시설 운영현황

민간위탁금(307-05)
사회복지시설법정운영비보조(307-10)
민간인위탁교육비(307-12)
공기관등에대한경상적대행사업비(308-10)

본 도서는 전국 17개 광역자치단체를 포함한 243개 지방자치단체의 2021년 민관 협업사무 운영 현황으로서 국내에서 유일하게 전국 민관 협업사무 운영 현황을 파악할 수 있는 자료이다.

배성기 지음
한국민간위탁경영구소
2024년 10월 출간

KCOMI 통계

2024 전국 지방자치단체 문화예술시설 운영현황

민간위탁금(307-05)
사회복지시설법정운영비보조(307-10)
민간인위탁교육비(307-12)
공기관등에대한경상적대행사업비(308-10)

본 도서는 전국 17개 광역자치단체를 포함한 243개 지방자치단체의 2021년 민관 협업사무 운영 현황으로서 국내에서 유일하게 전국 민관 협업사무 운영 현황을 파악할 수 있는 자료이다.

배성기 지음
한국민간위탁경영구소
2024년 10월 출간

KCOMI 통계

2024 전국 지방자치단체 관광시설 운영현황

민간위탁금(307-05)
사회복지시설법정운영비보조(307-10)
민간인위탁교육비(307-12)
공기관등에대한경상적대행사업비(308-10)

본 도서는 전국 17개 광역자치단체를 포함한 243개 지방자치단체의 2021년 민관 협업사무 운영 현황으로서 국내에서 유일하게 전국 민관 협업사무 운영 현황을 파악할 수 있는 자료이다.

배성기 지음
한국민간위탁경영구소
2024년 10월 출간

전국 지방자치단체
체육시설 운영현황

KCOMI 통계

2024 전국 지방자치단체 체육시설 운영현황

민간위탁금(307-05)
사회복지시설법정운영비보조(307-10)
민간인위탁교육비(307-12)
공기관등에대한경상적대행사업비(308-10)

본 도서는 전국 17개 광역자치단체를 포함한 243개 지방자치단체의 2021년 민관 협업사무 운영 현황으로서 국내에서 유일하게 전국 민관 협업사무 운영 현황을 파악할 수 있는 자료이다.

배성기 지음
한국민간위탁경영구소
2024년 10월 출간

전국 지방자치단체
민원콜센터 운영현황

KCOMI 통계

2024 전국 지방자치단체 민원콜센터 운영현황

민간위탁금(307-05)
사회복지시설법정운영비보조(307-10)
민간인위탁교육비(307-12)
공기관등에대한경상적대행사업비(308-10)

본 도서는 전국 17개 광역자치단체를 포함한 243개 지방자치단체의 2021년 민관 협업사무 운영 현황으로서 국내에서 유일하게 전국 민관 협업사무 운영 현황을 파악할 수 있는 자료이다.

배성기 지음
한국민간위탁경영구소
2024년 10월 출간

전국 지방자치단체
폐기물처리시설 운영현황

KCOMI 통계

2024 전국 지방자치단체 폐기물처리시설 운영현황

민간위탁금(307-05)
사회복지시설법정운영비보조(307-10)
민간인위탁교육비(307-12)
공기관등에대한경상적대행사업비(308-10)

본 도서는 전국 17개 광역자치단체를 포함한 243개 지방자치단체의 2021년 민관 협업사무 운영 현황으로서 국내에서 유일하게 전국 민관 협업사무 운영 현황을 파악할 수 있는 자료이다.

배성기 지음
한국민간위탁경영구소
2024년 10월 출간

전국 지방자치단체
생활폐기물 수집운반 운영현황

KCOMI 통계

2024 전국 지방자치단체 생활폐기물 수집운반 운영현황

민간위탁금(307-05)
사회복지시설법정운영비보조(307-10)
민간인위탁교육비(307-12)
공기관등에대한경상적대행사업비(308-10)

본 도서는 전국 17개 광역자치단체를 포함한 243개 지방자치단체의 2021년 민관 협업사무 운영 현황으로서 국내에서 유일하게 전국 민관 협업사무 운영 현황을 파악할 수 있는 자료이다.

배성기 지음
한국민간위탁경영구소
2024년 10월 출간

전국 지방자치단체
상수도시설 운영현황

KCOMI 통계

2024 전국 지방자치단체 상수도시설 운영현황

민간위탁금(307-05)
사회복지시설법정운영비보조(307-10)
민간인위탁교육비(307-12)
공기관등에대한경상적대행사업비(308-10)

본 도서는 전국 17개 광역자치단체를 포함한 243개 지방자치단체의 2021년 민관 협업사무 운영 현황으로서 국내에서 유일하게 전국 민관 협업사무 운영 현황을 파악할 수 있는 자료이다.

배성기 지음
한국민간위탁경영구소
2024년 10월 출간

전국 지방자치단체
공공하수도시설 운영현황

KCOMI 통계

2024 전국 지방자치단체 공공하수도시설 운영현황

민간위탁금(307-05)
사회복지시설법정운영비보조(307-10)
민간인위탁교육비(307-12)
공기관등에대한경상적대행사업비(308-10)

본 도서는 전국 17개 광역자치단체를 포함한 243개 지방자치단체의 2021년 민관 협업사무 운영 현황으로서 국내에서 유일하게 전국 민관 협업사무 운영 현황을 파악할 수 있는 자료이다.

배성기 지음
한국민간위탁경영구소
2024년 10월 출간

KCOMI 통계

2024 전국 지방자치단체 민·관 협업사무 운영 현황 I

민간위탁금(307-05)
사회복지시설법정운영비보조(307-10)
민간인위탁교육비(307-12)
공기관등에대한경상적대행사업비(308-10)

본 도서는 전국 17개 광역자치단체를 포함한 243개 지방자치단체의 2021년 민관 협업사무 운영 현황으로서 국내에서 유일하게 전국 민관 협업사무 운영 현황을 파악할 수 있는 자료이다. 해당 시리즈는 총 3권으로 제작되었다.

배성기 지음
한국민간위탁경영구소
2024년 2월 출간

KCOMI 통계

2024 전국 지방자치단체 민·관 협업사무 운영 현황 II

민간위탁금(307-05)
사회복지시설법정운영비보조(307-10)
민간인위탁교육비(307-12)
공기관등에대한경상적대행사업비(308-10)

본 도서는 전국 17개 광역자치단체를 포함한 243개 지방자치단체의 2021년 민관 협업사무 운영 현황으로서 국내에서 유일하게 전국 민관 협업사무 운영 현황을 파악할 수 있는 자료이다. 해당 시리즈는 총 3권으로 제작되었다.

배성기 지음
한국민간위탁경영구소
2024년 2월 출간

KCOMI 통계

2024 전국 지방자치단체 민·관 협업사무 운영 현황 III

민간위탁금(307-05)
사회복지시설법정운영비보조(307-10)
민간인위탁교육비(307-12)
공기관등에대한경상적대행사업비(308-10)

본 도서는 전국 17개 광역자치단체를 포함한 243개 지방자치단체의 2021년 민관 협업사무 운영 현황으로서 국내에서 유일하게 전국 민관 협업사무 운영 현황을 파악할 수 있는 자료이다. 해당 시리즈는 총 3권으로 제작되었다.

배성기 지음
한국민간위탁경영구소
2024년 2월 출간

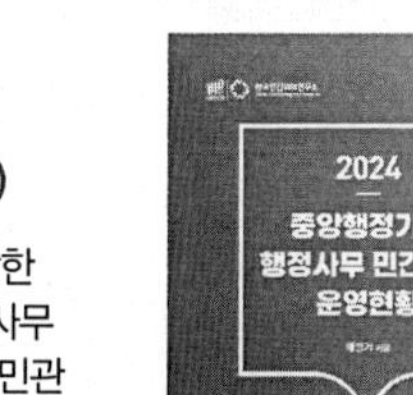

KCOMI 통계

2024 중앙행정기관 행정사무 민간이전 운영현황

민간위탁금(307-05)
사회복지시설법정운영비보조(307-10)
민간인위탁교육비(307-12)
공기관등에대한경상적대행사업비(308-10)

본 도서는 전국 17개 광역자치단체를 포함한 243개 지방자치단체의 2021년 민관 협업사무 운영 현황으로서 국내에서 유일하게 전국 민관 협업사무 운영 현황을 파악할 수 있는 자료이다.

배성기 지음
한국민간위탁경영구소
2024년 2월 출간

2023
전국 지방자치단체
민·관 협업사무 운영 현황
| 장애인 복지시설 |

KCOMI 통계

2023 전국 지방자치단체 민·관 협업사무 운영 현황 장애인 복지시설

민간위탁금(307-05)
사회복지시설법정운영비보조(307-10)
민간인위탁교육비(307-12)
공기관등에대한경상적대행사업비(308-10)

본 도서는 전국 17개 광역자치단체를 포함한 243개 지방자치단체의 2021년 민관 협업사무 운영 현황으로서 국내에서 유일하게 전국 민관 협업사무 운영 현황을 파악할 수 있는 자료이다.

배성기 지음
한국민간위탁경영구소
2023년 10월 출간

2023
전국 지방자치단체
민·관 협업사무 운영 현황
| 청소년 수련시설 |

KCOMI 통계

2023 전국 지방자치단체 민·관 협업사무 운영 현황 청소년 수련시설

민간위탁금(307-05)
사회복지시설법정운영비보조(307-10)
민간인위탁교육비(307-12)
공기관등에대한경상적대행사업비(308-10)

본 도서는 전국 17개 광역자치단체를 포함한 243개 지방자치단체의 2021년 민관 협업사무 운영 현황으로서 국내에서 유일하게 전국 민관 협업사무 운영 현황을 파악할 수 있는 자료이다.

배성기 지음
한국민간위탁경영구소
2023년 10월 출간

2023
전국 지방자치단체
민·관 협업사무 운영 현황
| 주차장 |

KCOMI 통계

2023 전국 지방자치단체 민·관 협업사무 운영 현황 주차장

민간위탁금(307-05)
사회복지시설법정운영비보조(307-10)
민간인위탁교육비(307-12)
공기관등에대한경상적대행사업비(308-10)

본 도서는 전국 17개 광역자치단체를 포함한 243개 지방자치단체의 2021년 민관 협업사무 운영 현황으로서 국내에서 유일하게 전국 민관 협업사무 운영 현황을 파악할 수 있는 자료이다.

배성기 지음
한국민간위탁경영구소
2023년 10월 출간

2023
전국 지방자치단체
민·관 협업사무 운영 현황
| 공원 |

KCOMI 통계

2023 전국 지방자치단체 민·관 협업사무 운영 현황 공원

민간위탁금(307-05)
사회복지시설법정운영비보조(307-10)
민간인위탁교육비(307-12)
공기관등에대한경상적대행사업비(308-10)

본 도서는 전국 17개 광역자치단체를 포함한 243개 지방자치단체의 2021년 민관 협업사무 운영 현황으로서 국내에서 유일하게 전국 민관 협업사무 운영 현황을 파악할 수 있는 자료이다.

배성기 지음
한국민간위탁경영구소
2023년 10월 출간

2023
전국 지방자치단체
민·관 협업사무 운영 현황
| 관광시설 |

KCOMI 통계

2023 전국 지방자치단체 민·관 협업사무 운영 현황 관광시설

민간위탁금(307-05)
사회복지시설법정운영비보조(307-10)
민간인위탁교육비(307-12)
공기관등에대한경상적대행사업비(308-10)

본 도서는 전국 17개 광역자치단체를 포함한 243개 지방자치단체의 2021년 민관 협업사무 운영 현황으로서 국내에서 유일하게 전국 민관 협업사무 운영 현황을 파악할 수 있는 자료이다.

배성기 지음
한국민간위탁경영구소
2023년 10월 출간

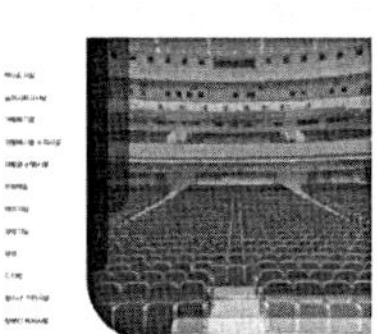

2023
전국 지방자치단체
민·관 협업사무 운영 현황
| 문화예술 |

KCOMI 통계

2023 전국 지방자치단체 민·관 협업사무 운영 현황 문화예술

민간위탁금(307-05)
사회복지시설법정운영비보조(307-10)
민간인위탁교육비(307-12)
공기관등에대한경상적대행사업비(308-10)

본 도서는 전국 17개 광역자치단체를 포함한 243개 지방자치단체의 2021년 민관 협업사무 운영 현황으로서 국내에서 유일하게 전국 민관 협업사무 운영 현황을 파악할 수 있는 자료이다.

배성기 지음
한국민간위탁경영구소
2023년 10월 출간

2023
전국 지방자치단체
민·관 협업사무 운영 현황
| 재활용 선별시설 |

KCOMI 통계

2023 전국 지방자치단체 민·관 협업사무 운영 현황 재활용 선별시설

민간위탁금(307-05)
사회복지시설법정운영비보조(307-10)
민간인위탁교육비(307-12)
공기관등에대한경상적대행사업비(308-10)

본 도서는 전국 17개 광역자치단체를 포함한 243개 지방자치단체의 2021년 민관 협업사무 운영 현황으로서 국내에서 유일하게 전국 민관 협업사무 운영 현황을 파악할 수 있는 자료이다.

배성기 지음
한국민간위탁경영구소
2023년 10월 출간

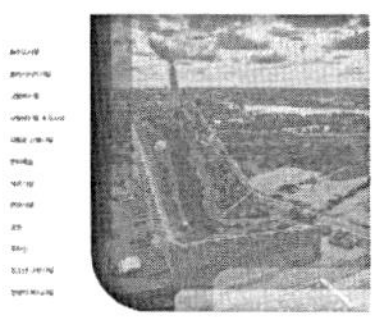

2023
전국 지방자치단체
민·관 협업사무 운영 현황
| 생활폐기물 소각시설 |

KCOMI 통계

2023 전국 지방자치단체 민·관 협업사무 운영 현황 생활폐기물 소각시설

민간위탁금(307-05)
사회복지시설법정운영비보조(307-10)
민간인위탁교육비(307-12)
공기관등에대한경상적대행사업비(308-10)

본 도서는 전국 17개 광역자치단체를 포함한 243개 지방자치단체의 2021년 민관 협업사무 운영 현황으로서 국내에서 유일하게 전국 민관 협업사무 운영 현황을 파악할 수 있는 자료이다.

배성기 지음
한국민간위탁경영구소
2023년 10월 출간

KCOMI 통계

2023 전국 지방자치단체
민·관 협업사무 운영 현황
생활폐기물

민간위탁금(307-05)
사회복지시설법정운영비보조(307-10)
민간인위탁교육비(307-12)
공기관등에대한경상적대행사업비(308-10)

본 도서는 전국 17개 광역자치단체를 포함한 243개 지방자치단체의 2021년 민관 협업사무 운영 현황으로서 국내에서 유일하게 전국 민관 협업사무 운영 현황을 파악할 수 있는 자료이다.

배성기 지음
한국민간위탁경영구소
2023년 10월 출간

KCOMI 통계

2023 전국 지방자치단체
민·관 협업사무 운영 현황
슬러지처리시설

민간위탁금(307-05)
사회복지시설법정운영비보조(307-10)
민간인위탁교육비(307-12)
공기관등에대한경상적대행사업비(308-10)

본 도서는 전국 17개 광역자치단체를 포함한 243개 지방자치단체의 2021년 민관 협업사무 운영 현황으로서 국내에서 유일하게 전국 민관 협업사무 운영 현황을 파악할 수 있는 자료이다.

배성기 지음
한국민간위탁경영구소
2023년 10월 출간

2023
전국 지방자치단체
민·관 협업사무 운영 현황
| 하수도시설 |

KCOMI 통계

2023 전국 지방자치단체
민·관 협업사무 운영 현황
하수도시설

민간경상사업보조(307-02)
민간단체법정운영비보조(307-03)
민간행사사업보조(307-04)

본 도서는 전국 17개 광역자치단체를 포함한 243개 지방자치단체의 2021년 민관 협업사무 운영 현황으로서 국내에서 유일하게 전국 민관 협업사무 운영 현황을 파악할 수 있는 자료이다.

배성기 지음
한국민간위탁경영구소
2023년 10월 출간

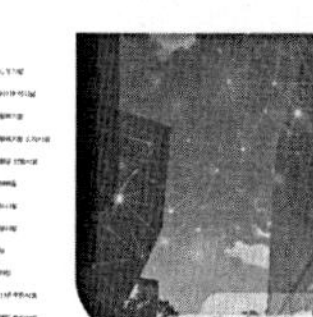

KCOMI 통계

2023 전국 지방자치단체
민·관 협업사무 운영 현황 통합본

민간위탁금(307-05)
사회복지시설법정운영비보조(307-10)
민간인위탁교육비(307-12)
공기관등에대한경상적대행사업비(308-10)

본 도서는 전국 17개 광역자치단체를 포함한 243개 지방자치단체의 2021년 민관 협업사무 운영 현황으로서 국내에서 유일하게 전국 민관 협업사무 운영 현황을 파악할 수 있는 자료이다.

배성기 지음
한국민간위탁경영구소
2023년 10월 출간

2023
중앙행정기관 행정사무
민간이전 운영현황

KCOMI 통계

2023 중앙행정기관 행정사무
민간이전 운영현황

민간경상사업보조(307-02)
민간단체법정운영비보조(307-03)
민간행사사업보조(307-04)

본 도서는 전국 17개 광역자치단체를 포함한 243개 지방자치단체의 2021년 민관 협업사무 운영 현황으로서 국내에서 유일하게 전국 민관 협업사무 운영 현황을 파악할 수 있는 자료이다.

배성기 지음
한국민간위탁경영구소
2023년 2월 출간

2023
공공기관
민간위탁
운영현황

KCOMI 통계

2023 공공기관
민긴위탁 운영 현황

민간위탁금(307-05)
사회복지시설법정운영비보조(307-10)
민간인위탁교육비(307-12)
공기관등에대한경상적대행사업비(308-10)

본 도서는 전국 17개 광역자치단체를 포함한 243개 지방자치단체의 2021년 민관 협업사무 운영 현황으로서 국내에서 유일하게 전국 민관 협업사무 운영 현황을 파악할 수 있는 자료이다.

배성기 지음
한국민간위탁경영구소
2023년 2월 출간

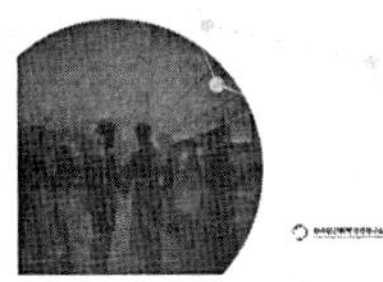

KCOMI 통계
2023 전국 지방자치단체 민·관 협업사무 운영 현황 I
민간경상사업보조(307-02)
민간단체법정운영비보조(307-03)
민간행사사업보조(307-04)

본 도서는 전국 17개 광역자치단체를 포함한 243개 지방자치단체의 2021년 민관 협업사무 운영 현황으로서 국내에서 유일하게 전국 민관 협업사무 운영 현황을 파악할 수 있는 자료이다. 해당 시리즈는 총 3권으로 제작되었다.

배성기 지음
한국민간위탁경영구소
2023년 2월 출간

KCOMI 통계
2023 전국 지방자치단체 민·관 협업사무 운영 현황 II
민간위탁금(307-05)
사회복지시설법정운영비보조(307-10)
민간인위탁교육비(307-12)
공기관등에대한경상적대행사업비(308-10)

본 도서는 전국 17개 광역자치단체를 포함한 243개 지방자치단체의 2021년 민관 협업사무 운영 현황으로서 국내에서 유일하게 전국 민관 협업사무 운영 현황을 파악할 수 있는 자료이다. 해당 시리즈는 총 3권으로 제작되었다.

배성기 지음
한국민간위탁경영구소
2023년 2월 출간

KCOMI 통계
2023 전국 지방자치단체 민·관 협업사무 운영 현황 III
민간경상사업보조(307-02)
민간단체법정운영비보조(307-03)
민간행사사업보조(307-04)

본 도서는 전국 17개 광역자치단체를 포함한 243개 지방자치단체의 2021년 민관 협업사무 운영 현황으로서 국내에서 유일하게 전국 민관 협업사무 운영 현황을 파악할 수 있는 자료이다. 해당 시리즈는 총 3권으로 제작되었다.

배성기 지음
한국민간위탁경영구소
2023년 2월 출간

KCOMI 통계 - Ebook
2023 전국 지방자치단체 민간위탁 운영현황
민간위탁금(307-05)
사회복지시설법정운영비보조(307-10)
민간인위탁교육비(307-12)
공기관등에대한경상적대행사업비(308-10)

본 도서는 전국 17개 광역자치단체를 포함한 243개 지방자치단체의 민간위탁금(307-06) 예산 운영 현황으로서, 예산 및 해당사무별 업체선정방법, 개별조례 유무, 원가산정기준, 서비스(성과)평가 유무 등을 파악할 수 있는 자료이다.

배성기 지음
한국민간위탁경영구소
2023년 2월 출간

KCOMI 통계
2022 전국 지방자치단체 민·관 협업사무 운영 현황 I
민간경상사업보조(307-02)
민간단체법정운영비보조(307-03)
민간행사사업보조(307-04)

본 도서는 전국 17개 광역자치단체를 포함한 243개 지방자치단체의 2021년 민관 협업사무 운영 현황으로서 국내에서 유일하게 전국 민관 협업사무 운영 현황을 파악할 수 있는 자료이다. 해당 시리즈는 총 3권으로 제작되었다.

배성기 지음
한국민간위탁경영구소
2022년 3월 출간

KCOMI 통계
2022 전국 지방자치단체 민·관 협업사무 운영 현황 II
민간위탁금(307-05)
사회복지시설법정운영비보조(307-10)
민간인위탁교육비(307-12)
공기관등에대한경상적대행사업비(308-10)

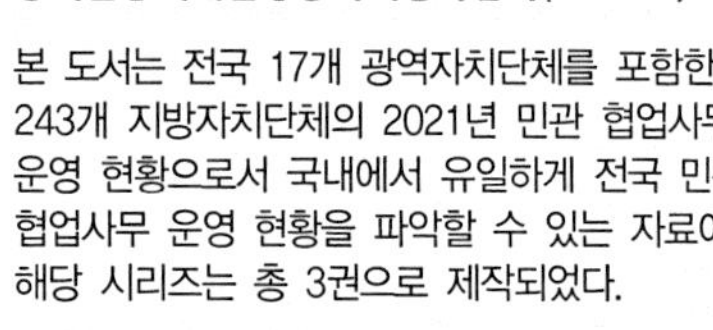

본 도서는 전국 17개 광역자치단체를 포함한 243개 지방자치단체의 2021년 민관 협업사무 운영 현황으로서 국내에서 유일하게 전국 민관 협업사무 운영 현황을 파악할 수 있는 자료이다. 해당 시리즈는 총 3권으로 제작되었다.

배성기 지음
한국민간위탁경영구소
2022년 3월 출간

KCOMI 통계

2022 전국 지방자치단체 민·관 협업사무 운영 현황Ⅲ

민간경상사업보조(307-02)
민간단체법정운영비보조(307-03)
민간행사사업보조(307-04)

본 도서는 전국 17개 광역자치단체를 포함한 243개 지방자치단체의 2021년 민관 협업사무 운영 현황으로서 국내에서 유일하게 전국 민관 협업사무 운영 현황을 파악할 수 있는 자료이다. 해당 시리즈는 총 3권으로 제작되었다.

배성기 지음
한국민간위탁경영구소
2022년 3월 출간

KCOMI 통계 - Ebook

2022 전국 지방자치단체 민간위탁 운영현황

민간위탁금(307-05)
사회복지시설법정운영비보조(307-10)
민간인위탁교육비(307-12)
공기관등에대한경상적대행사업비(308-10)

본 도서는 전국 17개 광역자치단체를 포함한 243개 지방자치단체의 민간위탁금(307–06) 예산 운영 현황으로서, 예산 및 해당사무별 업체선정방법, 개별조례 유무, 원가산정기준, 서비스(성과)평가 유무 등을 파악할 수 있는 자료이다.

배성기 지음
한국민간위탁경영구소
2022년 5월 출간

KCOMI 통계

2022 공공기관 민간위탁 운영현황

본 도서는 전국 340개 공공기관을 대상으로 2021년 전체사무 민간이전 운영현황을 파악할 수 있는 자료이다.

배성기 지음
한국민간위탁경영구소
2022년 5월 출간

KCOMI 통계

2022 중앙행정기관 행정사무 민간이전 운영현황

본 도서는 전국 342개 중앙행정기관을 대상으로 2018년 민간이전 사업 현황을 분석한 자료로서 국내에서 유일하게 민간위탁 현황을 분석하여, 전국 민간위탁 사무의 관리 현황을 제시하고 있다.

배성기 지음
한국민간위탁경영구소
2022년 5월 출간

KCOMI 통계

2021 전국 지방자치단체 민·관 협업사무 운영 현황 I

민간경상사업보조(307-02)
민간단체법정운영비보조(307-03)
민간행사사업보조(307-04)

본 도서는 전국 17개 광역자치단체를 포함한 243개 지방자치단체의 2021년 민관 협업사무 운영 현황으로서 국내에서 유일하게 전국 민관 협업사무 운영 현황을 파악할 수 있는 자료이다. 해당 시리즈는 총 3권으로 제작되었다.

배성기 지음
한국민간위탁경영구소
2021 3월 출간

KCOMI 통계

2021 전국 지방자치단체 민·관 협업사무 운영 현황 II

민간위탁금(307-05)
사회복지시설법정운영비보조(307-10)
민간인위탁교육비(307-12)
공기관등에대한경상적대행사업비(308-10)

본 도서는 전국 17개 광역자치단체를 포함한 243개 지방자치단체의 2021년 민관 협업사무 운영 현황으로서 국내에서 유일하게 전국 민관 협업사무 운영 현황을 파악할 수 있는 자료이다. 해당 시리즈는 총 3권으로 제작되었다.

배성기 지음
한국민간위탁경영구소
2021년 3월 출간

KCOMI 통계

2021 전국 지방자치단체 민·관 협업사무 운영 현황 I

민간경상사업보조(307-02)
민간단체법정운영비보조(307-03)
민간행사사업보조(307-04)

본 도서는 전국 17개 광역자치단체를 포함한 243개 지방자치단체의 2021년 민관 협업사무 운영 현황으로서 국내에서 유일하게 전국 민관 협업사무 운영 현황을 파악할 수 있는 자료이다. 해당 시리즈는 총 3권으로 제작되었다.

배성기 지음
한국민간위탁경영구소
2021 3월 출간

KCOMI 통계 - Ebook

2021 전국 지방자치단체 민간위탁 운영현황

민간위탁금(307-05)
사회복지시설법정운영비보조(307-10)
민간인위탁교육비(307-12)
공기관등에대한경상적대행사업비(308-10)

본 도서는 전국 17개 광역자치단체를 포함한 243개 지방자치단체의 민간위탁금(307–06) 예산 운영 현황으로서, 예산 및 해당사무별 업체선정방법, 개별조례 유무, 원가산정기준, 서비스(성과)평가 유무 등을 파악할 수 있는 자료이다.

배성기 지음
한국민간위탁경영구소
2021년 7월 출간

KCOMI 통계

2021 공공기관 민간위탁 운영현황

본 도서는 전국 340개 공공기관을 대상으로 2021년 전체사무 민간이전 운영현황을 파악할 수 있는 자료이다.

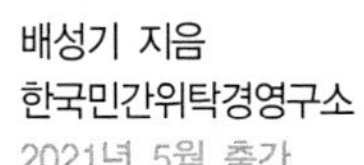

배성기 지음
한국민간위탁경영구소
2021년 5월 출간

KCOMI 통계

2021 중앙행정기관 행정사무 민간이전 운영현황

본 도서는 전국 342개 중앙행정기관을 대상으로 2018년 민간이전 사업 현황을 분석한 자료로서 국내에서 유일하게 민간위탁 현황을 분석하여, 전국 민간위탁 사무의 관리 현황을 제시하고 있다.

배성기 지음
한국민간위탁경영구소
2021년 5월 출간

KCOMI 통계 - Ebook

2020 전국 지방자치단체
민·관 협업사무 운영 현황 I
민간경상사업보조(307-02)
민간단체법정운영비보조(307-03)
민간행사사업보조(307-04)

본 도서는 전국 17개 광역자치단체를 포함한 243개 지방자치단체의 2020년 민관 협업사무 운영 현황으로서 국내에서 유일하게 전국 민관 협업사무 운영 현황을 파악할 수 있는 자료이다. 해당 시리즈는 총 3권으로 제작되었다.

배성기 지음
한국민간위탁경영구소
2020 7월 출간

KCOMI 통계 - Ebook

2020 전국 지방자치단체
민·관 협업사무 운영 현황 II
민간위탁금(307-05)
사회복지시설법정운영비보조(307-10)
민간인위탁교육비(307-12)
공기관등에대한경상적대행사업비(308-10)

본 도서는 전국 17개 광역자치단체를 포함한 243개 지방자치단체의 2020년 민관 협업사무 운영 현황으로서 국내에서 유일하게 전국 민관 협업사무 운영 현황을 파악할 수 있는 자료이다. 해당 시리즈는 총 3권으로 제작되었다.

배성기 지음
한국민간위탁경영구소
2020년 7월 출간

KCOMI 통계 - Ebook

2020 전국 지방자치단체
민·관 협업사무 운영 현황 III
민간자본사업보조,자체재원(402-01)
민간자본사업보조,이전재원(402-02)
민간위탁사업비(402-03)
공기관등에대한자본적위탁사업비(403-02)

본 도서는 전국 17개 광역자치단체를 포함한 243개 지방자치단체의 2020년 민관 협업사무 운영 현황으로서 국내에서 유일하게 전국 민관 협업사무 운영 현황을 파악할 수 있는 자료이다. 해당 시리즈는 총 3권으로 제작되었다.

배성기 지음
한국민간위탁경영구소
2020년 7월 출간

KCOMI 통계

2020 전국 지방자치단체
민·관 협업사무 운영 현황 통합본

본 도서는 전국 17개 광역자치단체를 포함한 243개 지방자치단체의 각 분야별 2018년 민관 협업사무 운영 현황으로 하수도시설, 하수슬러지건조화시설, 생활폐기물 수집운반, 생활폐기물 소각시설, 재활용 선별시설, 문화예술, 체육, 관광, 공원, 주차장, 청소년수련시설, 장애인복지시설의 운영 현황을 파악할 수 있는 자료이다.

배성기 지음
한국민간위탁경영구소
2020년 7월 출간

KCOMI 통계 - Ebook

2020 전국 지방자치단체
민·관 협업사무 운영 현황
|하수도시설|

본 도서는 전국 17개 광역자치단체를 포함한 243개 지방자치단체의 하수도시설에 대한 2020년 민관 협업사무 운영 현황을 파악할 수 있는 자료이다.

배성기 지음
한국민간위탁경영구소
2020년 5월 출간

KCOMI 통계 - Ebook

2020 전국 지방자치단체
민·관 협업사무 운영 현황
|하수슬러지건조화시설(소각포함)|

본 도서는 전국 17개 광역자치단체를 포함한 243개 지방자치단체의 하수슬러지건조화시설(소각포함)에 대한 2018년 민관 협업사무 운영 현황을 파악할 수 있는 자료이다.

배성기 지음
한국민간위탁경영구소
2020년 5월 출간

KCOMI 통계 - Ebook

2020 전국 지방자치단체 민·관 협업사무 운영 현황

|생활폐기물 수집운반|

본 도서는 전국 17개 광역자치단체를 포함한 243개 지방자치단체의 생활폐기물 수집운반에 대한 2020년 민관 협업사무 운영 현황을 파악할 수 있는 자료이다.

배성기 지음
한국민간위탁경영구소
2020년 5월 출간

KCOMI 통계 - Ebook

2020 전국 지방자치단체 민·관 협업사무 운영 현황

|생활폐기물 소각시설|

본 도서는 전국 17개 광역자치단체를 포함한 243개 지방자치단체의 생활폐기물 소각시설에 대한 2020년 민관 협업사무 운영 현황을 파악할 수 있는 자료이다.

배성기 지음
한국민간위탁경영구소
2020년 5월 출간

KCOMI 통계 - Ebook

2020 전국 지방자치단체 민·관 협업사무 운영 현황

|재활용 선별시설|

본 도서는 전국 17개 광역자치단체를 포함한 243개 지방자치단체의 재활용 선별시설에 대한 2020년 민관 협업사무 운영 현황을 파악할 수 있는 자료이다.

배성기 지음
한국민간위탁경영구소
2020년 5월 출간

KCOMI 통계 - Ebook

2020 전국 지방자치단체 민·관 협업사무 운영 현황

|문화예술부문|

본 도서는 전국 17개 광역자치단체를 포함한 243개 지방자치단체의 문화예술부문에 대한 2020년 민관 협업사무 운영 현황을 파악할 수 있는 자료이다.

배성기 지음
한국민간위탁경영구소
2020년 5월 출간

KCOMI 통계 - Ebook

2020 전국 지방자치단체 민·관 협업사무 운영 현황

|관광부문|

본 도서는 전국 17개 광역자치단체를 포함한 243개 지방자치단체의 관광부문에 대한 2020년 민관 협업사무 운영 현황을 파악할 수 있는 자료이다.

배성기 지음
한국민간위탁경영구소
2020년 5월 출간

KCOMI 통계 - Ebook

2020 전국 지방자치단체 민·관 협업사무 운영 현황

|체육부문|

본 도서는 전국 17개 광역자치단체를 포함한 243개 지방자치단체의 체육부문에 대한 2020년 민관 협업사무 운영 현황을 파악할 수 있는 자료이다.

배성기 지음
한국민간위탁경영구소
2020년 5월 출간

KCOMI 통계 - Ebook

2020 전국 지방자치단체 민·관 협업사무 운영 현황

|공원부문|

본 도서는 전국 17개 광역자치단체를 포함한 243개 지방자치단체의 공원부문에 대한 2020년 민관 협업사무 운영 현황을 파악할 수 있는 자료이다.

배성기 지음
한국민간위탁경영구소
2020년 5월 출간

KCOMI 통계 - Ebook

2020 전국 지방자치단체 민·관 협업사무 운영 현황

|주차장시설|

본 도서는 전국 17개 광역자치단체를 포함한 243개 지방자치단체의 체육부문에 대한 2020년 민관 협업사무 운영 현황을 파악할 수 있는 자료이다.

배성기 지음
한국민간위탁경영구소
2020년 5월 출간

KCOMI 통계 - Ebook

2020 전국 지방자치단체 민·관 협업사무 운영 현황

|청소년수련시설|

본 도서는 전국 17개 광역자치단체를 포함한 243개 지방자치단체의 청소년수련시설에 대한 2020년 민관 협업사무 운영 현황을 파악할 수 있는 자료이다.

배성기 지음
한국민간위탁경영구소
2020년 5월 출간

KCOMI 통계 - Ebook

2020 전국 지방자치단체 민·관 협업사무 운영 현황

|장애인복지시설|

본 도서는 전국 17개 광역자치단체를 포함한 243개 지방자치단체의 장애인복지시설에 대한 2020년 민관 협업사무 운영 현황을 파악할 수 있는 자료이다.

배성기 지음
한국민간위탁경영구소
2020년 5월 출간

전국 지방자치단체
민·관 협업사무 운영 현황 2019
| 통합본 |

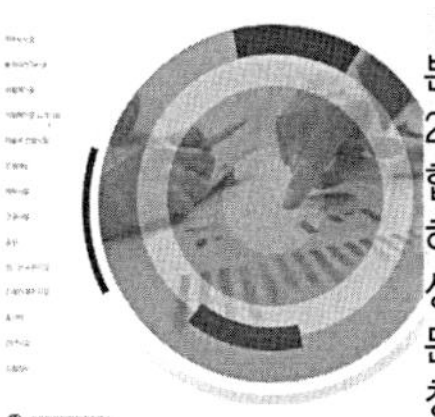

KCOMI 통계

2019 전국 지방자치단체 민·관 협업사무 운영 현황 통합본

본 도서는 전국 17개 광역자치단체를 포함한 245개 지방자치단체의 각 분야별 2019년 민관 협업사무 운영 현황으로 하수도시설, 하수슬러지건조화시설, 생활폐기물 수집운반, 생활폐기물 소각시설, 재활용 선별시설, 문화예술, 체육, 관광, 공원, 주차장, 청소년수련시설, 장애인복지시설의 운영 현황을 파악할 수 있는 자료이다.

배성기 지음
한국민간위탁경영구소
2019년 출간

2019
전국 지방자치단체
민·관 협업사무 운영 현황 I

KCOMI 통계

2019 전국 지방자치단체 민·관 협업사무 운영 현황 I

민간경상사업보조(307-02)
민간단체법정운영비보조(307-03)
민간행사사업보조(307-04)

본 도서는 전국 17개 광역자치단체를 포함한 245개 지방자치단체의 2019년 민관 협업사무 운영 현황으로서 국내에서 유일하게 전국 민관 협업사무 운영 현황을 파악할 수 있는 자료이다. 해당 시리즈는 총 3권으로 제작되었다.

배성기 지음
한국민간위탁경영구소
2019년 출간

2019
전국 지방자치단체
민·관 협업사무 운영 현황 II

KCOMI 통계

2019 전국 지방자치단체 민·관 협업사무 운영 현황 II

민간위탁금(307-05)
사회복지시설법정운영비보조(307-10)
사회복지사업보조(307-11)

본 도서는 전국 17개 광역자치단체를 포함한 245개 지방자치단체의 2019년 민관 협업사무 운영 현황으로서 국내에서 유일하게 전국 민관 협업사무 운영 현황을 파악할 수 있는 자료이다. 해당 시리즈는 총 3권으로 제작되었다.

배성기 지음
한국민간위탁경영구소
2019년 출간

2019
전국 지방자치단체
민·관 협업사무 운영 현황 III

KCOMI 통계

2019 전국 지방자치단체 민·관 협업사무 운영 현황 III

민간인위탁교육비(307-12),
공기관등에대한경상적대행사업비(308-10)
공사공단경상전출금(309-01)
민간자본사업보조,자체재원(402-01)
민간자본사업보조,이전재원(402-02)
민간위탁사업비(402-03)
공기관등에대한자본적위탁사업비(403-02)
공사공단자본전출금(404-01)

본 도서는 전국 17개 광역자치단체를 포함한 245개 지방자치단체의 2019년 민관 협업사무 운영 현황으로서 국내에서 유일하게 전국 민관 협업사무 운영 현황을 파악할 수 있는 자료이다. 해당 시리즈는 총 3권으로 제작되었다.

배성기 지음
한국민간위탁경영구소
2019년 출간

전국 지방자치단체
민·관 협업사무 운영 현황 2019
| 하수도시설 |

KCOMI 통계 - Ebook

2019 전국 지방자치단체 민·관 협업사무 운영 현황 |하수도시설|

본 도서는 전국 17개 광역자치단체를 포함한 245개 지방자치단체의 하수도시설에 대한 2019년 민관 협업사무 운영 현황을 파악할 수 있는 자료이다.

배성기 지음
한국민간위탁경영구소
2019년 출간

전국 지방자치단체
민·관 협업사무 운영 현황 2019
| 슬러지처리시설 |

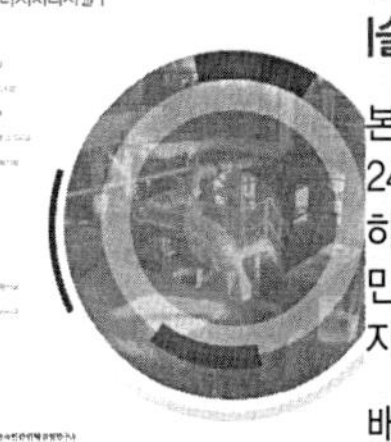

KCOMI 통계 - Ebook

2019 전국 지방자치단체 민·관 협업사무 운영 현황 |슬러지처리시설|

본 도서는 전국 17개 광역자치단체를 포함한 245개 지방자치단체의 하수슬러지건조화시설(소각포함)에 대한 2019년 민관 협업사무 운영 현황을 파악할 수 있는 자료이다.

배성기 지음
한국민간위탁경영구소
2019년 출간

전국 지방자치단체
민·관 협업사무 운영 현황 2019
| 생활폐기물 |

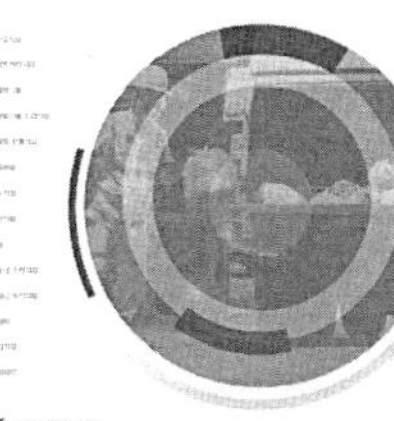

KCOMI 통계 - Ebook

2019 전국 지방자치단체 민·관 협업사무 운영 현황 |생활폐기물 수집운반|

본 도서는 전국 17개 광역자치단체를 포함한 245개 지방자치단체의 생활폐기물 수집운반에 대한 2019년 민관 협업사무 운영 현황을 파악할 수 있는 자료이다.

배성기 지음
한국민간위탁경영구소
2019년 출간

전국 지방자치단체
민·관 협업사무 운영 현황 2019
| 생활폐기물 소각시설 |

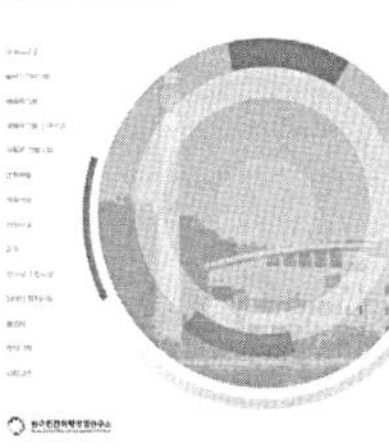

KCOMI 통계 - Ebook

2019 전국 지방자치단체 민·관 협업사무 운영 현황 |생활폐기물 소각시설|

본 도서는 전국 17개 광역자치단체를 포함한 245개 지방자치단체의 생활폐기물 소각시설에 대한 2019년 민관 협업사무 운영 현황을 파악할 수 있는 자료이다.

배성기 지음
한국민간위탁경영구소
2019년 출간

전국 지방자치단체
민·관 협업사무 운영 현황
| 재활용 선별시설 |

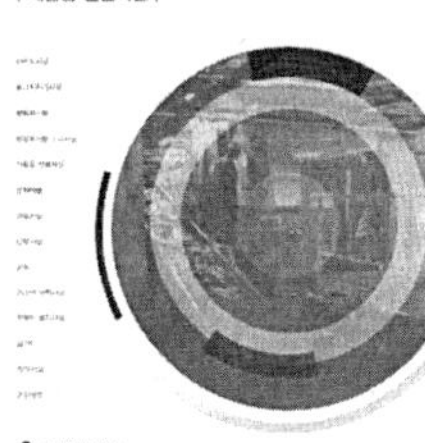

KCOMI 통계 - Ebook

2019 전국 지방자치단체 민·관 협업사무 운영 현황 |재활용 선별시설|

본 도서는 전국 17개 광역자치단체를 포함한 245개 지방자치단체의 재활용 선별시설에 대한 2019년 민관 협업사무 운영 현황을 파악할 수 있는 자료이다.

배성기 지음
한국민간위탁경영구소
2019년 출간

전국 지방자치단체
민·관 협업사무 운영 현황
| 문화예술 |

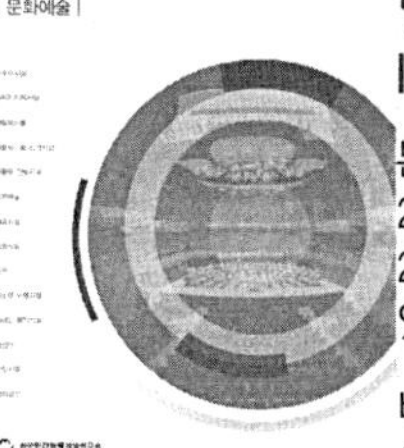

KCOMI 통계 - Ebook

2019 전국 지방자치단체 민·관 협업사무 운영 현황 |문화예술부문|

본 도서는 전국 17개 광역자치단체를 포함한 245개 지방자치단체의 문화예술부문에 대한 2019년 민관 협업사무 운영 현황을 파악할 수 있는 자료이다.

배성기 지음
한국민간위탁경영구소
2019년 출간

전국 지방자치단체
민·관 협업사무 운영 현황
| 관광시설 |

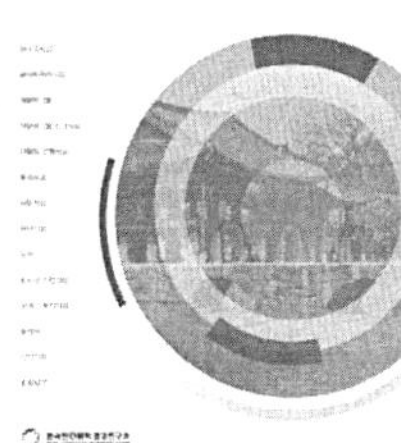

KCOMI 통계 - Ebook

2019 전국 지방자치단체 민·관 협업사무 운영 현황 |관광부문|

본 도서는 전국 17개 광역자치단체를 포함한 245개 지방자치단체의 관광부문에 대한 2019년 민관 협업사무 운영 현황을 파악할 수 있는 자료이다.

배성기 지음
한국민간위탁경영구소
2019년 출간

전국 지방자치단체
민·관 협업사무 운영 현황
| 체육시설 |

KCOMI 통계 - Ebook

2019 전국 지방자치단체 민·관 협업사무 운영 현황 |체육부문|

본 도서는 전국 17개 광역자치단체를 포함한 245개 지방자치단체의 체육부문에 대한 2019년 민관 협업사무 운영 현황을 파악할 수 있는 자료이다.

배성기 지음
한국민간위탁경영구소
2019년 출간

전국 지방자치단체
민·관 협업사무 운영 현황
| 공원 |

KCOMI 통계 - Ebook

2019 전국 지방자치단체 민·관 협업사무 운영 현황 |공원부문|

본 도서는 전국 17개 광역자치단체를 포함한 245개 지방자치단체의 공원부문에 대한 2019년 민관 협업사무 운영 현황을 파악할 수 있는 자료이다.

배성기 지음
한국민간위탁경영구소
2019년 출간

전국 지방자치단체
민·관 협업사무 운영 현황
| 콜센터 |

KCOMI 통계 - Ebook

2019 전국 지방자치단체 민·관 협업사무 운영 현황 |콜센터|

본 도서는 전국 17개 광역자치단체를 포함한 245개 지방자치단체의 콜센터 업무에 대한 2019년 민관 협업사무 운영 현황을 파악할 수 있는 자료이다.

배성기 지음
한국민간위탁경영구소
2019년 출간

전국 지방자치단체
민·관 협업사무 운영 현황
| 청소년 수련시설 |

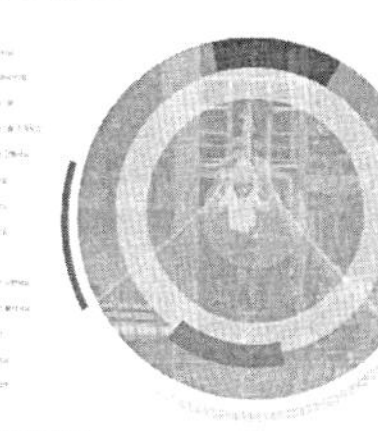

KCOMI 통계 - Ebook

2019 전국 지방자치단체 민·관 협업사무 운영 현황 |청소년수련시설|

본 도서는 전국 17개 광역자치단체를 포함한 245개 지방자치단체의 청소년수련시설에 대한 2019년 민관 협업사무 운영 현황을 파악할 수 있는 자료이다.

배성기 지음
한국민간위탁경영구소
2019년 출간

전국 지방자치단체
민·관 협업사무 운영 현황
| 장애인 복지시설 |

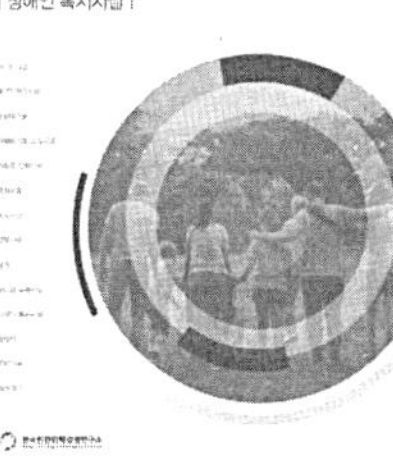

KCOMI 통계 - Ebook

2019 전국 지방자치단체 민·관 협업사무 운영 현황 |장애인복지시설|

본 도서는 전국 17개 광역자치단체를 포함한 245개 지방자치단체의 장애인복지시설에 대한 2019년 민관 협업사무 운영 현황을 파악할 수 있는 자료이다.

배성기 지음
한국민간위탁경영구소
2019년 출간

2019
정보화사업
운영현황
| 중앙행정기관 · 지자체 · 공공기관 |

KCOMI 통계

2019 정보화사업 운영 현황

본 도서는 전국 지방자치단체, 중앙행정기관, 공공기관의 2019년 정보화사업을 대상으로 사업 현황을 분석한 운영 현황 자료이다.

배성기 지음
한국민간위탁경영구소
2019년 8월 출간

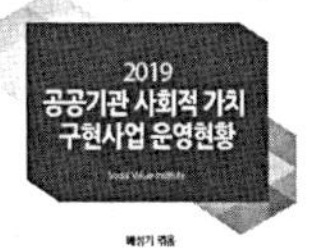

SVI 통계 - Ebook

2019 공공기관 사회적 가치 구현사업 운영현황 | 통계자료 |

본 도서는 공공기관 사회적 가차 구현사업의 운영 현황에 대한 통계를 파악할 수 있는 자료이다.

배성기 지음
사회적 가치 연구소
2019년 7월 출간

민간위탁 운영 관리 매뉴얼

지방자치단체사무의 민간위탁서비스
운영관리매뉴얼 Ⅰ

민간위탁조례 및 계약관리방안

민간위탁 성패의 키는 계약관리이다.
본 도서는 민간위탁 서비스를 공급함에 있어 사회적 문제와 이슈를 관리 할 수 있는 체계적인 조례 제정 및 계약관리방법론을 제시하고 있다.

배성기 지음
한국민간위탁경영구소 / 450페이지 / 40,000원
2012년 8월 출간

지방자치단체사무의 민간위탁서비스
운영관리매뉴얼 Ⅱ

민간위탁 운영관리비용 산정

효율적인 서비스 제공을 위한 원가산정방법론 제시 민간위탁서비스의 대시민 만족도를 높이기 위한 시작은 적정한 비용산정과 지급에서 시작된다. 이를 위해 본 도서에서는 세부적인 원가산정방법과 산정예시를 들어 설명하고 있다.

배성기 지음
한국민간위탁경영구소 / 409페이지 / 40,000원
2012년 8월 출간

지방자치단체사무의 민간위탁서비스
운영관리매뉴얼 Ⅲ

민간위탁 서비스 평가

평가 없는 성장 없다.
본 도서에서는 민간위탁 서비스의 지속적인 성장경영을 위한 경영학적 관리지표개발 및 서비스평가방안을 제시하고 있다.

배성기 지음
한국민간위탁경영구소 / 407페이지 / 40,000원
2012년 8월 출간

지방자치단체 민간투자사업 매뉴얼

지방자치단체 공무원들이 민간투자사업 정책 수립을 위한 전반적인 내용을 포괄적으로 다루어, 실무에 직접 적용할 수 있도록 방향을 제시하고 있다.

배성기 지음
한국민간위탁경영구소 / 247페이지 / 25,000원
2015년 9월 출간

민간위탁 서비스 경영

공공하수도시설 민간위탁 서비스경영

환경부통계를 기준으로 전국 공공하수처리시설 중 민간위탁으로 운영되는 시설은 318개소, 운영비는 5,000억 원, 운영인원은 3,642명이다. 민간위탁서비스의 질을 높이기 위해서는 시설관리만이 아닌 경영학적 기법이 도입된 체계적인 관리가 필요하다. 이를 위해서 본 도서에서는 공공하수도시설 민간위탁 서비스 경영을 위한 다양한 방안을 제시하고 있다.

배성기 · 안영진 · 박철휘 · 박종운 지음
한국민간위탁경영연구소 / 530페이지 / 40,000원
2012년 4월 출간

공공체육시설 민간위탁 서비스경영

전국 공공체육시설수는 15,137개소로 지속적으로 증가하고 있으며, 국민이 영위하고자 하는 공공체육서비스의 수준도 날로 증가 하고 있다. 이에 민간위탁으로 운영중인 공공체육시설의 서비스 수준의 향상을 위하여 본 도서에서는 공공체육시설 민간위탁 서비스 경영을 위한 다양한 방안을 제시하고 있다.

배성기 · 김영철 지음
한국민간위탁경영연구소 / 500페이지 / 40,000원
출간예정

관광시설 민간위탁 서비스경영

관광시설은 관광을 위한 편익을 제공하는 시설로서 숙박, 교통, 휴식시설 등을 통해 지역경제 활성화에 도움을 주고 있다. 이중 민간위탁으로 운영중인 관광시설을 대상으로 본 도서에서는 관광시설 민간위탁 서비스 경영을 위한 다양한 방안을 제시하고 있다.

배성기 · 김상원 · 김혜진 지음
한국민간위탁경영연구소 / 500페이지 / 40,000원
2015년 9월 출간

생활폐기물 수집· 민간위탁 서비스경영

우리나라 일일 발생 생활폐기물량은 5만톤 수준으로 지자체에서는 소각, 매립, 재활용 등의 처리를 민간위탁을 통해 수행하고 있다. 본 도서는 민간위탁을 통해 생활폐기물을 처리하고 있는 지자체를 대상으로 효율적·효과적 관리기법을 제시하고 있다.

배성기 지음
한국민간위탁경영연구소 / 500페이지 / 40,000원
2012년 4월 출간

정부원가계산

공기업·준 정부기관·기타 공공기관 정부원가계산의 이론과 실제

공공감사법 적용대상기관인 중앙 41개 기관, 공공 272개 기관의 정부예산 지출시 합리적인 예산지출 및 효과성을 높이기 위해 본 도서는 정부원가계산의 올바른 방법을 이론과 사례를 기준으로 제시하고자 하였다.

배성기 지음

한국민간위탁경영연구소/400페이지/35,000원

2012년 8월 출간

사회적 기업 및 비영리 법인

사회적기업 및 비영리법인의 공공부문 계약 입찰

국가 공공서비스가 좀 더 선진 화 되기 위해서는 많은 사회적기업 및 비영리법인이 공공서비스 분야의 입찰 참가를 해야 한다. 정부와 동격의 파트너십을 통해 국민 모두를 파트너십의 수혜자로 만들기 위해 친절하고 자세하게 계약 참여 안내를 하고 있다.

배성기 옮김

한국민간위탁경영연구소 · scotland.gov.uk /250페이지/30,000원

2012년 8월 출간

기타 민간위탁 분야 도서

KCOMI통계 2013 전국 민간위탁 운영현황 분석

본 도서는 민간위탁 본연의 목적과 기능을 유지하기 위해 발주처에서는 선택의 폭을 넓히고, 위탁기업들은 건전한 경쟁관계를 유도하기 위하여 전국 246개 지자체별 민간위탁 사무현황, 위탁예산현황, 위탁기업의 현황, 위탁기간 현황, 위탁자 선정방법 등을 조사·분석하였다.

배성기 지음

한국민간위탁경영연구소 / 513페이지 / 20,000원

2013년 8월 출간

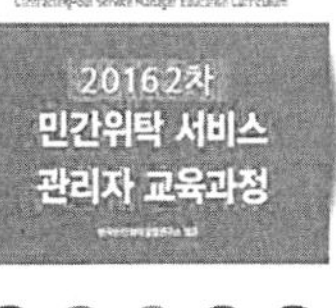

민간위탁 절차 · 평가 개선 교육교재

민간위탁제도가 도입된 지 13년이 지났지만 민간위탁에 대한 제도적 정비 및 운영상의 문제에 대한 지적은 끊이지 않는다. 본 도서는 민간위탁 사무를 추진함에 있어 꼭 필요한 조례, 계약, 비용, 평가 등의 내용을 중심으로 지방자치단체 공무원들의 정책결정을 돕고자 작성되었다.

배성기 지음

한국민간위탁경영연구소

민간위탁교육 참가자 배부용

공공하수처리시설 민간위탁 서비스평가

평가없는 성장 없다.
본 도서는 현행 공공하수처리시설 민간위탁 평가에 대한 법적 근거 및 제도에 대한 고찰을 통하여 보다 합리적인 민간위탁 서비스 평가 방안을 제시하고 있다.

배성기 · 안영진 · 박철휘 · 박종운 지음

한국민간위탁경영연구소 / 316페이지 / 25,000원

2011년 12월 출간

큰 사회(BIG Society)

영국 캐머론 총리의 큰 사회는 공공서비스 향상을 추구하며, 개념적으로는 국가를 반대하지 않으며 다양한 증거를 바탕으로 영국 사회를 지원하고 사회적 욕구를 충족시키는 현재 국가의 능력에 대해 깊이 있게 고민한나. 이는 우리나라에도 시사하는 바가 크므로 소개하고자 하였다.

배성기 · 이화진 · 김태현 · 남효응 옮김

나남출판사 · UBP / 165페이지 / 15,000원

출간 예정

공공관리 번역 도서

분쟁 후 취약한 상황에서의 정부기능 및 정부서비스 민간위탁

본 역서는 원조의 비효율적, 비효과적 집행을 방지하고, 수원국의 역량개발에 도움을 줄 수 있는 방안을 도모하여 현장실무자들과 정부의 정책입안자들과 협력하기 위한 안내서의 역할을 해 줄 것이다. 또한 선진국의 민간위탁제도 운영방법론은 국내에서 좋은 시사점을 제공하고 있다.

배성기 옮김

한국민간위탁경영연구소 · OECD / 165페이지 / 25,000원

2011년 11월 출간

지방정부 서비스계약 (Local Government Contract)

공공을 위한 최선의 거래를 추구하는데 있어서 책임성과 유연성, 공익성과 경제성 등을 최적으로 조합하는 것은 현대 서비스 계약업무의 핵심이다. 본 역서는 그 조합방식을 유용하게 제안하고 있다.

배성기 옮김

한국민간위탁경영연구소 · ICMA / 200페이지 / 30,000원

출간 예정

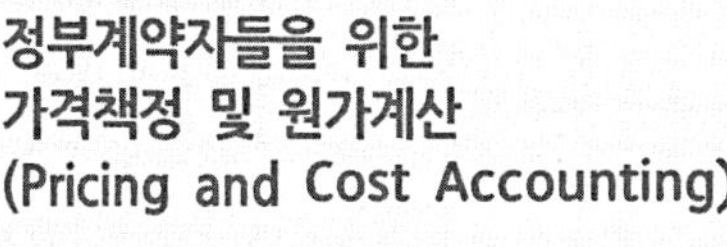

정부계약자들을 위한 가격책정 및 원가계산 (Pricing and Cost Accounting)

정부와 계약기간 중 요구사항을 준수하고, 이윤을 유지하기 위한 협상방법을 수록하고 있다. 입찰에 대한 변경 요구 사항은 가격책정, 원가계산, 하도급, 계약변경을 수반하며 이에 대한 정보를 제공하고 있다.

배성기 옮김

한국민간위탁경영연구소 · MC / 220페이지 / 25,000원

출간예정

서비스 수준관리 (Service Level Management)

서비스 수준관리(SLM)는 서비스 업무범위를 정의하여 서비스제공에 따른 업무목표, 해당부서 및 책임부서를 기술하고 고객과 서비스 공급업체의 업무분담을 명확히 하여 서비스 공급업체와 고객 양측 모두의 기대와 목적을 충족시키기 위한 내용을 기술하고 있다.

배성기 옮김

한국민간위탁경영연구소 · TAS / 240페이지 / 25,000원

출간 예정

공공관리와 성과 (Public Management and Performance)

공공서비스 성과가 뜻하는 바가 무엇이고, 이와 관련한 연구의 주요 성과는 무엇인가? 왜 관리가 중요한가? 연구자, 정책결정자, 실무자들에게 주는 함의는 무엇이며, 향후 과제는 무엇인가? 에 대해 저자들은 이야기 하고 있다.

배성기 · 김윤경 · 김영철 옮김

한국민간위탁경영연구소 · 캠브리지대학출판사 / 200페이지 / 35,000원

2012년 8월 출간

사회기반시설 자산관리 (Infrastructure Asset Management)

자산관리의 목표, 서비스 제공능력과 자산상태의 구체적 목표를 검토하고, 자산관리 활동을 최적화 · 체계화하기 위해 현재의 서비스 제공능력과 자산상태(condition)를 비교한다. 또 최적의 의사결정을 위해 필요한 재정적 고려사항에 대해서도 요약하고 있다.

유인균 · 박미연 · 배성기 옮김

한국민간위탁경영연구소 · CIRIA / 200페이지 / 35,000원

2012년 8월 출간

지방자치단체 사회적가치구현을 위한 공공조달프레임워크

영국의 중앙 및 지방정부기관들은 최저가 대신 사회적 가치를 고려해 최고가치(Best Value)를 지닌 쪽을 선택하도록 규정과 지침을 만들어 공공조달에 적용하고 있다.

이에, 영국의 사회적 가치 구현을 위한 조달규정 및 지침관련 사례를 발굴하여 국내에 홍보·전파하고자 출간하게 되었다.

배성기

브릿지협동조합 / 170페이지 / 25,000원

2016년 4월 출간

지방자치단체 공공서비스 혁신

협동조합도시 런던시 램버스구

영국 런던시 램버스구, 협동조합방식의 지방자치단체 경영과 공공서비스 혁신을 가능하게 하는 영국의 법·제도적 환경, 지자체조례, 지자체 경영원칙, 사회적 · 경제적 · 환경적 가치구현을 위한 목표달성전략 및 프로세스등을 자세히 소개하고 있다.

배성기 지음

브릿지협동조합 / 184페이지/ 25,000원

2016년 5월 출간

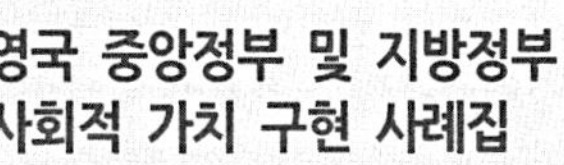

영국 중앙정부 및 지방정부 사회적 가치 구현 사례집

본 지침은 Highways England와 하도급업체가 2012년 공공서비스(사회적가치)법에 의한 서비스 공급과 관련된 사회적가치를 확인하고 구현하기 위한 접근방법을 설명한다.

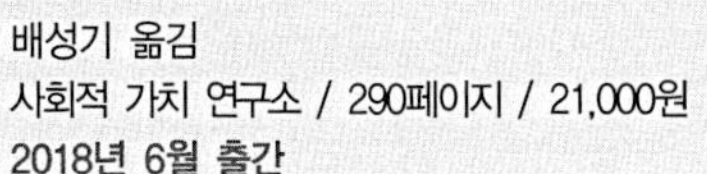

배성기 옮김

사회적 가치 연구소 / 290페이지 / 21,000원

2018년 6월 출간

사회적기업 및 비영리법인의 공공부문 계약 입찰

지방계약분야는 사회 · 경제적 상황에 따라 빠르게 변화하는 분야이며, 많은 관련 법령과 하위 규정들이 있어 실무자들이 업무를 숙지하는 데 상대적으로 어려움을 겪는 분야이기도 합니다. 2018년도 매뉴얼은 계약시 고려해야 할 사회적 가치와 더불어 실무에서 주로 활용되는 유권해석, 판례 등을 중점적으로 수록하였습니다.

서울특별시 엮음

브릿지협동조합 / 350페이지 / 24,000원

2018년 6월 출간

한국민간위탁연구소는 공공서비스 관리 혁신을 통해
더 나은 정부, 더 나은 사회, 더 많은 사업기회를 만들어 갑니다.

T. 02-943-1941 F. 02-943-1948 E. kcomi@kcomi.re.kr H. www.kcomi.re.kr

도서출판
큰날개

큰날개는 급변하는 국내의 사회 환경 가운데에서 다양한 의견을 수렴하여 인간이 추구하는
더 높은 이상향을 향해 나아가고자 하는 바람을 추구하는 출판전문기업입니다.
특히 사회적으로 가치 있는 콘텐츠를 가진 사람이라면 누구나 책을 출간 할 수 있고,
원하는 독자층에 도달 할 수 있도록 도와주는 퍼블리싱 파트너(Publishing Partner)가 되고자 합니다.

T. 02-943-1947 F. 02-943-1948 H. bigwing.modoo.at